GOLDMANN

Buch

Der Zerfall des Riesenreiches Sowjetunion bedeutet nicht nur das Ende, sondern zugleich den Beginn einer neuen historischen Epoche – der Wiedergeburt Rußlands. Dies ist das erste Buch eines prominenten Rußlandkenners, das sich nicht darauf beschränkt, die Vergangenheit zu bewältigen, sondern sich vorrangig mit der heutigen Wirklichkeit und den Zukunftsperspektiven Rußlands beschäftigt. In Moskau und St. Petersburg, den sterbenden Dörfern an der Wolga und den geheimen Atomfabriken in Sibirien, in den Prunkgemächern des Kreml und den Kellern der Wohnkasernen, auf den Straßen und Plätzen der großen Städte und in den tristen Hütten der Provinz spricht der Autor mit Politikern und Arbeitern, Künstlern, Wissenschaftlern und Bauern, Marktfrauen und Börsenmaklern, Studenten und obdachlosen Straßenkindern, Polizisten und Prostituierten, KGB-Angehörigen und ehemaligen Häftlingen. Er schildert Hunger und Not, die Wohnungsmisere, Arbeitslosigkeit und Inflation, den Zerfall des Militärs, die steigende Kriminalität und den eskalierenden Nationalitätenkonflikt, aber auch die zaghaft aufkeimende Hoffnung, die Sehnsüchte – vor allem der jungen Generation.

Ein faszinierender Bericht, der jenseits aller aktuellen Turbulenzen Zukunftsperspektiven erkennbar und verständlich macht.

Autor

Klaus Bednarz, geboren 1942, studierte Theaterwissenschaften, Slawistik und osteuropäische Geschichte in Hamburg, Wien und Moskau. Nach seiner Promotion 1967 wurde er Redakteur beim Deutschen Fernsehen: 1971–1977 Korrespondent in Warschau, 1977–1982 Korrespondent in Moskau. Zur Zeit ist er Leiter der Redaktion »Monitor« beim WDR Köln und Sonderkorrespondent in der GUS.

KLAUS BEDNARZ

Rußland

Ein Volk sucht seine Zukunft

GOLDMANN VERLAG

Umwelthinweis:
Alle bedruckten Materialien dieses Taschenbuchs
sind chlorfrei und umweltschonend.

Der Goldmann Verlag
ist ein Unternehmen der Verlagsgruppe Bertelsmann

Genehmigte Taschenbuchausgabe 1994

Umschlaggestaltung: Design Team München
Umschlagfoto: Bavaria TCL/Gauting
Satz: IBV Satz- und Datentechnik GmbH, Berlin
Druck: Presse-Druck Augsburg
Verlagsnummer: 12516
Ba · Herstellung: Sebastian Strohmaier
Made in Germany
ISBN 3-442-12516-2

1 3 5 7 9 10 8 6 4 2

Meinem Lehrer und Freund
Lew Kopelew

Inhalt

Rückkehr nach Moskau 9
Wiedersehen mit Walja 17
Chauffeur Vitja 24
Das Dorf an der Wolga 28
Bulat Okudschawa 42
Krieg in Berg-Karabach 49
Der »Alte Arbat« 53
Aufstieg und Fall des Michail Gorbatschow 60
Ein Kamerateam der Zukunft 83
Fenster zum Westen 89
Straßenkinder in St. Petersburg 94
Galja und das kommunistische Erbe 109
Übungen in Demokratie 115
Im Saal 115
Auf der Straße 123
Finale 126
In der Kaufmannsstadt Torschok 130
»Pilot 1. Klasse« 140
Atomfabrik in Sibirien 147
Boris Jelzin, der »Zar aus dem Ural« 165
Wassilij: Erfahrungen eines freien Bauern 186
Tanja, Prostituierte und Jurastudentin 194
Schenja und der KGB 199
Der Traum der Rußlanddeutschen 208

Tatjana Welikanowa:
Der Stolz und die Würde der Frauen 214

Junge Manager 222

Galina Starowojtowa, Politikerin 230

Lew Kopelew: »Zeigt nicht meine Tränen!« 238

Nachwort 254

Rückkehr nach Moskau

Die Begrüßung ist ungewöhnlich. Statt in großen kyrillischen Buchstaben vom Sieg des Sozialismus zu künden, verheißt das erste Plakat, das der Besucher heute beim Verlassen des Flugzeugs erblickt, »A new world of shopping – Duty Free Moscow«.

Auch der Flug war ungewöhnlich. Nicht in weitem Bogen über Bayreuth und Prag oder Kiel und die Ostsee führt die Route von Düsseldorf nach Moskau, sondern auf direktem Kurs über Orte, deren Namen man früher nie aus einem Lufthansa-Cockpit vernahm – Magdeburg, Berlin, Frankfurt/Oder...

Auf die verkürzte Flugzeit aber haben sich offenbar noch nicht alle eingestellt. Der Offizier der russischen Grenztruppen jedenfalls, der in Moskau die Genehmigung zum Öffnen der Flugzeugtür geben muß, erscheint erst dreißig Minuten nach der Landung. So lange haben die Passagiere, was bleibt ihnen auch übrig, geduldig auf ihren Plätzen zu warten. Zeit genug, um mit Erstaunen festzustellen, daß auf dem Rollfeld noch drei weitere Maschinen mit dem gelben Kranich am Heck parken. Gestartet in Hamburg, Frankfurt am Main und München. Moskau ist näher gerückt.

Vor der Paßkontrolle wie immer lange Schlangen. Mit unseren Papieren hat der junge Grenzsoldat, der etwas erhöht hinter einer Glasscheibe in seinem Schalterhäuschen sitzt, Probleme. Durch ein Versehen der russischen Botschaft in Bonn sind in unsere Visa falsche Daten eingetragen worden, sie sind erst ab morgen gültig. Nein, mit diesen Visa könnten wir unmöglich heute einreisen, meint der Soldat und wischt sich mit dem Handrücken eine Strähne blonden Haares aus dem blassen, verschwitzten Gesicht. Vorschrift sei Vorschrift, und entscheidend sei, was die Botschaft ins Visum gestempelt hat.

Ratlosigkeit bei ihm und uns. Ob wir denn, fragen wir, bis Mitternacht im Transitraum warten sollten, was unmöglich sei, da wir noch heute dringende Drehtermine hätten. Er könne da gar nichts machen, sagt der Soldat, vielleicht wisse sein Vorgesetzter Rat. Zögernd greift er zum Telefon und wählt zwei Ziffern. Lange hält er den Hörer ans Ohr, schweigend. Dann legt er wieder auf, achselzuckend. Leider könne er seinen Vorgesetzten nicht erreichen.

»Und nun?« fragen wir leicht entnervt.

Kaum merklich beugt sich der Soldat zu mir hin. »U was jest Marki?« flüstert er.

Verständnislos blicke ich ihn an.

»Marki«, wiederholt er. »Deutschmark.«

Noch immer verstehe ich nicht. Nach Devisen fragen sonst die Zollbeamten, nicht aber die Grenzsoldaten. Arglos antworte ich, natürlich hätte ich Deutschmark dabei. Auch Dollar.

»Na bitte«, sagt er auf russisch.

Noch immer begreife ich nicht. Unser Kameramann aus Köln, erfahren im Umgang mit Behörden auf allen fünf Kontinenten, hat die Situation längst erfaßt. Der will Geld, meint er und fingert nach seiner Brieftasche. Um Himmels willen, zische ich ihn an, einen sowjetischen Grenzbeamten bestechen gibt fünf Jahre Sibirien. Ich sei ja sonst nicht gerade ängstlich, aber das sei einfach undenkbar. Einen Zöllner bestechen – vielleicht, mit einem »Playboy«, einer Dose Kaffee, die beim Auspacken des Koffers zufällig herausfällt und unter dem Tisch des Beamten liegenbleibt; aber einen Angehörigen der ruhmreichen Sowjetarmee – das geht wirklich zu weit, ist viel zu riskant.

»Versuch's doch einfach«, rät der Kollege.

Alle Vorsicht vergessend, alle Erfahrung verdrängend frage ich also, kaum hörbar: »Skolko – wieviel?«

Die Antwort kommt prompt: »20.«

»Marki?«

»Marki.«

»Zusammen?«

»Nein, für jeden.«

In der Aufregung finde ich nur einen Hunderter. Lege ihn, wie ich hoffe, unauffällig in den Paß und schiebe das auf diese Weise angereicherte Dokument hinüber. Wenige Sekunden später höre ich das vertraute Klacken der Stempelmaschine und den Summton, mit dem sich die Kontrollschranke öffnet. Nach dem Wechselgeld zu fragen scheint mir nicht angebracht.

Gleich hinter der Paßkontrolle die nächste Überraschung: ein goldfarben lackierter, mannshoher Roboter, der – offensichtlich ferngesteuert – tänzelnde Bewegungen vollführt. Seinen rundlichen Körper umgibt ein Kranz rhythmisch blinkender bunter Lämpchen, aus seinem Inneren ertönt ein Hit der Gruppe »Genesis«. »Hello, my name is Ernie«, begrüßt er uns mit metallischer Stimme. Er lade uns ein ins Casino Royal, »Moscow's most spectacular casino«. Dort, auf dem Gelände der alten Moskauer Pferderennbahn, könne man jetzt Poker, Roulett, Black Jack und Backgammon spielen sowie sich an »Slot machines« vergnügen. Die Währung, in der gespielt werde, sei der US-Dollar; geöffnet sei das elegante Etablissement samt Restaurant und Séparées – nur zehn Minuten vom Roten Platz entfernt – täglich von 8 Uhr abends bis 4 Uhr in der Früh.

Auch die wie immer schier endlose Wartezeit am Gepäckband vertreibt uns Ernie. Er ist uns unauffällig gefolgt und wird nicht müde, die Segnungen des Glücksspiels zu preisen. »Hello, my name is...«

Am Zoll geht alles anders als sonst, sehr schnell. Die Tatsache, daß wir für das ARD-Büro 30000 Mark und 10000 Dollar in der Tasche haben, da in Moskau keine Bank mehr arbeitet, Löhne und Gehälter an die deutschen und russischen Mitarbeiter aber pünktlich ausgezahlt werden sollen, ringt dem Zollbeamten nur die gelangweilte Frage ab: »Cash oder in Schecks?«

Später erfahren wir, daß hier ein deutscher Geschäftsmann unlängst mit einer Viertelmillion D-Mark im Koffer durchmarschiert ist. Ganz ungefährlich ist es allerdings nicht. Denn ein Teil der Zöllner, so heißt es, arbeitet mit dem Zweig der Moskauer Mafia zusammen, zu dem auch viele Taxifahrer gehören. Ein amerikanischer Reisender jedenfalls, der lausige 15000 Dollar beim Zoll deklarierte und den Leichtsinn beging, in das erstbeste Taxi zu steigen, landete statt im gewünschten Hotel auf freiem Feld. Dort fand man ihn einige Tage später, erschlagen und ausgeraubt.

Wir haben es besser, uns erwarten Freunde, die ganz andere Sorgen haben. Seit die Grenzen offen sind und auch die Bürger der ehemaligen Sowjetunion ungehindert in alle Welt reisen können, gibt es auf Moskaus Auslandsflughafen kaum noch eine Möglichkeit, das Auto abzustellen. Vor zwölf Jahren, als er gebaut wurde, dachte niemand an Parkplätze. Man brauchte sie nicht. Ebensowenig wie ein Flughafenhotel. Dies nun hat ein französischer Konzern in aller Eile aus dem Boden gestampft: einen fünfstöckigen Glaskasten, dessen Name Programm ist: »Novotel«. Wer hier ein Bett buchen will, muß Dollar auf den Tisch legen. D-Mark und Francs tun es auch.

»Rubel nimmt nur noch die Klofrau«, meint Igor, der uns fährt.

Die Straße vom Flughafen ins Zentrum Moskaus ähnelt einem amerikanischen Highway – jedenfalls was die Zahl und die Breite der Fahrbahnen angeht und die Reklameschilder auf beiden Seiten. McDonald's, GoldStar/Audio Video, Technics Hi-Fi, Panasonic, Siemens, Korean Airlines, Sony, Marlboro... In Englisch und Russisch bietet auch eine Moskauer Bank ihre Dienste an. Mit dem Werbeslogan »Neue Zeiten, neue Leute, neue Bedienung«. Zwischen den Reklametafeln stehen am Straßenrand Kinder und winken: in der erhobenen Hand einen Schwamm, vor sich einen Wassereimer. Sie bieten sich als Autowäscher an.

Aus dem Autoradio, das Igor in voller Lautstärke aufgedreht hat, weil wir Nachrichten hören wollen, ertönt ein Privatsender, »Echo Moskvy«. Wir fühlen uns wie zu Hause – vor den Nachrichten Werbung. Die Moskauer Terminbörse empfiehlt sich allen russischen »Bisnesmeny« und »denen, die es werden wollen«. Eine Fahrschule garantiert »schnelle, gründliche und erfolgreiche Ausbildung«, eine amerikanische Computerfirma behauptet, ihre Produkte seien »unvergleichlich«. Und – ausgerechnet – die polnische Fluglinie LOT wirbt mit dem Spruch »Schlangestehen ist Zeitvergeudung, kommen Sie deshalb zu uns«.

Die Nachrichten selbst sind flott, aber solide gemacht. Zuerst das Wichtigste in Schlagzeilen, dann Home-News, dann politische Meldungen aus aller Welt. Vorbei die Zeiten, in denen die

Moskauer Nachrichten mit der Erfolgsmeldung aus der Kolchose »Roter Oktober« begannen und der Verelendung der Automobilarbeiter in Detroit endeten. Der anschließende Kommentar befaßt sich mit der Zerstörung der Umwelt entlang der Wolga und der Unfähigkeit der Behörden, die gigantische Einleitung von Industrie- und Kommunalabwässern in den Fluß wirkungsvoll zu drosseln.

Dann klärt uns ein russisch-orthodoxer Priester über den geistlichen Sinn des bevorstehenden Weihnachtsfestes auf, das zum erstenmal seit 74 Jahren wieder als offizieller Feiertag begangen wird. Wir fühlen uns rundum informiert.

Je näher wir Moskau kommen, um so schlechter wird die Straße. Breite Risse quer über die Fahrbahndecke, Schlaglöcher in der Größe von Kanaldeckeln. Zeitweise muß Igor Slalom fahren. Am Straßenrand liegengebliebene Lkws, manche ohne Reifen. Zuweilen schrottreife Pkws ohne Nummernschilder, Autowracks, nach einem Unfall einfach zurückgelassen...

Vor der symbolischen Panzersperre, die die Stelle markiert, an der im Winter 1941 der Vormarsch der deutschen Wehrmacht auf Moskau zum Stehen kam, türmen sich leere Wodkaflaschen und Bierbüchsen, Marke Tuborg und Henninger. Früher hatten hier frischgetraute Brautpaare Blumen niedergelegt.

Die erste Straßenbahn, die uns begegnet, ist in den Farben Blau und Gelb gestrichen und trägt den Schriftzug »Camel«. Hinter der großen Tankstelle am Ortseingang von Moskau sitzen Jugendliche auf der Bordsteinkante und bieten aus großen Kanistern Benzin an. Sicher geklaut, meint Igor. Oder regulär gekauft und mit Treibstoff minderer Qualität »gestreckt«. Miliz, die sich um die jungen »Bisnesmeny« kümmert, ist nicht zu sehen.

Das Hotel »Ukraina«, mit seiner Zuckerbäckerfassade aus der Stalinzeit, liegt am Ufer der Moskwa, gegenüber dem »Weißen Haus« Boris Jelzins. Der Empfang ist wie immer. Die Dame an der Rezeption scheint überrascht, daß jemand kommt und um ein Zimmer bittet. Lange blättert sie in einer

Kladde mit handschriftlichen Eintragungen. Nein, eine Reservierung habe sie nicht. Auf dem bläulichen Bildschirm des Computers neben ihr leuchtet irgendein Schema, offenbar ein Videogame. Mit der Zimmerreservierung hat es jedenfalls nichts zu tun. Dafür ist die Kollegin hinter ihr zuständig, die im Moment aber gerade mit einem wichtigen Telefongespräch beschäftigt ist. Soweit ich verstehen kann, geht es um irgendein französisches Parfüm.

Schließlich hat Igor die rettende Idee. Er ruft den Geschäftsführer einer Firma an, die sich »Westfalia Club« nennt, ein Reisebüro mit Sitz in Köln, das im »Ukraina« eine Niederlassung hat. Binnen Minuten ist unser Problem gelöst. Nun findet sich plötzlich in der Kladde doch eine Reservierung auf meinen Namen. Ich bekomme einen Passierschein mit der Zimmernummer. Den Schlüssel allerdings erhalte ich nicht an der Rezeption. Ihn gibt es, so erfahre ich, wie immer bei der Etagenfrau.

Der Eingang zum Foyer ist streng bewacht. Junge Burschen in Zivil, kaum älter als 18 Jahre, prüfen eingehend meinen »Propusk«. Die Kontrollen, so erklärt Igor, sind nötig. Erst in der vergangenen Woche seien auf einer Etage zwei Männer erstochen aufgefunden worden. In der Hotelhalle trifft man, im Gegensatz zu früher, auf wenig Ausländer, dafür wimmelt es von dunkelhäutigen Männern aus dem Kaukasus und aus Mittelasien. Die Westler, so Igor, wohnen inzwischen meist in den neuen Hotels, die amerikanische, schwedische und finnische Gesellschaften gebaut haben und als Joint-venture mit russischen Geschäftspartnern betreiben.

Die auffallendste Neuerung im Foyer ist ein gläserner Pavillon mit der Aufschrift »Go West«. Hier werden gegen Valuta westliche Zigaretten, Kosmetika und Spirituosen angeboten, darunter Bier aus Hamburg und München. Einige Meter dahinter noch eine Überraschung: eine Bar. Man kann Kaffee bekommen, Torte, aber auch amerikanischen Whiskey, belgisches Bier und Wodka aus Rußland, Finnland und Frankreich. Alles für Rubel – die Preise allerdings sind astronomisch. An der Theke hocken nur ein paar junge Männer – Spekulanten, wie Igor meint – und ein grell geschminktes Mädchen mit hochtoupiertem blondem Haar. Dicht umlagert hingegen sind die Spielautomaten an den Wänden. Besonders begehrt scheinen die elektronischen Kriegsspiele. Unbeschreiblicher Lärm von Schüssen und Explosionen erfüllt den stickigen Raum. Hin und wieder drängt sich auch ein Afghanistan-Veteran zwischen die Spieler an den Automaten. Man erkennt ihn an seinem braungrün gefleckten Kampfanzug, unter dessen Jacke ein kragenloses, blau und weiß gestreiftes Matrosenhemd hervorlugt. Einen anderen Afghanistan-Veteranen haben wir vorher auf den Stufen vor dem Hoteleingang gesehen: Er hatte keine Beine und bettelte.

Auf unserer Etage ist alles wie immer. Gegenüber dem Fahrstuhl, hinter einem wuchtigen Schreibtisch, hockt die »Deschurnaja«, die diensthabende Etagenfrau. Ihr »Dienst« besteht darin, den Gästen in den zwölf Zimmern auf dem Stockwerk die Schlüssel auszuhändigen. Ob sie immer noch dem KGB angehört, weiß ich nicht. Auf jeden Fall hat sie alles, was auf dem Stockwerk passiert, im Blick. Wenn sie nicht gerade einen Schlüssel aus der Schublade herausholt oder einen anderen hineinlegt, strickt oder telefoniert sie. Manchmal steht auf ihrem Tisch eine Flasche Pepsi-Cola, die sie den Gästen zum Kauf anbietet.

Das Zimmer ist im klassischen sozialistischen Barock eingerichtet. Schwere, samtbezogene grüne Sessel, ein riesiges Sofa in der gleichen Farbe und ein monströser, leerer Kühlschrank, der rattert wie ein Maschinengewehr. Dazu ein moderner Fernseher, mit dem nicht nur die beiden Moskauer Programme zu empfangen sind, sondern auch der amerikanische Nachrichtenkanal CNN, der Musikkanal »Superchannel« und ein Sender in arabischer Sprache. Die Fenster sind zugeklebt. Nur eine kleine Luke im oberen Teil des Fensters kann man öffnen, mit einem Bindfaden: die sogenannte »Fortotschka«. Im Bad tropft aus einem rostigen Wasserhahn eine bräunliche Brühe, die in der Wanne eine kräftige schmutzige Spur hinterläßt. Riesige Kakerlaken flitzen im Waschbecken umher. Immerhin, es gibt Klopapier und saubere Frottee- und Leinenhandtücher. Die Nachttischlampe, die auf einem wackeligen Schränkchen steht, ist kaputt. Doch dies ist nicht weiter tragisch, denn im Bett bleibt man ohnehin keine Minute länger als unbedingt nötig. Die Matratze nämlich gleicht einer Hängematte, deren tiefster Punkt fast den Boden berührt. Dafür entspricht der Zimmerpreis Weltniveau: 150 Dollar pro Nacht.

Wiedersehen mit Walja

Waljas Stimme am Telefon überschlägt sich beinahe. »Gospodin, sind Sie wirklich in Moskau?«

Ich bin es, versichere ich und hoffe, wir sehen uns bald. Irgendwann in den nächsten Tagen...

»Was heißt bald?« tönt es empört zurück, ich hätte sofort zu kommen, schließlich habe sie mich ja lange genug nicht gesehen.

Fünf Jahre haben wir mit Walja in Moskau gelebt. Sie war die »Njanja«, die Kinderfrau unserer Tochter, und hat uns im Haushalt geholfen. Wenn wir auf Drehreisen in Sibirien, im Kaukasus, an der Wolga oder sonstwo waren, hat Nina bei Walja gewohnt. Von ihr hat sie russische Lieder und Gedichte gelernt, mit ihr ist sie Tag für Tag spazierengegangen. In Waljas Familie – Mann, Sohn und Schwiegertochter – hat sie gelebt, als gehörte sie von Geburt an dazu. Im Kindergarten, auf der Straße, in den Geschäften, der Metro hielt man Walja für Ninas Großmutter.

Als wir Walja kennenlernten, war sie 45 Jahre alt, sah aber, wie viele Russinnen, älter aus. Sie ist mittelgroß, rundlich, hat ein breites, offenes Gesicht und trägt die Haare zum Knoten zusammengesteckt. Über ihren hohen Wangenknochen blitzen flinke, gutmütige Augen, umgeben von unzähligen feinen Lachfältchen. Sie stammt vom Dorf, aus einer Familie mit 13 Kindern, zehn Geschwister leben noch. Nach dem Krieg hat sie Schweißerin gelernt. Ihr Mann war ebenfalls Schweißer.

Bevor wir nach Moskau kamen, hat sie schon die Kinder meiner Vorgänger Fritz Pleitgen und Lothar Loewe großgezogen – eine fröhliche, herzensgute Frau, die Kinder über alles liebt.

Walja wohnt im äußersten Südwesten Moskaus. In einer jener trostlosen Neubausiedlungen, die von Magdeburg bis Wladiwostok alle gleich aussehen: eintönig, grau – Plattenbauweise. Die Tür vom Hof zum Treppenhaus hat jemand eingeschlagen. Der linke, hölzerne Türflügel ist zersplittert, vom rechten, der früher verglast war, ist nur der Rahmen geblieben. Die Kacheln am Boden des Flurs sind lose, an manchen Stellen fehlen sie ganz. Von den Wänden blättert die Farbe, in der endlosen Reihe der Briefkästen sind viele aufgebrochen. Im Fahrstuhl riecht es nach Kohl und Urin, auf dem Boden trocknet ein großer Flatschen grünlich-weißer Spucke. Der Flur, in dem sich Waljas Wohnung befindet, ist dunkel. In der Deckenlampe fehlt die Birne.

Sobald sich Waljas Wohnungstür öffnet, wähnt man sich in einer anderen Welt. Der Flur ist mit einem dicken rotbraunen Teppich ausgelegt, die beiden winzigen Zimmer wirken sauber und aufgeräumt wie in einer Möbelausstellung – der fünfziger Jahre allerdings. In der Vitrine des Wohnzimmerschranks Kristallgläser und allerlei Nippes, auf dem Sofa, das Walja und ihrem Mann auch als Bett dient, feingehäkelte Deckchen. In der Ecke ein riesiger Fernseher, darunter ein Videorecorder westlicher Herkunft. Im anderen Zimmer wohnen der Sohn, die Schwiegertochter und die inzwischen fünf Jahre alte Enkeltochter Lena. Da ein Kinderbett passender Größe in ganz Moskau nicht aufzutreiben war, haben Waljas Mann und ihr Sohn selbst eines gezimmert. Insgesamt hat die Wohnung 28 Quadratmeter, aber da ist schon ein Teil des Balkons mitgerechnet.

Wie immer setzen wir uns um den Tisch der winzigen Küche. Und wie immer hat Walja gekocht, als erwarte sie eine zehnköpfige Familie: Kohlsuppe, Borschtscht, einen riesigen Topf Kartoffeln, Würstchen. Als Vorspeisen stehen schon auf dem Tisch: eingelegte Gurken, Pilze, selbstgemachte Sülze, Ölsardinen, gehackte Zwiebeln, Schwarzbrot und Butter. Dennoch ist Walja tief bekümmert. Das alles, so meint sie, sei doch viel zu wenig und viel zu ärmlich. Es fehlten Fleisch, Schinken, Wurst, Hühnchen, Käse. So schlimm wie jetzt sei die Versorgung seit Ende des Krieges nicht mehr gewesen. Außer Brot und Tee sei praktisch alles rationiert, sogar Wodka, Zigaretten und Streichhölzer. Und selbst nach Brot müsse man stundenlang anstehen. So etwas habe es nicht einmal während des Krieges gegeben. Fleisch, Butter und Käse habe man in den staatlichen Geschäften seit Wochen nicht mehr gesehen. Sicher, auf den freien Märkten gebe es fast alles, aber zu Preisen, die sich nur Ausländer oder Bonzen leisten könnten: Das Kilo Fleisch koste dort so um die 140 Rubel.

Waljas Monatsrente beträgt genau 275 Rubel. Ihr Mann Kolja, im Krieg schwer verwundet, erhält noch zusätzlich eine Invalidenrente von 15 Rubel im Monat. Dafür kann er sich auf dem Kolchosmarkt ein halbes Pfund Tomaten kaufen, je nach Größe drei oder vier Stück. Ein paar Schuhe kosten um die 400 Rubel, ein Mantel etwa 600. Das schlimmste sei, daß es nicht einmal Milch für die Kinder gebe. Ganz selten jedenfalls.

Kolja, der wegen seines schlechten Gesundheitszustandes vor acht Jahren seinen Beruf als Schweißer aufgeben mußte und seither Rentner ist, beginnt seinen Arbeitstag morgens um 7 Uhr. Zunächst legt er die Orden und Ehrenzeichen an, die ihn als Veteranen des »Großen Vaterländischen Krieges« ausweisen, und bringt die fünfjährige Enkeltochter Lena in den Kindergarten. Danach begibt er sich auf Tour durch die Läden des Bezirks, auf der Suche nach irgendwelchen Lebensmitteln. In der Schlange, die sich täglich vor dem Milchladen versammelt, hat Kolja die Nummer 1245. Das bedeutet, er muß jeden Morgen dort erscheinen und feststellen, ob an diesem Tag eine Milchlieferung erwartet wird. Erscheint er nicht, verliert er seinen Anspruch auf den Platz in der Schlange. Wenn es wirklich einmal Milch gibt, reicht sie in der Regel für 250 Nummern, pro Kopf ein Liter. Kolja muß also fünf Tage erwischen, an denen Milch angeliefert wird, dann hat er eine Chance, mit einem Liter oder, wenn er die Verkäuferin wie auch immer gnädig stimmt, zwei Litern nach Hause zu wandern.

Das ist aber nur der Beginn des Tages. Weiter geht es in die Schlange vor dem Brotladen. Dann von einem Kiosk zum anderen auf der Suche nach Zigaretten. Wenn er Glück hat, kommt er an einem Magazin vorbei, in dem gerade Kartoffeln eingetroffen sind. Um sicherzugehen, klappert er auch alle Fleischläden ab, doch hier bietet sich seit Monaten immer das gleiche Bild – leere Vitrinen, nackte Wände. Hin und wieder allenfalls ein Stück Wurst, das aus dicken Fettstücken und Schwarte besteht. Für den Hund, meint Kolja.

Zur täglichen Runde gehört auch ein Blick in die Spirituosengeschäfte. Hier macht Kolja immer wieder die gleiche Beobachtung: Sobald ein Lieferwagen mit Wodka am Hintereingang des

Ladens auftaucht, erscheint auch ein Milizauto. Zuerst, so Kolja, habe er gedacht, die Miliz solle dafür sorgen, daß der Verkauf ordnungsgemäß vonstatten gehe, die Verkäuferinnen nichts unter dem Ladentisch verschieben. Doch dann hat er etwas ganz anderes herausgefunden: Etwa die Hälfte der Kästen mit Wodka wird direkt vom Lieferwagen in das Milizauto umgeladen. Die Leute in der Schlange vor dem Laden sehen es, murren zwar, aber laut etwas dagegen zu sagen wagt niemand. Milizionäre sind schließlich Respektspersonen, und mit denen legt sich niemand gern an. Schon gar nicht in diesen Zeiten.

Abends gegen 8 Uhr kommt Kolja in der Regel nach Hause. Der Arbeitstag eines russischen Rentners ist zu Ende.

Für Politik haben sich Walja und ihr Mann eigentlich nie sonderlich interessiert. Sie selbst bezeichnen sich als normale Sowjetbürger, gute Patrioten. Lenin war der große Revolutionär und Staatsgründer, Stalin der Feldherr, der den Faschismus besiegte. Und die Führer, die danach kamen, ach ja... Chruschtschow vielleicht noch, das war ein richtiger Mann aus dem Volk, aber ansonsten...? Mit denen da oben hatte man nicht viel im Sinn. Natürlich ging man zur Wahl, man mußte ja schließlich; man ging, solange man arbeitete, auf die Mai- und Revolutionsparaden, spendete für Vietnam und Kuba. Im übrigen aber war man mit dem Organisieren des täglichen Überlebenskampfes vollauf beschäftigt. Er beanspruchte nicht nur alle Energie, sondern auch alle Phantasie und Kreativität. Die Familie war das Nest, das es zu erhalten und zu verteidigen galt, das einzige, was wirklich zählte.

Die Verheißungen des Sozialismus standen unerbittlich auf dem Prüfstand des Alltags. Man hörte, was die da oben sagten. Und man erfuhr am eigenen Leib, am Arbeitsplatz, auf der Straße, in den Geschäften, wie es wirklich war. Nein, das war nicht das Leben, von dem man in der Jugend geträumt hatte. Wenn es um die Verteidigung des Vaterlandes gegangen wäre, da wäre man immer dabeigewesen. Und einmal hatte Kolja seine Knochen ja schon hingehalten. Doch als Sohn Wolodja zum Militär eingezogen wurde, da betete Walja, daß er nicht nach Afghanistan müsse. An den lieben Gott hatte sie nie aufgehört zu glauben; und die Szene, die sie uns machte, als sie erfuhr, daß Nina mit sechs Jahren noch immer nicht getauft war, werde ich mein Leben lang nicht vergessen.

»Gospodin, so geht das wirklich nicht. Bei uns werden alle Kinder getauft. Und sei's heimlich!« Auch Wolodja sei getauft worden.

Als Michail Gorbatschow an die Macht kam, wurde auch für Walja und ihren Mann das, was »da oben« geschah, wieder interessanter. Nicht, daß man allen seinen Versprechungen geglaubt hätte. Aber nun wurde auch das, was alle wußten, jedoch niemand zu sagen wagte, öffentlich ausgesprochen. Wie schlimm die Lage im Lande sei, wie kaputt die Wirtschaft, wie groß die Korruption, der Schlendrian und die Bürokratie. Welche Verbrechen Stalin begangen hat und welch ein Unsinn das atomare Wettrüsten sei, auch der Rüstungswahn der Sowjetarmee. Kolja abonnierte die liberalste der Reformzeitschriften, »Argumenty i fakty«; man hörte wieder Nachrichten, schaute sich die politischen Programme im Fernsehen an.

Wenn auch von Perestrojka noch nicht viel zu merken war, Glasnost hielt Einzug im Wohnzimmer. Schwiegertochter Marina, die als Buchhalterin arbeitet, konnte mit einer Reisegruppe in die USA fahren. Im Fernsehen wurde plötzlich gezeigt, daß es im Westen nicht nur Arbeitslose und in der Bundesrepublik Deutschland nicht nur Nazis und Neonazis gibt. Man konnte auf der Straße laut über die Partei und die Regierung schimpfen, und niemand wurde deswegen verhaftet. Ein neues Leben, so schien es, hatte begonnen.

Doch die Euphorie dauerte nicht lange. Immer häufiger stellte Kolja bei seinen täglichen Einkaufsgängen fest, daß Dinge, die bis gestern noch problemlos zu bekommen waren, aus den Geschäften verschwanden. Es begann – auf unerklärliche Weise – mit den Streichhölzern. Wie vom Erdboden verschluckt waren sie von einem Tag auf den anderen. Von Kiosk zu Kiosk zog Kolja in seinem riesigen Wohnbezirk, in dem mehr als 100000 Menschen leben. »Nein«, war überall die gleiche Antwort, »die Streichhölzer sind alle.« Wann es wieder welche gebe, wisse man nicht.

Dann geschah das gleiche mit dem Zucker. Sicher, zur Einmachzeit hatte es damit immer wieder mal Probleme gegeben, aber nun war er ganz verschwunden.

Auch das Angebot an Fleisch und Wurst war zu Leonid Breschnews Zeiten nicht gerade üppig gewesen. Man mußte lange in der Schlange stehen, aber man wußte, irgend etwas würde man bekommen. Nun hing nur noch fetter, unappetitlich glänzender Speck an den Haken, und in den gläsernen Vitrinen gammelte eine ungenießbare grünlichgraue Wurstsorte vor sich hin. Selbst die Fischkonserven, Sprotten aus der Ostsee, Thunfisch aus dem Pazifik, angelandet in Wladiwostok, gab es immer seltener.

Im Kindergarten wurde den Eltern mitgeteilt, daß die Milch nur noch unregelmäßig geliefert werde und die Eltern selbst dafür sorgen sollten, daß ihre Kinder ausreichend davon bekämen. Ja, wie denn? hatte Walja sarkastisch gefragt. Sollen wir uns etwa eine Kuh auf dem Balkon halten?

Immer schwieriger wurde es auch mit Kinderkleidung. Kinderschuhe zum Beispiel konnte man in den staatlichen Läden überhaupt nicht mehr kaufen. Auf dem Schwarzmarkt kostete ein Paar fast eine Monatsrente. Auch Medikamente, schon vorher nicht gerade in reicher Auswahl vorhanden, wurden immer knapper. Salbe für Waljas Venenleiden gab es schon lange nicht mehr. Nun verschwanden sogar Kopfschmerztabletten, Watte und Pflaster. Zeitweise machte die einzige Apotheke im Wohnbezirk ganz zu. Sie hatte nichts mehr zu verkaufen.

Und das alles soll Perestrojka sein? Walja jedenfalls sehnt sich nach den alten Zeiten zurück. Da gab es wenigstens genügend zu essen. Nicht nur Brot, Kartoffeln und eingelegte Gurken und Pilze.

»Wenn das das neue Leben ist, dann danke ich. Glasnost ist ja ganz schön. Aber davon allein wird man nicht satt. Oder kann man Perestrojka vielleicht essen?«

Daß der Westen diesen Gorbatschow so liebt, kann Walja verstehen. Er will freundschaftliche Beziehungen zu den Amerikanern und zu den Deutschen, er läßt die Polen und Ungarn machen, was sie wollen, er will die Raketen abbauen. »Aber das einzige, was er für uns getan hat – er hat unsere Jungens aus Afghanistan zurückgeholt.«

Koljas zaghaften Hinweis auf die »Argumenty i fakty«, darauf, daß jetzt jeder sagen kann, was er denkt, daß niemand mehr Angst hat und Marina in die USA reisen kann, wischt sie mit einer Handbewegung vom Tisch. »Und wer garantiert uns, daß es so bleibt?« Nein, die Sache mit Gorbatschow habe keine Zukunft. Solange es jedenfalls keine Milch für Lena gebe, könne der ihr gestohlen bleiben. Und die ganze Perestrojka dazu. »Stimmt's, Gospodin?«

Chauffeur Vitja

In zweierlei Hinsicht werden sich die Millionenstädte Moskau und New York immer ähnlicher: was die Kriminalität angeht und das Taxigewerbe; beides – hier wie dort übrigens – nicht selten eng miteinander verflochten. In beiden Städten bekommt man am einfachsten ein Taxi, wenn man sich an den Straßenrand stellt und winkt. In Moskau allerdings macht man die Erfahrung, daß häufiger Privatautos halten als gewerbliche Taxis. Manchmal sind es auch Dienstwagen von Behörden und Betrieben, deren Chauffeure gerade nichts zu tun haben und sich schnell ein paar Rubel, Dollar oder Zigaretten nebenbei verdienen wollen.

Auf diese Weise geriet ich an Vitja. Seine schwarze Wolga-Limousine, einst das Statussymbol der mittleren und gehobenen Funktionärskaste, hatte mit quietschenden Reifen neben mir gehalten. Das Heckfenster war mit einer dunkelblauen Gardine verhängt, aus dem Dach ragte eine Antenne, die auf ein Autotelefon schließen ließ.

Vitja war mit meinem Fahrziel einverstanden, ich mit seiner Preisforderung. Zehn Dollar oder den entsprechenden Gegenwert in Rubel, das sei ihm egal; ich würde den gängigen Kurs ja zweifellos kennen. Also, wozu lange verhandeln.

Da die Fahrt an das andere Ende der Stadt führt, haben wir viel Zeit zu reden. Und Vitja – etwa 30 Jahre alt, unter dem blonden, gewellten Haarschopf ein offenes, etwas verschmitztes Gesicht – redet offensichtlich gern. Keine Spur von Mißtrauen.

Heute, so Vitja, habe keiner mehr Angst, und jeder könne sagen, was er wolle. Geheimnisse würde er ohnehin nicht verraten, er wüßte gar nicht, welche. »Die im Westen mit ihren Satelliten wissen doch sowieso alles über uns, und das ist auch gut so.«

Seinen Führerschein hat Vitja bei der Armee gemacht. Zwei Jahre hat er abgedient, in einem gottverlassenen Nest in Mittelasien, nahe der chinesischen Grenze. Zum Glück habe er nicht nach Afghanistan gemußt. Das sei wirklich eine Sauerei gewesen, was da passierte. Und noch schlimmer wäre, wie es den Jungens, die aus Afghanistan zurückgekommen seien, jetzt ginge. Viele seien Krüppel, ohne Beine, ohne Arme, aber es gebe keine Rollstühle und Prothesen, nicht einmal vernünftige Krücken. Und das bißchen Invalidenrente, das sie kriegten, reiche nicht einmal für eine Flasche Wodka im Monat. Kein Wunder, daß so viele in den Drogenhandel einstiegen oder ihre Mädchen auf den Strich schickten – am besten natürlich in die Bars und auf die Etagen der Ausländerhotels.

Früher sei er Chauffeur in einem Ministerium für irgendwelche landwirtschaftlichen Maschinen gewesen. Dort habe er ein besonders hohes Tier gefahren, einen Direktor, der unmittelbar mit dem Minister zusammengearbeitet habe. Als Jelzin an die Macht kam, wurde das Ministerium, wie so viele andere der mehr als 90 Unionsministerien, aufgelöst. »Entbürokratisierung« habe man das genannt. Doch er arbeite immer noch beim selben Direktor. Der habe sich mit einigen anderen Direktoren zusammengetan und aus dem Ministerium eine Firma gemacht. Eine private Aktiengesellschaft, wie Vitja nicht ohne Stolz betont. Die tue nun genau das gleiche, was früher das Ministerium getan habe. Es funktioniere nur alles viel besser. Die »Firma«, wie sie Vitja nennt, habe Verträge mit einigen großen Maschinenfabriken in der Nähe von Moskau und im Ural und verkaufe in deren Auftrag Maschinen. Nicht nur innerhalb Rußlands, sondern sogar im Ausland. Der Direktor habe zwei schwarze Wolga und zwei Chauffeure zu seiner persönlichen Verfügung. Außerdem stehe in der Dienstgarage noch ein nagelneuer Honda, doch den habe er nur ein einziges Mal benutzt, um einen ausländischen Geschäftspartner abzuholen. In den alten Wolga-Limousinen fühle er sich irgendwie wohler, die machten mehr Eindruck, wirkten »offizieller«. Große Strecken fahre man ohnehin nicht mit dem Auto, denn die Firma hätte sich inzwischen auch ein eigenes Flugzeug zugelegt; ein kleines zwar nur, das aber immer bereitstehe und den Direktor überall hinbringe, wo er zu tun habe. Manchmal gehe es auch nur für einige Tage auf die Krim, um dort Urlaub zu machen. Im Moment sei der Direktor gerade in Polen. Auch mit seinem Flugzeug, denn mit dem

Auto müßte man an den Grenzübergängen zwölf Stunden warten, und in den russischen Zügen sei man seines Lebens nicht mehr sicher. Zumindest würde man dort andauernd beklaut.

Vor ein paar Wochen sollte Vitja für die »Firma« einen neuen Wolga aus der Fabrik abholen. In Nischnij Nowgorod, das zu Zeiten der Sowjetmacht Gorki hieß und wo Andrej Sacharow in der Verbannung war. Dort befindet sich eine der größten Autofabriken Rußlands. Zu seiner Überraschung habe man ihn im Werk durchaus höflich empfangen, und der bestellte Wolga sei auch wirklich termingerecht fertig gewesen. Allerdings, ganz fertig eben doch nicht, denn es hätten die Sitze und das Armaturenbrett gefehlt. Auf Vitjas erstaunte Frage, wann denn die fehlenden Teile eingebaut würden, erhielt er die lakonische Antwort: »Überhaupt nicht.« Es gebe nämlich keine Sitze und auch keine Armaturenbretter, denn die Zulieferfirmen hätten die Produktion eingestellt. Aber fahrbereit sei der Wagen, die Sitze und das Armaturenbrett ließen sich ja vielleicht in Moskau auf dem schwarzen Markt auftreiben. Dort sei doch ein schwunghafter Handel mit alten Autos im Gange, die man ausschlachten könne. Wenn seine Firma allerdings vom Kauf zurücktreten wolle, bitte schön, man sei bereit, den Kaufvertrag sofort zu zerreißen; Tausende von Interessenten würden Schlange stehen. Wenn er diesmal aber den Wolga nicht nehme, brauche er gar nicht wiederzukommen. Eine neue Bestellung würde von seiner Firma nicht mehr angenommen. Vitja nahm den Wolga, besorgte sich eine Gemüsekiste als Fahrersitz und fuhr so die 400 Kilometer nach Moskau.

Heute, so Vitja voller Genugtuung, würde niemand mehr merken, daß die ganze Inneneinrichtung erst nachträglich eingebaut worden ist. Schließlich habe seine Firma Beziehungen, und die russischen Mechaniker hätten goldene Hände. Allerdings, so Vitja, eine derartige Fahrt auf einer wackeligen Gemüsekiste würde er nicht noch einmal machen. Und im übrigen habe seine »Firma« beschlossen, in Zukunft ganz auf westliche Autos umzusteigen. Denn für die gebe es in Moskau inzwischen ohne Probleme Ersatzteile. Gegen harte Devisen natürlich. Volkswagen, Mercedes, BMW und die Japaner hätten hier bereits eigene

Werkstätten, und wenn man nur richtig aufpasse, werde man auch ehrlich bedient. Jedenfalls würde es nicht mehr so oft vorkommen, daß bei einer Reparatur auch intakte Teile ausgebaut und durch Schrott ersetzt werden. Schließlich, so Vitja, müßten die kapitalistischen Firmen darauf achten, ihre Kunden nicht zu verärgern.

Meinem Hinweis auf schlampiges Arbeiten in westlichen Werkstätten begegnet er ungläubig.

»Ist es Ihnen schon mal passiert, daß in die Reifen eines ›Wolga‹ in der Werkstatt viele kleinere Schläuche aus einem ›Moskwitsch‹, dem russischen ›Trabbi‹, eingezogen wurden?«

Ich passe. Einen Wolga habe ich noch nie besessen.

»Und bald«, so Vitja, »wird es auch bei uns keine mehr geben. Hoffentlich...«

Zum Abschied schenkt mir Vitja einen Aufkleber mit seinem Firmenemblem. »Eine gute Firma«, meint er, »sagen Sie's weiter.«

Ich revanchiere mich mit einem Aufkleber meiner »Firma«.

Das Dorf an der Wolga

Wir wollen an die Wolga. In eines jener sterbenden Dörfer, von denen man in der zeitgenössischen russischen Literatur so oft liest. Die Nacht hindurch fahren wir, in nördlicher Richtung von Moskau nach Jaroslawl. Für die 400 Kilometer braucht unser in Riga gebauter Kleinbus fast zehn Stunden. Schneesturm und Glatteis. Russischer Winter.

In Jaroslawl, einer alten Kaufmannsstadt an der Wolga, deren historischer Kern in erstaunlich gutem Zustand ist, biegen wir nach Westen, stromaufwärts ab. Allein in dieser Gegend, so hatte man uns in Moskau gesagt, soll es mehr als 2500 tote oder sterbende Dörfer geben.

Es ist inzwischen Tag, harter, blauer Himmel; das Thermometer zeigt 15 Grad unter Null. Um nahe ans Ufer der Wolga zu kommen, müssen wir die Hauptstraße verlassen und Nebenwegen folgen. Sie sind auf keiner Karte verzeichnet, kein Wegweiser gibt Auskunft, wohin sie führen.

Bereits unser erster Abstecher endet im Nichts. Eine unendliche Schneewüste, in der der Weg, der bis dahin zumindest erahnbar war, plötzlich verschwindet. Einzig in der Ferne erkennen wir die Umrisse einer verfallenen Kirche. Das ist wohl, so vermuten wir, der Endpunkt des Weges.

Da sich unser »Latvija«, »Lettland«, wie der Kleinbus heißt, inzwischen hoffnungslos festgefahren hat, steigen wir aus, schultern Kamera und Stativ und machen uns zu Fuß auf den Weg. An manchen Stellen versinken wir bis zur Hüfte im Schnee. Doch die bizarren, wie Skelette in den blauen Himmel ragenden Türme der zerfallenen Kirche sind ein Motiv, das wir unbedingt aus der Nähe filmen wollen. Vor der Kirche taucht in einer Senke ein blaugestrichener eiserner Zaun auf. Dahinter hölzerne, steinerne und metallene Kreuze, die mit ihren Spitzen aus dem Schnee ragen. Dort, wo der Wind den Schnee etwas zur Seite gefegt hat, sind bunte Papierschleifen sichtbar; an manchen Kreuzen, unter Glas, eingerahmt in Metall oder Emaille, die Fotos der Verstorbenen. Kein Zweifel, auch wenn keinerlei Fußspuren, weder frische noch ältere, im Schnee zu erkennen sind, der Friedhof ist noch »in Betrieb«, wie es auf russisch heißt. Ein Dorf allerdings ist weit und breit nicht zu sehen. Und die Wolga auch nicht.

Durch das Gemäuer der Kirche segeln fette Raben. Ihr Gekrächze klingt wie höhnisches Gelächter, manchmal auch wie eine Klage.

Es muß eine prächtige Kirche gewesen sein; an einigen Stellen der zerstörten Kuppeln schimmern noch Reste des Blattgoldes. Die Kreuze auf den Turmspitzen sind abgebrochen oder gewaltsam nach unten gebogen. Im Inneren des einstigen Kirchenschiffs wächst dichtes Gebüsch und eine hohe, die Mauern weit überragende Birke. Die Revolution und die Zeit haben auch hier keinen Stein auf dem anderen gelassen.

Mehr als eine Stunde brauchen wir, um den Kleinbus wieder flottzubekommen. Zum Glück haben wir Schaufeln und Spaten dabei und einen Sack mit Sand, der immer wieder unter die durchdrehenden Räder gestreut werden muß.

Unser nächster Abstecher von der Chaussee endet in einem Dorf, das aus der Entfernung anheimelnd und romantisch aussieht – wie in einem russischen Bilderbuch. Doch als wir schließlich, nachdem der Bus immer wieder in meterhohen Schneewehen steckengeblieben ist, dort ankommen, entdecken wir kein Lebenszeichen. Kein Rauch steigt aus den Schornsteinen der Holzhäuser. Keine Spuren von Menschen, nicht einmal ein streunender Hund. Einige der Fenster und Türen sind vernagelt, doch gibt es kaum Zeichen des Verfalls. Im Gegenteil: frischgemauerte Garagen und sorgfältig ausgebesserte Dächer und Zäune deuten darauf, daß hier offenbar etwas wohlhabendere Städter aus dem nahen Jaroslawl ihre Sommersitze haben. Aus dem einstigen Dorf ist eine Datschensiedlung geworden, ein Schicksal, das es mit unzähligen ehemaligen anderen russischen Dörfern in der Nähe von Großstädten teilt. Doch unser Ziel ist ein Dorf, das noch nicht ganz tot ist, in dem wenigstens noch einige Menschen leben – um mit ihnen zu reden, zu erfahren, wie sie die Zukunft sehen, welches ihre Pläne sind, ihre Probleme, ihre Hoffnungen.

Immer wieder verlassen wir die Hauptstraße, immer wieder die gleiche Situation. Entweder bleiben wir im Schnee stecken, oder wir geraten in Dörfer, in denen wir keinen Menschen mehr antreffen. Auch solche, in denen sich noch keine Sommergäste angesiedelt haben, in denen die Häuser verfallen, die Zäune umgestürzt, die Brunnen zerstört sind. Zu einigen dieser Dörfer führt der Weg über das Eis zugefrorener Nebenflüsse der Wolga. Die Brücken, über die sie früher auch im Sommer zu erreichen waren, sind eingestürzt.

Nach vielen Stunden gelangen wir endlich in ein Dorf, in dem, schon von weitem sichtbar, weißer Rauch aus Häusern fast senkrecht in den Himmel steigt. Auf dem Weg folgen wir einer Spur, die offenbar von einem Traktor stammt. Mit unserem Kleinbus bleiben wir zwar auch hier auf halbem Weg im Schnee stecken, doch einige Dorfbewohner, die uns bemerkt haben, kommen uns zu Hilfe. Es sind alte Männer in Filzstiefeln, Wattejacken, abgeschabten Pelzmützen. Manche riechen schon von weitem nach Wodka. Unser Besuch ist offenbar eine willkommene Abwechslung.

In der Mitte der Dorfstraße, unmittelbar neben dem Ziehbrunnen, packen wir unsere Kamera aus. Neugierig, aber keineswegs mißtrauisch beobachten uns die Männer.

Das Dorf zählt 22 Häuser. Sie alle sind aus Holz, mit wenigen Ausnahmen einstöckig. Die leerstehenden Häuser sind auf den ersten Blick zu erkennen. Aus ihren Kaminen kommt kein Rauch, der Gartenzaun ist schadhaft oder umgestürzt, ein Teil der Fenster zerbrochen oder mit Pappe oder Brettern vernagelt. Einige der Häuser scheinen nur im Sommer bewohnt zu werden. Sie haben zwar Gardinen im Fenster, aber es fehlen die obligaten Blumentöpfe. Die Häuser, in denen Menschen leben, sind fast alle in gutem Zustand. Ein bißchen windschief manche, aber die holzgeschnitzten Fensterrahmen bunt gestrichen, schadhafte Stellen im Dach repariert, die Zäune ohne Löcher. An den Hauswänden riesige Stapel gehackten Brennholzes, Vorrat für den Winter.

Der Schnee türmt sich an einigen Stellen bis unter die Fenster. An der Dorfstraße stehen sich die Häuschen in unregelmäßigen Abständen gegenüber. Sie ist leicht gekrümmt und steigt zu beiden Seiten etwas an. Sie gleicht einer sanften Hügellandschaft, durch deren Mitte sich ein Flüßchen schlängelt – die tief in den Sand gegrabene Fahrspur der Traktoren und Pferdewagen, die sich auch unter der dichten Schneedecke abzeichnet.

Von Zeit zu Zeit öffnet sich knarrend oder quietschend ein Gartentor, und eine alte Frau mit dickem Kopftuch und in schweren Stiefeln schlurft, vorsichtig Schritt vor Schritt setzend, Richtung Brunnen. Über beiden Schultern ein hölzernes Tragejoch, an dessen Enden je ein Eimer hängt. Über dem offenen Brunnen wölbt sich ein kleines hölzernes Dach, das aussieht, als stehe es auf Stelzen. Darunter läuft zwischen zwei Eisenpfosten eine Holzrolle, über die der Eimer an einer langen Kette rasselnd in die Tiefe gelassen wird. Zum Heraufziehen der gefüllten Eimer greifen die Frauen Hand über Hand in die vier großen Sprossen am Ende der Rolle.

Wir fragen, ob wir sie beim Wasserholen filmen dürfen? Die Frauen lächeln uns aus zahnlosen Mündern an.

»Ja, ja«, meint eine der Alten mit heller Greisinnenstimme, während sie ächzend den Eimer aus der Tiefe nach oben wuchtet; »ihr in der Stadt habt es gut. Macht einfach den Wasserhahn auf, und schon habt ihr, was ihr braucht.«

Und ihre Nachbarin, die mit ihren Eimern danebensteht und wartet, ergänzt: »Ihr in der Stadt seid doch sowieso verwöhnt. Aber wir haben noch nicht einmal Gas. Seit Jahren haben sie uns eine Leitung versprochen, aber geschehen ist nichts. Dabei haben wir doch nicht weniger gearbeitet als die in der Stadt.«

Sie stellt das Joch mit den beiden Eimern in den Schnee und kommt ein paar Schritte auf uns zu. Ob sie uns mal etwas zeigen soll, fragt sie und hält uns ihre nackten Hände entgegen. Sie sind knöchern, die Haut blau angelaufen und rissig. Mehr als 40 Jahre habe sie auf dem Kolchos gearbeitet, und was habe sie nun davon? Nichts. Alle Knochen gebrochen. Aber wenn sie zur Verwaltung gehe und um irgend etwas bitte, heiße es nur, scher dich zum Teufel, Alte; du hast doch eine Tochter, soll die sich um dich kümmern. Die Tochter aber, sagt die Frau, wie um sich zu entschuldigen, sei schon vor vielen Jahren weggezogen. Und die Alten, die hiergeblieben seien, könnten sich nicht einmal selbst helfen; geschweige denn anderen.

In einiger Entfernung vom Brunnen sägt ein älteres Ehepaar Holz, mit einer großen Blattsäge, die immer wieder in dem dikken Birkenstamm steckenbleibt. Beide tragen eine graue Wattejacke, der Mann eine zerrissene Hose aus grobem Stoff. Das erste, was wir vernehmen, ist ein deftiger Mutterfluch. Zunächst glauben wir, er gelte uns, doch dann lacht uns der Mann an und erklärt, während er mit kräftigen Zügen weitersägt, wer gemeint ist:

»Gorbatschow. Der müßte mal herkommen und Holz sägen. Dem würden wir was absägen. Nichts kriegst du mehr zu kaufen. Keine Schuhe, keine Hosen. Sehen Sie doch, wie wir rumlaufen. Als ich aus der Armee entlassen wurde, vor 40 Jahren, 1951, ging es uns besser als heute.«

Abrupt hört seine Frau auf zu sägen. »Sei doch still, Alter. Du bringst uns alle ins Unglück.«

Doch er ballt die Faust. »Meinst du, ich habe noch Angst vor irgend jemandem. Sollen sie doch herkommen. Was soll uns denn noch passieren?«

Vorsichtig fragen wir, wer denn ihrer Meinung nach schuld sei an ihrem so miesen Leben?

»Auf jeden Fall nicht wir. Schuld ist die Führung. Wir jedenfalls nicht. Die behaupten doch immer, daß nun alles besser wird. Und was ist? Das Gegenteil. Bescheißen tun sie uns!«

Ob es denn nicht doch irgend etwas gebe, auf das sie noch hoffen. Auf die Perestrojka oder sonst was?

Der Alte lacht höhnisch auf, und in seinem Mund blitzt ein einsamer silberner Zahn: »Worauf wir hoffen? Weiß der Teufel. Die ganze Zeit warten wir, daß es besser wird. Aber während wir warten, werden wir wohl sterben. Gutes jedenfalls ist nicht in Sicht.«

Er läßt die Säge im Holzstamm stecken und stapft ins Haus.

»Zur Wodkaflasche«, meint seine Frau.

An einem anderen Haus fegt ein Mann mit einem Reisigbesen

den Schnee vor dem Gartentor. Auch mit ihm kommen wir ins Gespräch.

»Alle sind sie von hier abgehauen«, sagt er und zeigt mit ausgestrecktem Arm die Dorfstraße entlang. »Es sind nur noch ein paar Alte hier. Mit ihren Steuern haben sie uns erstickt. Meine Mutter hat ihr ganzes Leben hier gelebt, mein Vater ging von hier zur Front, da ist er gefallen. Wenn sie uns wenigstens Land geben würden. Ich habe hier einen kleinen Gemüsegarten, aber es reicht nicht einmal zu Heu für die Ziege.«

Und dann macht er eine weitausholende Geste. »Haben Sie sich einmal genau angeschaut, wie es hier rundherum aussieht? All das Land gehört dem Kolchos. Aber was machen die? Nichts. Die Halme, die überall aus dem Schnee rausgucken, das ist kein Gras, sondern Getreide. Sie haben es einfach stehenlassen. Die ganze Ernte ist in diesem Jahr auf den Feldern geblieben. Der ganze Roggen, der ganze Hafer. Sogar die Kartoffeln stekken noch unter dem Schnee in der Erde. Soweit Sie hier schauen können, nichts haben sie abgeerntet. Sagen, daß sie keine Maschinen haben und keine Leute. Aber wenn wir kommen und ein bißchen Land pachten wollen, sagen sie, das geht nicht, das Land gehört dem Staat.«

Aber alle reden und schreiben doch von der Perestrojka, wenden wir ein. Hat sie denn ihm persönlich überhaupt nichts gebracht?

»Nichts, gar nichts. Schlimmer ist es geworden, überall und in jeder Hinsicht. Auch hier im Dorf. Selbst wenn wir Geld hätten, könnten wir uns nichts kaufen. In den Läden gibt es doch nichts.«

Ob es denn gar keinen Unterschied gebe zu früher, haken wir nach.

»Doch«, sagt er, und um seinen Mund erscheint ein bitterer Zug. »Es gibt einen Unterschied: Es wird mehr geredet. Freier, was früher verboten war. Aber es wird eben nur geredet, geredet. Jeden Tag, immer dasselbe. Aber davon werden die Geschäfte nicht voller.«

Er macht eine Pause, stützt sich mit beiden Händen auf den Besen.

»Die Menschen hier sind böse wie die Wölfe. Aus Verzweiflung trinken sie, schlagen sich, gehen mit Messern aufeinander los. So leben wir.«

Die Dorfstraße endet an einem Hang, der sanft zur Wolga abfällt. Der Blick kann weit über die verschneite Landschaft und den zugefrorenen Fluß schweifen. Drüben am anderen Ufer liegt ein dichter dunkler Wald. Es ist still. Nur das monotone Sägen des alten Ehepaares, das seine Arbeit wieder aufgenommen hat, erfüllt die Luft.

Mitten in diese Idylle erschallt ein Ruf. »Hei, Jungens, ich will auch gefilmt werden.«

Aus dem letzten Haus der Dorfstraße kommt ein etwa 70jähriger Mann auf uns zugehumpelt. Die sichelförmig nach außen gebogenen Beine stecken in riesigen Schaftstiefeln, sein vornübergebeugter Körper stützt sich schwer auf einen Knotenstock. Die tief in die Augen gezogene Pelzmütze sitzt etwas schief, und als er unmittelbar vor uns stehenbleibt, bemerken wir seine kräftige Wodkafahne.

Er habe uns schon die ganze Zeit aus dem Fenster beobachtet, und wenn wir nichts dagegen hätten, wolle er uns erzählen, was hier wirklich los sei. Er spricht langsam und betont manche Wörter etwas ungewöhnlich. Aber was er sagt, ist durchaus zusammenhängend und verständlich.

Das, was wir hier sehen, sei doch ein wunderschönes Fleckchen Erde. So was Schönes würde man in ganz Rußland nicht noch einmal finden. Sein ganzes Leben habe er hier an der Wolga gewohnt, und woanders könne er gar nicht leben. Aber die, die da unten, die Wolga flußabwärts leben, müßten doch ziemlich dumm sein. Auch wir in Moskau.

Etwas verständnislos blicken wir ihn an, bitten, das etwas näher zu erklären.

»Ihr seht doch dieses kleine zugefrorene Flüßchen da unten, das in die Wolga fließt. Und ihr habt doch bestimmt die riesige Kolchose gesehen, am Eingang des Dorfes. Dort gibt es 400 Kühe. Und all die Kühe scheißen direkt in die Wolga. Das heißt, nicht direkt. Denn von der Kolchose geht die Kuhscheiße erst durch ein Rohr in den kleinen Fluß und von da in die Wolga und dann runter bis nach Moskau. Und da trinken sie das Wasser aus der Wolga, diese Trottel.« Das mit dem Rohr wisse er ganz genau, denn er selbst habe es schließlich verlegt. Ohne einen Filter, ohne eine Klärgrube. Durchgespült wird ganz einfach alles, so wie es aus dem Kuhstall kommt, durch das Rohr. Und wir würden noch immer von der Wolga schwärmen. 400 Kühe, und alle direkt hinein... Er bekommt einen Lachkrampf, daß wir befürchten, es reißt ihn von seinen krummen Beinen. Dann wird er plötzlich ganz still. »Nichts für ungut, Jungens, aber das mußte ich euch erzählen.« Dreht sich um und humpelt zurück zur Hütte. Hin und wieder vernehmen wir noch ein glucksendes Lachen, das allmählich leiser wird.

Der Dorfladen ist geschlossen. Vor der Tür des kleinen Holzhäuschens, das offenbar nur aus einem Raum besteht, hängt ein mächtiges Schloß. Zwei Eisenschienen in der oberen und unteren Hälfte der Tür, ebenfalls mit Vorhängeschlössern versehen, dienen der zusätzlichen Sicherung. Was hier allerdings so geschützt wird, bleibt uns unklar; denn wie ein Blick durch das mit einem Eisengitter gesicherte Fenster zeigt, ist der Laden vollkommen leer. Auf den aus rohem Holz gezimmerten Regalen und dem als Ladentheke dienenden Tisch stehen lediglich ein paar leere Einweckgläser sowie eine leere Wodkaflasche.

An der Ladentür hängt ein handgemaltes Schild »Geöffnet täglich von 8.00 bis 16.00 Uhr. Sonntags geschlossen«. Heute ist Mittwoch.

Wie wir von einem vorbeikommenden alten Mann erfahren, macht der Laden nur dann auf, wenn der Lastwagen mit Brot vorbeikommt. Dann allerdings auch nur höchstens eine halbe Stunde, weil danach das Brot ausverkauft ist. Wann der Lastwagen übrigens komme, wisse man vorher nie. Aber das sei auch nicht wichtig, denn man höre ihn ja. Und wenn man wirklich etwas brauche, müsse man eben ins Nachbardorf. Das sei nur zwölf Kilometer entfernt, und dort gebe es einen Laden, der habe alles.

Wie er denn dorthin komme, wollen wir wissen.

Die Frage amüsiert ihn. Zu Fuß natürlich. Manchmal nehme ihn auch ein Auto mit oder ein Lastwagen oder ein Traktor. Und auf den letzten drei Kilometern, auf der Hauptstraße, fahre auch ein Bus. Zweimal am Tag.

Der Laden, der »alles hat«, ist auch nur ein kleiner Raum; mit einem Hinterzimmer allerdings, in dem Waren gelagert werden. Hinter der Theke bedient eine ältliche Verkäuferin in blauem Kittel und mit einem weißen, frisch gestärkten Häubchen im wasserstoffblonden Haar. Auf den Regalen reihen sich große, bauchige Gläser mit Tomatensaft und eingelegten Gurken. Daneben Konservendosen, auf deren Etiketten Erbsen und Stangenbohnen abgebildet sind.

Vor der Theke auf dem Boden steht ein großer Sack mit Kascha, Buchweizengrütze.

In einem Wäschekorb auf dem Ladentisch sehen wir einen großen Stapel von Schwarzbroten. Und daneben, zu unserem Erstaunen, mitten im Winter Plastiksäckchen mit Mandarinen. Aus Georgien, wie uns die Verkäuferin erklärt, ehe wir überhaupt fragen können.

Was es denn sonst noch so gebe? Bereitwillig und fast ein wenig stolz zeigt sie auf ein Fäßchen, das wir bisher nicht gesehen haben, sowie auf einige weiße Tüten ohne Beschriftung. Butter und Zucker – beides allerdings auf Marken. Doch das nütze den meisten Leuten hier nichts, denn selbst auf Marken seien Butter und Zucker so teuer, daß es sich kaum jemand leisten könnte.

Und andere Lebensmittel? Die Verkäuferin denkt ein wenig nach, dann zählt sie auf: Kein Fleisch, keine Wurst. Eier und Milch hat sie schon seit Monaten nicht mehr gesehen; und an Käse kann sie sich überhaupt nicht mehr erinnern. Ohne Marken bekäme man Tee und Brot, davon gebe es ausreichend. Das mit dem Brot aber sei eigentlich eine Sünde. Es sei so billig, daß die Leute davon Unmengen kauften. Aber nicht etwa für sich selbst, soviel könnte ein Mensch kaum essen, sondern für das Vieh. Andererseits, meint sie, und kratzt sich in den Haaren, was sollen die Leute denn machen – wenn es kein Heu gibt und auch sonst kein Viehfutter? Von irgendwas müssen die Schweine doch leben!

Wir kommen ins Gespräch mit einer etwa 70jährigen Frau, deren dickes graues Wolltuch nur ein Stückchen ihres runzeligen

Gesichts sehen läßt. Sie geht gebeugt am Stock, in der Hand eine abgewetzte braune Plastiktasche. Was sie denn eingekauft habe, fragen wir.

»Brot und Tee.«

»Und was kaufen Sie normalerweise?«

»Nichts. Es gibt doch nichts. Sie sehen es doch selbst.«

»Aber wovon leben Sie?«

»Von Brot und Tee und Kartoffeln.«

»Von trockenem Brot?«

»Junger Mann, Sie kennen wohl unser Leben nicht. Natürlich von trockenem Brot.«

Wir fahren zurück zu unserem Dorf, nach Antipowa. Wir wollen uns noch die Kolchose etwas genauer ansehen. Die mit den 400 Kühen, die alle in die Wolga...

Der Geruch, der uns schon von weitem entgegenschlägt, ist das typische Gemisch aus Kuhmist und Silage. Die riesigen, langgestreckten Ställe sind unlängst neu gestrichen worden, jedenfalls machen sie einen durchaus ordentlichen Eindruck. Allerdings sind viele der kleinen Fenster zerschlagen und eines der großen Tore an der Stirnseite aus den Angeln gerissen.

Von der mächtigen Scheune, in der das Heu gelagert wird, fehlen drei Wände, die Eckpfeiler, die das löcherige Dach tragen, stehen nackt in der Luft, Strohballen liegen kreuz und quer über den Hof verstreut; zum Teil sind sie bereits bis in die Mitte verfault. Zwischen den Strohballen sind, ebenfalls kreuz und quer, landwirtschaftliche Maschinen abgestellt oder, besser gesagt, Reste von ihnen. Da gibt es Traktoren, denen die Räder fehlen, umgestürzte Anhänger, einen riesigen, verbogen in den Himmel ragenden Pflug, einen verrosteten Motorblock. Vor einem der Ställe entdecken wir einen Traktor auf Ketten, wie wir ihn noch aus Zeiten des russischen Stummfilms kennen. Auf der Treppe zum einstöckigen Verwaltungsgebäude, einem gelblichen Klinkerbau, stehen drei Männer. Aus der Jackentasche des einen ragt der Hals einer Wodkaflasche.

Das Rohr, von dem uns der Alte erzählt hat, können wir nicht finden. Vielleicht ist es auch kaputt, denn rund um die Ställe schwimmt ein riesiger See bräunlicher Jauche. Er hebt sich scharf vom gleißenden Weiß der angrenzenden schneebedeckten Felder ab.

Auf dem Weg ins Dorf nehmen wir eine alte Frau mit, die am Straßenrand gewinkt hat. Um den Kopf hat sie einen dicken roten Schal, die Füße stecken in braunen Gummistiefeln. Die gesteppte Wattejacke ist am Kragen und an den Ärmeln geflickt. Im Gespräch stellt sich heraus, daß sie keineswegs so alt ist, wie wir vermutet haben. Sie arbeitet auf der Kolchose als Melkerin, ist – wie sie uns erzählt – 53 Jahre alt und verdient im Monat 90 Rubel, das sind umgerechnet etwa 30 Mark.

Ob wir denn nicht mit zu ihr nach Hause kommen wollen, fragt sie, wir sollten doch einmal sehen, wie die Leute hier wirklich leben. Und zwar nicht die Alten, die Rentner, sondern die, die noch arbeiten. Davon gebe es außer ihr immerhin noch drei Leute im Dorf. Zwei jüngere Männer, so um die 45 Jahre alt, und eine Frau ihres Jahrgangs. Gern nehmen wir ihre Einladung an.

Das einstöckige Holzhaus unserer neuen Bekannten befindet sich genau in der Mitte des Dorfes, unweit des Brunnens. Vor den hellen Gardinen in den beiden Fenstern stehen Geranien. Auf der hölzernen Treppe, die zur Veranda vor der Eingangstür führt, liegt ein riesiger schwarzer Hund mit langem, zotteligem Fell, der bei unserem Erscheinen aber nur träge den Kopf hebt.

Auf der Veranda stolpern wir über ein Gewirr von Spaten, Harken, Eimern, Töpfen und Kannen verschiedenster Größe. Es ist so etwas wie der Geräteschuppen.

Höflich bittet unsere Gastgeberin, vorgehen zu dürfen. Es sei alles ein wenig dunkel hier, aber in der Wohnung würde es gleich heller. Und wirklich, es gibt elektrisches Licht. Eine Glühbirne baumelt im winzigen Flur nackt von der Decke.

Das Haus hat drei Räume. Jenen winzigen Flur, eine nicht viel größere Küche und einen etwa acht Quadratmeter großen Wohnraum, in dem man auch schläft. In der Küche gibt es kaum Möbel. Nur einen einfachen Tisch und einen kleinen Herd, der an eine Propangasflasche angeschlossen ist. Vor dem Herd liegt, an einem dünnen Strick festgemacht, ein Kälbchen. Als das Licht angeht, erhebt es sich auf wackeligen Beinen von seinem schmutzigen Strohballen und schaut uns neugierig an.

Das müsse sie im Winter immer so machen, sagt die Frau. Schließlich sei das Kälbchen ja noch klein und dies der einzige Raum, in dem es wenigstens etwas Wärme gebe. Natürlich ginge das nicht ewig so, aber bis zum Frühling würde man schon gemeinsam auskommen. Sie sei ja den ganzen Tag umgeben von Kühen und Kälbern, warum dann nicht auch in der Nacht. Und im übrigen würde das Kälbchen selbst ganz schön Wärme abgeben.

Im Wohnzimmer stehen ein Tisch, drei Stühle, eine kleine Kommode. Das Sofa scheint auch die Schlafstelle zu sein. Unter einer braunen Wolldecke lugen die blauweißen Ecken eines Kopfkissens hervor.

Einen Schrank können wir nicht entdecken, aber wir haben auf dem Flur an drei Nägeln in der Holzwand ein paar Kleider, Röcke und Schürzen hängen sehen.

Auf der Kommode liegen ein Kamm, eine Bürste, eine hochkant stehende, ungeöffnete Schachtel Seife, Marke »Lux«, eine Untertasse mit Knöpfen, Nadeln und einer schwarzen Garnrolle. Daneben der rote Personalausweis und – in einem Blechrahmen hinter Glas – das Foto eines jungen Brautpaares. Die grünliche Tapete ist ausgebleicht und übersät mit Stockflecken. An manchen Stellen hängt sie in Streifen herab. Der Wandschmuck ist spärlich. Über dem Sofa hängt ein schwarzbrauner gewebter Zierteppich mit einem Hirsch vor dunklem Waldhintergrund, an der Längswand ein Filmplakat mit einer jungen schönen Frau, blond, in einen weißen Schal gehüllt. Ihre Augen sind flehend zum Himmel gerichtet. »Tröste meine Trauer« heißt der Film. Das ist auch der Name einer berühmten Moskauer Kirche und der Titel eines Buches von Lew Kopelew. Den aber kennt unsere Gastgeberin, wie wir auf unsere Frage erfahren, nicht.

Nachdem das Kälbchen mit frischem Stroh und Milch, die unsere Gastgeberin von der Kolchose mitgebracht hat, versorgt ist, bittet sie uns, Platz zu nehmen. Sie wolle den Wasserkessel aufstellen und mit uns Tee trinken. Es sei ihr peinlich, ja, sie schäme sich geradezu, daß sie uns nur Tee und getrocknete Brotstückchen, Suchariki, anbieten könne. Aber das sei alles, was sie im

Haus habe, außer der Milch, aber die brauche sie, das mögen wir bitte verstehen, für das Kälbchen. Nicht einmal Zucker habe sie da. Wenn sie gewußt hätte, daß wir kommen, hätte sie natürlich etwas vorbereitet. Kartoffeln oder eine Kohlsuppe. Aber wir hätten uns ja so plötzlich kennengelernt. Und im übrigen, was solle sie uns vormachen, so lebe sie nun einmal. Mit 90 Rubel im Monat, da komme man eben nicht weit...

Nachdem sie den Kessel aufgestellt hat, setzen wir uns an den Tisch. Eigentlich, so beginnt sie zu erzählen, habe sie ja davon geträumt, hier mit ihrem Sohn alt zu werden. Nachdem ihr Mann abgehauen sei, einfach abgehauen, sie wisse nicht einmal, wohin, habe ihr Sohn große Pläne gemacht. Eine richtige kleine Landwirtschaft wollte er anfangen, mit einer Kuh, ein paar Schweinen, einer Hühnerzucht. Zwei Ställe wollte er bauen, einen für die Kuh und die Schweine, den anderen für die Hühner. Das alles natürlich neben seiner Arbeit auf der Kolchose. Da hätte er als Traktorfahrer ohnehin ein ruhiges Leben gehabt, und statt mit den anderen zu saufen, hätte er sich dann zu Hause nützlich machen können.

Aber aus all diesen Träumen sei nichts geworden. Die Hacken hätte er sich abgelaufen: von der Kolchosleitung zur Gemeindeverwaltung, vom Baukombinat zur staatlichen Sparkasse. Aber nichts habe er bekommen. Die Kolchose wollte kein Land herausrücken, obwohl doch alles hier ringsherum brachliege. Der Chef der Gemeindeverwaltung, zuständig für die Baugenehmigung, wollte soviel Bestechungsgeld, wie sie im Leben nicht hätten aufbringen können; das Baukombinat hatte selbst kein Material – also was, bitte schön, hätte man denn noch machen sollen? Jahrelang habe der Sohn gewartet, es immer wieder aufs neue probiert. Dann sei er weggezogen. »Woher sollen wir es denn nehmen? Klauen?«

Sie könne es ihm nicht verdenken, daß er weggegangen sei. Und sie wundert sich auch nicht, daß keiner von den jungen Leuten hierbleibt. »Hier gibt es doch keine Zukunft.«

Die Frau holt ein Taschentuch aus dem Ärmel und wischt sich über die Augen. Und dann sagt sie, immer wieder von Schluchzen unterbrochen: »Wir gehen kaputt. Völlig. Niemand hilft uns, niemand fühlt sich für uns zuständig. Uns Niedrige erniedrigen sie immer weiter.«

Nach einer Weile – sie hat inzwischen den Kessel mit heißem Wasser und das Porzellankännchen mit dem Teesud auf den Tisch gestellt – fragen wir nach ihrer eigenen Lebensgeschichte, ihren eigenen Träumen. Ob sie im Leben denn überhaupt schon mal an irgend etwas geglaubt habe?

»Solange ich zur Schule ging, habe ich an etwas geglaubt. Man hat uns viel vom Sozialismus erzählt. Daß wir uns alle anstrengen müssen, damit wir gemeinsam das große Ziel erreichen. Daß unsere Gesellschaft die beste der Welt sei, daß bei uns Gerechtigkeit herrsche, es keine Klassenunterschiede gebe und wer ordentlich arbeite, auch gut leben würde. Aber sobald ich anfing zu arbeiten, habe ich gemerkt, daß alles gelogen war. Wenn du etwas erreichen wolltest, mußtest du die Leute schmieren, dich lieb Kind machen. Vom ersten Tag auf der Kolchose an habe ich gesehen, wie alle faulenzen, klauen, jeder versucht, sich vor der Arbeit zu drücken. An manchen Tagen, vor allem an Feiertagen, hat das Vieh geschrien vor Hunger, und die Kühe, weil sie nicht gemolken wurden. Der Direktor und der Buchhalter haben schon morgens angefangen zu trinken, und die meisten anderen Männer auch.

Nein, in unserem Leben herrscht Betrug, Betrug, Betrug... Und trotzdem – alles in allem haben wir früher besser gelebt. Es gab auf dem Dorf genug zu essen, es herrschte mehr Ordnung, die Leute waren nicht so böse, haben sich nicht so oft gestritten, geschlagen. Aber heute, heute ist alles kaputt. Nur noch Mißtrauen herrscht. Alle Hoffnung ist zerstört. Es ist nur noch Zeit zu sterben.«

Als wir uns am Abend von der Frau verabschieden, hat es aufgehört zu schneien. Am klaren Himmel strahlen der Polarstern, der große Wagen und unzählige andere Gestirne. Von den 22 Häusern im Dorf, so zählen wir, sind zwölf dunkel. Bald, so hatte uns die Frau beim Abschied gesagt, wird hier alles dunkel sein.

Bulat Okudschawa

Der kleine schmächtige Mann betritt vorsichtig die Bühne. Sein Kopf ist fast kahl, die Wangen sind eingefallen, um die Mundwinkel tief gekerbte Falten, die kantige Nase tritt schroff hervor. Mein Gott, denke ich, ist er alt geworden. Das letztemal habe ich ihn vor zehn Jahren gesehen. Bulat Okudschawa ist 68 Jahre alt.

Das eindrucksvollste sind seine Augen. Tiefschwarz, listig und melancholisch zugleich, umgeben von einem Kranz feiner Fältchen. Lange mustert er sein Publikum, dann sagt er: »Ich bin zu alt, ein Konzert zu geben.« Die Gitarre lehnt unberührt am Stuhl, der Hocker vor dem Bechsteinflügel ist noch leer.

Seit 20 Jahren, so Okudschawa, sei er hier im Moskauer »Haus der Journalisten« nicht mehr aufgetreten. Jetzt freue er sich darauf, obwohl er kaum noch bekannte Gesichter sehe. Fast immer habe er in riesigen Sälen gesungen, in denen man den einzelnen nicht erkennen konnte. In diesem kleinen Saal jedoch nehme er jeden Menschen wahr, und es sei schön zu erfahren, daß man auch in seiner Heimatstadt noch nicht vergessen sei – obwohl er doch schon seit Jahren kein neues Lied mehr geschrieben habe.

Bulat Okudschawa, der Liedermacher, Poet, Romancier und hilfreiche Freund vieler bedrängter und in Not geratener Kollegen, Mitbegründer der ersten Moskauer Bürgerinitiative zur Rettung des historischen Stadtviertels Arbat, ist erst vor kurzem von einer langen Amerikareise zurückgekehrt. Dort und in Westeuropa hatten Freunde, allen voran Lew Kopelew, gesammelt, um ihm in einem amerikanischen Krankenhaus die Herzoperation zu ermöglichen, die ihm das Leben gerettet hat.

In Rußland verehren ihn die Menschen seit mehr als drei Jahrzehnten wie einen Heiligen. Er war kein Dissident, kein politisch aktiver Oppositioneller. Doch er hat sich auch nie dem System angebiedert, war nie ein Staatsdichter, konnte nie als künstlerisches oder intellektuelles Aushängeschild der Herrschenden benutzt werden. Seine sanften, melancholischen Lieder, in denen er den Alltag der Menschen beschrieb, ihre geheimen Sehnsüchte und Hoffnungen, ihre kleinen und großen Sorgen, ihre verzweifelten Versuche, in einem System, in dem nur die Masse zählt, einen Rest persönlicher Identität zu wahren – diese Lieder waren so etwas wie das, was einst Robert Schumann von der Musik Chopins sagte: »unter Blumen verborgene Kanonen«.

Heute will Okudschawa, so sagt er, ein paar Gedichte vortragen, natürlich einige seiner alten Lieder singen, vor allem aber mit den Menschen im Saal reden, ihre Fragen beantworten oder auch nur ganz einfach ihre Meinung hören. Er bittet, die Fragen auf Zettel zu schreiben und sie ihm hinaufzureichen.

Das erste Gedicht, das er mit leiser, aber klarer Stimme vorträgt, wirkt wie eine Beschwörung:

> Schützt, beschützt uns doch, uns Dichter,
> daß man uns verschont.
> Schützt uns Dichter vor den Tölpeln,
> die vernagelt sind,
> vor bornierten Richtern und vor Freundinnen,
> die blind.
> Lieder und Gedichte sollt ihr haben
> noch und noch.
> Eines nur: ihr müßt uns schützen,
> so beschützt uns doch.

Das nächste Gedicht erinnert an das versunkene, zerstörte Moskau, an die Zeit, »als es den Arbat noch gab«.

> Du Arbat, mein Arbat, du bist meine Bestimmung,
> meine Freude bist du und mein Leid.
> Von der Liebe zu dir gibt's auch dann keine Heilung,
> wenn man tausend andere Straßen liebt.
> Du Arbat, mein Arbat,...

Inzwischen hat sich auf dem Stuhl vor ihm ein kleiner Berg von Zetteln angesammelt. Gleich die erste Frage gibt ihm Gelegenheit, zum musikalischen Teil des Abends überzuleiten.

»Was macht eigentlich Ihr Sohn? Singt er auch?«

Nein, sagt Okudschawa, er singt nicht, sondern ist Komponist. Ein, wie er findet, sehr begabter sogar. In den USA sei er im vergangenen Jahr zum erstenmal gemeinsam mit dem Sohn aufgetreten, der habe ihn am Flügel begleitet. Dies gebe seinen Liedern, die er bislang nur zur Gitarre gesungen habe, eine zusätzliche musikalische Dimension und helfe zugleich, seine kleinen Schwächen beim Singen zu verdecken, die doch mit zunehmendem Alter immer deutlicher würden.

Wie auf ein Stichwort nimmt sein Sohn, der ebenfalls Bulat heißt, am Bechsteinflügel Platz: ein etwa 30jähriger Mann mit langem, gelocktem Haar und asketischem Gesicht, dessen Feinheit durch eine Brille mit runden Gläsern und Goldrand noch betont wird.

Als erstes erklingt jenes melancholische Lied vom letzten Trolleybus, der einsame Menschen durch das nächtliche Moskau nach Hause bringt. Seit Jahrzehnten ist es eine Art zarter, heimlicher Nationalhymne der Moskauer. Im Saal wird hier und da mitgesummt. Es folgen das Lied von der Hoffnung, die »ein kleines Orchester« ist, und das Lied vom »Papiersoldaten«, einem Hampelmann...

Junge, glaub nicht an den Krieg!
Junge, laß dir raten:
Er ist traurig, der Krieg,
eng wie der Stiefel des Soldaten.

Und dann ein Lied für seine Freunde in Polen, geschrieben zur Zeit des Kriegsrechts. Eine poetische Ermutigung der »Solidarność«, tröstlicher Zuspruch für all jene, die im Untergrund kämpfen, in Gefängnissen und Internierungslagern sitzen.

Zum Schluß will er, auf Bitten des Publikums, das Lied auf seinen viel zu früh verstorbenen Freund und Kollegen singen, den Liedermacher und Schauspieler Wladimir Wyssotzkij, jenen genialischen, zornigen jungen Mann, zu dessen Beerdigung sich im Sommer 1980 Zehntausende von Menschen auf den Moskauer Straßen versammelt haben und dessen Lieder während des Putsches 1991 aus den Lautsprechern auf den Barrikaden vor dem »Weißen Haus« ertönten. Okudschawa nimmt die Gitarre, spielt ein paar Akkorde und zögert.

»Ich habe den Text vergessen.«

Sofort steht im Zuschauerraum ein junger Mann auf und spricht die erste Strophe des Liedes. »Ein weißer Storch ist über Moskau geflogen...«

Dankbar lächelnd stimmt nun auch Okudschawa ein – zunächst rezitiert er den Text, als wolle er ihn sich zur Sicherheit noch einmal ins Gedächtnis zurückholen, dann beginnt er zu singen – alle Strophen. Die Frau neben mir weint.

Warum Okudschawa denn in den letzten Jahren keine neuen Lieder mehr geschrieben habe, wird er gefragt. Ob dies Ausdruck eines inneren Protestes gegen die Zustände im Lande sei, den Zerfall der Gesellschaft, der Wirtschaft, der öffentlichen Moral.

Nichts von alledem, entgegnet er. Es ist einfach eine Frage des Alters. Es gebe schon noch einige seiner Gedichte, zu denen er auch gern eine Musik schreiben würde, aber ihm falle keine mehr ein. Mittelmäßige Lieder, die könne er jeden Tag schreiben, aber wem nutzen schon solche Lieder? Er habe das Seine getan. Vielleicht kommen bald andere, die es noch besser können.

Ob er denn müde sei vom vielen Ruhm, ruft jemand aus dem Saal.

Das, so antwortet Okudschawa, werde er erst nach seinem Tod sein.

Nun werden die Fragen immer politischer. Ob auch er der Meinung sei, daß die Niederschlagung des Putsches im August 1991 genauso wichtig war wie der Sieg über den Faschismus im Jahre 1945?

»Wenn Sie so wollen, ja«, lautet die knappe Antwort. Und dann fügt er hinzu: »Ein Segen für uns alle wäre es gewesen, wenn diese Leute schon längst vorher von der politischen Bühne verschwunden wären.«

Warum er, Okudschawa, denn früher nie offen gegen das Sowjetsystem aufgetreten sei, wird er, keineswegs vorwurfsvoll, sondern eher verständnislos von einem jungen Mann gefragt. Als

Künstler hätte er doch einen Ruf gehabt, wäre eine bekannte Persönlichkeit gewesen, die sich vieles hätte erlauben können.

Er sei, erwidert Okudschawa, wie alle Älteren hier im Saal, ein Kind seiner Epoche, ein Produkt seiner Erziehung. Er habe sich keine andere Gesellschaft vorstellen können als den Kommunismus. Das einzige, was er gewollt habe, sei lediglich gewesen, diesen Kommunismus ein wenig zu verbessern, ihn menschlicher zu machen. Sicher, es hätte Leute gegeben, die offen dagegen aufgetreten seien, die auch bewußt gegen die Gesetze dieses Staates verstoßen hätten. Viele von ihnen seien seine Freunde gewesen – Andrej Sacharow zum Beispiel, Alexander Ginsburg, Andrej Sinjawskij, Wladimir Bukowskij und viele mehr. Er habe sich aber als Poet gesehen, nicht als Kämpfer auf der ideologischen Barrikade, nicht als Aktivist in der tagespolitischen Auseinandersetzung. Er sei voller Bewunderung für all jene, die seit den sechziger Jahren ihren politischen Protest – zunächst flüsternd nur – in den Küchen formulierten. Dieses Flüstern sei dann immer lauter geworden, habe die Küchen verlassen, sich über das ganze Land ausgebreitet. Ohne diese Menschen wäre all das, was heute geschieht, undenkbar.

Okudschawa erwähnt nicht, daß er sich auch öffentlich für Sacharow eingesetzt und viele der Dissidenten materiell und moralisch unterstützt hat. Er bittet nur um Verständnis, daß er eben anders sei. Das laute Wort, die kämpferische Pose sei nicht seine Sache...

Die nächste Frage kommt von einer weißhaarigen, alten Frau. Sie klingt lakonisch: »Hat Rußland nicht seine Orientierung verloren?«

Okudschawa denkt eine Weile nach. Dann sagt er, leise und zögernd nach Worten suchend: »Der Poet, der Dichter, schaut nicht weiter als andere. Er fühlt vielleicht mehr, weil er eine dünnere Haut hat.« Dann gewinnt seine Stimme an Sicherheit, wird zunehmend fester: »Das, was heute zum Vorschein kommt, ist schon immer in unserem Volk gewesen. Der Nationalismus, die chauvinistischen Kräfte. Unsere sogenannte Völkerfreundschaft war mit dem Knüppel erzwungen. Jetzt zeigt sich, wie wir wirklich sind. Aber da müssen wir durch, dem müssen wir uns stellen.

Unser Volk ist nicht besser als andere, aber auch nicht schlechter. Anders vielleicht, aber das ist normal. Kein Volk ist wie das andere. Das gerade macht ja unsere Erde so reich.«

Zum Schluß möchte ein alter Mann wissen, ob Okudschawa schon versucht habe, beim KGB die Akten seiner Eltern einzusehen. Okudschawas Vater war im Terrorjahr 1937 von der Geheimpolizei erschossen worden, seine Mutter hatte 19 Jahre in Lagern und Gefängnissen gesessen.

Okudschawas Antwort ist knapp: »Wozu denn?«

Und nach einer Pause fügt er hinzu: »Sie sind doch beide tot.« Allerdings, das wolle er doch noch erzählen: Als seine Mutter nach 19 Jahren aus dem Lager zurückkam, habe sie noch immer von Lenin geschwärmt. Nur Stalin, das sei für sie ein Verbrecher gewesen, er hätte das Lebenswerk Lenins zerstört. Aber wenn der nicht gewesen wäre, es wäre ein glückliches Land geworden... Erst kurz vor ihrem Tod, so Okudschawa, nachdem er viele verbotene Bücher aus dem Westen erhalten und seiner Mutter daraus vorgelesen habe, sei diese zu dem Schluß gekommen: Vielleicht war doch alles von Anfang an falsch.

Damit ist der Abend zu Ende. Blumen werden auf die Bühne gereicht, Menschen kommen und umarmen Okudschawa oder wollen ihm stumm die Hand drücken. »Versuchen Sie, weiterzuarbeiten, schreiben Sie neue Lieder, wir brauchen Sie...«

In der Garderobe sitzen wir noch lange mit Okudschawa zusammen, bitten ihn schließlich um ein kurzes Interview vor der Kamera. Okudschawa ist müde, aber diesen Wunsch erfülle er uns gern – doch nur, wenn wir versprechen, Lew Kopelew zu grüßen und ihm in seinem Namen zum 80. Geburtstag zu gratulieren. »Er hat mir das Leben gerettet.«

Dann fragen wir ihn nach seiner Einschätzung der politischen Situation, der heutigen Lage Rußlands.

»Das, was in unserem Lande geschehen ist, mußte geschehen nach den sieben Jahrzehnten Sowjetherrschaft. Es wird noch lange eine schwere Zeit bleiben, doch am Ende, glaube ich, wird sich alles normalisieren. Wenn nur kein Blut fließt...«

Und wie sieht Okudschawa die Situation der russischen Kultur?

»So wie die Situation unseres Landes ist auch die Situation unserer Kultur. Wir versuchen zu lernen, wie die Marktwirtschaft funktioniert. Versuchen zu lernen, wie man Handel treibt. Versuchen, unabhängige Menschen zu werden, versuchen, selbständig zu denken. Unsere Kultur wird nicht untergehen. Es ist eine große Kultur. Nur heute wissen die Leute die Kultur nicht zu schätzen, haben kein Gefühl dafür, was sie bedeutet, haben andere Sorgen. Sie sind damit beschäftigt, zu überleben. Wenn sich die Zeiten aber erst einmal wieder stabilisiert haben, wird auch unsere Kultur wieder aufblühen.«

»Worauf gründen Sie diese Hoffnung?«

»Ich hoffe zunächst auf den gesunden Menschenverstand. Ich glaube, daß es in jeder Gesellschaft, wie in jedem Menschen, eine Art Selbstverteidigungsmechanismus gibt, der im allerkritischsten Moment einsetzt. Und ich hoffe auf das Weltgewissen, daß die Menschen in anderen Ländern unsere Situation verstehen und uns in diesen schwierigen Zeiten helfen, wie sie uns auch schon früher geholfen haben. Das ist meine ganze Hoffnung.«

Krieg in Berg-Karabach

Heute morgen ist Sascha, ein russischer Kameramann, der auch gelegentlich für die ARD arbeitet, aus Berg-Karabach zurückgekommen. Seit vier Jahren tobt dort, an den Südhängen des Kaukasus, ein blutiger Bürgerkrieg.

Das früher autonome Gebiet Berg-Karabach liegt innerhalb Aserbaidschans, wird aber überwiegend von Armeniern bewohnt. Anfang 1992 hat sich Berg-Karabach von Aserbaidschan losgesagt und für unabhängig erklärt. Politisch, wirtschaftlich und militärisch wird es von der inzwischen ebenfalls unabhängigen Republik Armenien unterstützt.

Sascha hat in seinem Beruf viel gesehen. Er hat den Krieg in Afghanistan gefilmt. Er war Zeuge des Blutbads, das die sowjetischen Panzer im Januar 1991 in Wilna anrichteten. Was er jetzt in Berg-Karabach hat erleben müssen, so sagt er, übersteige jedoch alles, was er sich je habe vorstellen können. Ob wir an dem Material interessiert seien, es uns wenigstens anschauen wollten?

Eine Stunde sitzen wir im Schneideraum. Sascha gibt mit leiser Stimme knappe Erläuterungen. Es beginnt mit Bildern von Arthur Mkrtschjan, dem Parlamentspräsidenten von Berg-Karabach, aufgenommen am Morgen des vergangenen Tages auf einer Pressekonferenz in Stepanakert, der Hauptstadt des Gebiets. Am Abend wurde er dann erschossen aufgefunden. Man weiß nicht, ob es ein Unfall oder ein Attentat war! Die Meldungen widersprechen sich. Die Bilder von der Pressekonferenz zeigen ihn zum letztenmal lebend.

Mkrtschjan hatte eine Gruppe britischer Menschenrechtler mit der Baroneß Caroline Cox an der Spitze zu Gast. Er wollte die Weltöffentlichkeit über das informieren, was in Berg-Karabach wirklich geschieht: Die dort ansässige armenische Bevölkerung soll vertrieben, ausgerottet werden. »Ein weiterer Versuch des Genozids in der langen und leidvollen Geschichte unseres Volkes«, wie es Mkrtschjan mit Nachdruck formuliert.

Seit Monaten liegt Berg-Karabach unter dem Beschuß von Raketen und Granatwerfern des sowjetischen Typs »Krat«, einer Art gewaltiger Stalinorgel. Sascha hat im Krankenhaus von Martuni gefilmt. Im einzigen unzerstörten Krankensaal liegen Verwundete, nur notdürftig versorgt. Es gibt keinen Strom, kein fließendes Wasser, es fehlt an Medikamenten und Verbandsmaterial. Operiert wird ohne Betäubung, da die Narkosemittel ausgegangen sind. Männer und Frauen liegen im selben Saal – für die strengen kaukasischen Moralvorschriften eine Ungeheuerlichkeit.

In der Hauptstadt Stepanakert, das zeigen die nächsten Bilder Saschas, leben die Menschen Tag und Nacht in Kellern. Aus Angst vor Raketenangriffen und weil die meisten Wohnungen ohnehin zerstört sind. Auch hier gibt es keinen Strom, kein Gas, kein fließendes Wasser. Gestern wurde die Kanalisation von einer »Krat«-Granate getroffen. Nun, so berichtet Sascha, fürchten die Behörden den Ausbruch von Epidemien.

Die meisten Aufnahmen Saschas stammen aus Maraga, einem armenischen Dorf im Norden Berg-Karabachs, an der Grenze zu Aserbaidschan. Am vergangenen Wochenende ist es bei einem Überfall bewaffneter aserbaidschanischer Einheiten bis auf die Grundmauern zerstört worden. Wir sehen die Trümmer, das verwüstete Innere der Häuser, Scherben, Gesteinsbrocken, zerschossene Möbel, einen durch eine Geschoßgarbe zerfetzten Kinderwagen. Zerrissene, blutverschmierte Kleidungsstücke, manche angesengt oder verbrannt.

Zunächst, so berichtet ein 50jähriger Mann, der den Angriff überlebt hat, sei das Dorf mit Raketen und schweren Granatwerfern beschossen worden. Dann seien 20 Panzer und etwa 1500 bewaffnete Aserbaidschaner auf das Dorf vorgerückt. Die Posten der armenischen Selbstverteidigung seien viel zu schwach und zu schlecht ausgerüstet gewesen, um dem Angriff standhalten zu können. Sie wurden überrollt, getötet. Wir hatten nur einen Panzer und zwei Granatwerfer, die haben aber im entscheidenden Augenblick versagt. Die Menschen aus dem Dorf versuchten zu fliehen. Aber viele alte Leute schafften es nicht mehr, und deshalb blieben auch ihre Familienangehörigen da, um sie zu schützen. Die meisten von ihnen hat man getötet.

»Das heißt, getötet ist nicht das richtige Wort«, sagt der Mann mit stockender Stimme. »Man hat sie abgeschlachtet. Man hat ihnen die Köpfe abgeschlagen, die Ohren abgeschnitten.« 50 Leichen wurden schon gefunden, doch viele Dorfbewohner werden noch vermißt. »Man hat sie verschleppt oder verbrannt.«

Wir sehen verstümmelte und verkohlte Körper. Einen menschlichen Rumpf, von dem Kopf und Beine abgetrennt sind. Den Leichnam eines Mannes, dessen Kopf zu einer breiigen Masse zerquetscht ist. Auf einer Trage aus rohen Brettern liegt eine Frau mit zerfetztem Leib und herausgerissenen Eingeweiden.

Ein alter Mann hält ein abgeschnittenes menschliches Ohr vor die Kamera. An den Rändern klebt getrocknetes Blut, Haare. Die Waffen, mit denen die Aserbaidschaner das Dorf angriffen, wie auch die Waffen der armenischen Verteidiger, stammen aus Depots der ehemaligen Sowjetarmee. Sogar Soldaten der Sowjetarmee waren an dem Massaker beteiligt.

»Die Panzerfahrer«, so berichtet ein Überlebender, »waren Russen. Wir haben gesehen, wie sie ihre Köpfe aus den Luken der Fahrzeuge steckten, und wir haben gehört, wie sie untereinander russisch sprachen.«

Diese Schilderung deckt sich mit dem, was unlängst ein amerikanischer Kollege aus Baku, der Hauptstadt Aserbaidschans, berichtete. Dort könne man auf dem Basar nicht nur – wie überall in der einstigen Sowjetunion – Maschinenpistolen vom Typ »Kalaschnikow« kaufen, sondern auch Panzer mieten. Inklusive russischer Besatzung. Für 100 Dollar oder 10 000 Rubel pro Tag.

Nach den Panzern und Soldaten, so berichten die Dorfbewohner, kamen die Lkws mit den Plünderern. Wer sich ihnen in den Weg stellte, wurde niedergemetzelt, auch Frauen und Alte. Die Kinder wurden als Geiseln mitgenommen. Als armenische Verbände aus den Nachbardörfern einen Gegenangriff begannen, verließen die Plünderer Hals über Kopf das Dorf. Dabei warfen sie alles weg, was ihnen hinderlich war oder nicht unbedingt von Nutzen schien. Saschas Kamera zeigt die Straße, die aus dem Dorf hinausführt. Sie ist übersät mit aufgeplatzten Koffern, aus denen Kleidungsstücke, Schuhe, Geschirr und andere Haushaltsgegenstände quellen. An einem Busch hängt ein weißes Unterhemd, an einem anderen eine Handtasche und eine Gasmaske. Auch das Vieh aus der Kolchose sei weggetrieben worden, nicht einmal ein Kaninchen habe man dagelassen, erzählt eine alte Frau.

Am Dorfrand hat Sascha eine Reihe frisch aufgeworfener Grabhügel gefilmt. In der lehmfarbenen Erde stecken roh gezimmerte Holzkreuze. Auf jedem Grab liegt ein Strauß Tulpen. Am Ende der Reihe ein noch offenes Grab. Hier wird gerade ein weiteres Opfer, ein junges Mädchen, begraben. In einer Munitionskiste, denn es gibt, so Sascha, in den meisten Dörfern dort keine Särge mehr.

Die letzte Szene, die uns Sascha vorführt, zeigt den Besuch der britischen Menschenrechtsdelegation in Maraga, das inzwischen von den armenischen Soldaten zurückerobert wurde. Die britische Gruppe steht auf dem Dorfplatz, umringt von einer dichten Menschenmenge. Im Hintergrund sieht man zerschossene Häuser.

Zwei Soldaten stützen eine magere, etwa 40jährige Frau. Das Haar steht ihr wirr um den Kopf. Im abgezehrten Gesicht tief in den Höhlen liegende Augen. Als sie näher kommt, breitet sie die Arme aus und streckt sie zum Himmel. Sie wirft den Kopf in den Nacken und schreit. Zwei Worte sind es, die sie unablässig wiederholt: »Meine Kinder! Meine Kinder!« Ihr sechsjähriger Sohn und ihre achtjährige Tochter sind bei dem aserbaidschanischen Überfall umgebracht worden. Ab und zu versagt ihre Stimme, und sie schluchzt laut, ohne sprechen zu können. Vor der Baroneß Cox wirft sie sich auf den Boden, umklammert ihre Knie und bedeckt ihre Füße mit Küssen. »Helfen Sie uns! Helfen Sie uns! Helfen Sie uns!« Die Soldaten führen sie zurück ins Haus.

Wir kaufen Sascha das Material ab und machen daraus einen Bericht für die »Tagesthemen«. Länge: Fünf Minuten.

Der »Alte Arbat«

Die hölzerne Bude am Eingang zum »Alten Arbat« trägt den Namen »Tschechischer Pavillon«. Doch wer hier tschechisches Bier oder böhmische Knödel erwartet, sieht sich getäuscht. Am roten Plastiktresen hinter dem gläsernen Windfang wird nur dünner, gesüßter Kaffee in Pappbechern ausgeschenkt. Dazu kann man zwei Arten jener belegten Brote haben, die im Russischen den schönen Namen »butterbrody« tragen, jedoch keineswegs mit Butter bestrichen sind. Es sind trockene Weißbrotscheiben, auf denen ein paar Kügelchen roter Kaviar oder ein Streifen fetten Specks kleben.

Der »Tschechische Pavillon« ist ein Perestrojka-Ableger des »Praga« gleich gegenüber, einem der traditionsreichsten und schönsten Restaurants Moskaus. Hier speisten einst Schriftsteller wie Iwan Bunin, Maxim Gorkij und Alexander Kuprin. Auch die 70 Jahre Sowjetmacht konnten der etwas kalten, aber bombastischen Marmorpracht der vielen großen und kleinen Bankettsäle keinen Abbruch tun. Die würdevollen bärtigen Türsteher, russisch »Schwejzar« genannt, sehen aus, als stammten sie noch aus der Zarenzeit.

Der Arbat, besungen in unzähligen Liedern und Gedichten, verewigt in Romanen und Theaterstücken von Alexander Ostrowskij und Lew Tolstoj bis zu Bulat Okudschawa und Anatolij Rybakow, war einst eines der schönsten Moskauer Stadtviertel. Ein großer Teil ist in den fünfziger und sechziger Jahren der Spitzhacke und den Planierraupen der sozialistischen Bauwut zum Opfer gefallen, die auch vor den ehrwürdigsten Kulturdenkmälern nicht haltmachte. Noch heute aber finden sich hier einzelne Straßenzüge, die aussehen, als habe Hollywood eine Filmkulisse gebaut. Man erwartet, jeden Moment Doktor Schiwago aus einem Torbogen treten zu sehen.

Es gibt ruhige Plätzchen mit schönen alten Bäumen, unter denen man gerne verweilt. In die ehemaligen Villen der Adligen und Paläste der Kaufherren sind heute Museen, Schulen, Institute, aber auch viele ausländische Botschaften eingezogen. Die Namen der stillen Seitengassen erinnern an die Handwerker, die einst hier lebten. Die Gasse der Brötchenbäcker, die Gasse der Zimmerleute, die Gasse der Silberschmiede... Wer genau hinsieht, entdeckt auch heute noch die kunstvollen schmiedeeisernen Gitter, die filigranen Holzschnitzereien an Fenstern und Türen.

Das Herzstück des Arbat ist der Straßenzug, der »Alter Arbat« genannt wird. Er ist das wohl beredteste Symbol jener neuen Zeit, die unter Michail Gorbatschow Einzug hielt. Zu beiden Seiten eingerahmt von zum Teil prächtig restaurierten Häuserfronten, ist hier eine Fußgängerzone entstanden, deren Gedränge und Lärm eher an einen südländischen Bazar erinnern als an eine Prachtstraße des altehrwürdigen Moskau. Unmittelbar hinter dem »Tschechischen Pavillon« beginnt die Fußgängerzone. Links und rechts an den Häuserwänden reiht sich eine unabsehbare Kette niedriger Klapptische.

Unser erster Blick fällt auf grellbemalte Matrjoschkas in allen Größen und Farben. Doch es sind nicht nur die klassischen »Puppen in der Puppe«, die hier angeboten werden, jene harmlosen russischen Bauernmädchen, die drall und gesund in Holz und Porzellan auf ihre Käufer warten. Es gibt auch die alten und neuen politischen Führer des Landes in dieser Form. In der größten, der Puppe mit den Gesichtszügen Boris Jelzins, steckt Michail Gorbatschow. Öffnet man diesen, kommt Leonid Breschnew zum Vorschein. In dessen Inneren verbirgt sich Nikita Chruschtschow. Nach ihm kommen, immer kleiner werdend, Malenkow und Stalin. Und ganz zum Schluß, als Winzling, kleiner als ein Fingerhut, Wladimir Iljitsch Lenin. Der Vater der Revolution auf Normalgröße gebracht, wie Galja, die russische Kollegin, die mich begleitet, sarkastisch bemerkt.

Ein anderer Stand bietet kunstvoll bemalte Lackschächtelchen mit Motiven aus der Geschichte Rußlands und aus den russischen Märchen an. Die schönsten Lackarbeiten, so Galja, die ein paar Semester Kunstgeschichte studiert hat, kämen aus den Orten Palech und Choluj in Nordrußland. Woher die hier angebotenen Kostbarkeiten stammen, wissen wir nicht. Die jungen Verkäufer beteuern steif und fest, es seien Originale. Galja hält sie für Fälschungen. So billig würde man sie nicht einmal bei den Künstlern selbst kaufen können. Sei's drum, so finden wir beide, sie sind wunderschön.

Bei anderen Kostbarkeiten erübrigt sich die Frage, ob Original oder Fälschung – zum Beispiel bei den Häkelarbeiten und Stikkereien, die alte, meist ärmlich gekleidete Frauen anbieten. Nur ganz schüchtern sprechen sie die Vorübergehenden an. Sie sind, das sieht man, nicht geübt im Handeln und Verkaufen. Manche scheinen sich gar zu schämen.

»Nie hätte ich mir träumen lassen«, sagt uns eine der Alten, die eine gehäkelte Tischdecke vor ihrem Körper hält, »daß ich einmal auf der Straße stehen werde und versuche, etwas zu verkaufen. Aber die Zeiten sind nun einmal so, wovon sonst sollen wir denn leben?«

Ein junger Mann mit glasigem Blick, ein Kind auf dem Rükken, schlurft uns entgegen. Unmittelbar vor uns bleibt er stehen, streckt die Hand aus.

»Sir, one dollar, please.«

In einigen Torbögen stehen oder hocken alte Frauen. Den Kopf bis über die Augen mit einem dicken grauen Tuch verhüllt, zahnlos und gebückt, mit zittriger Hand um einen Rubel bittend. Die patrouillierenden Milizbeamten schauen gleichmütig zu.

Früher, so Galja, durfte sich auf Moskaus Straßen kein Bettler blicken lassen. Die Miliz sorgte für das, was der Staat unter »Sauberkeit und Ordnung« verstand. Und heute? Galja verzieht die Mundwinkel. Bettler, wohin du schaust. Und Milizbeamte, die auch ganz arme Schweine sind. Die Alten, die hier sitzen, könnten doch deren Großmütter sein. Armut kennt inzwischen ja jeder in seiner Familie. Auch der junge Milizbeamte. Warum also soll er die Mütterchen nicht gewähren lassen? Viel bringt es eh nicht. Zum Leben auf jeden Fall zuwenig...

Manche der meist jungen Leute hinter den Klapptischen scheinen gut zu verdienen. Jedenfalls lassen sie ganz ungeniert prall gefüllte Plastiksäckchen mit Rubelscheinen vor sich auf dem

Tisch liegen. Aber das, so Galja, habe nichts zu bedeuten. Die wichtigen Geschäfte werden in Dollar oder Deutschmark gemacht, und die verschwinden sofort in den Jackentaschen. Die »Holzrubel« seien ohnehin nichts wert.

Viele der Verkäufer sind offenbar Schüler und Studenten. Das Verhökern von sozialistischem Trödel ist nicht nur ein gutes Geschäft, sondern macht ihnen auch unverhohlen Spaß. Die Heiligtümer ihrer Elterngeneration, die Reliquien einer ganzen Epoche sind für sie nichts als Ramsch – ein unübersehbares Meer von Orden und Ehrenzeichen, das nicht selten über die Ränder der kleinen Tische zu schwappen droht. Da liegen Leninorden und Stalinorden, Ehrenzeichen der Oktoberrevolution und des Zweiten Weltkriegs, darunter auch der einst angesehenste aller Orden, der »Held der Sowjetunion«. Tapferkeitsmedaillen aller Art, die Medaille für den »Sieg bei Stalingrad« und die Spange für den »Sturm auf Berlin«. Auch Orden und Ehrenzeichen der Deutschen Wehrmacht.

»Bitte schön, der Herr!« Vielleicht ein Exemplar jener »Hundemarke«, der eisernen Plakette, die jeder deutsche Landser um den Hals trug und deren eine Hälfte nach dem Tod den Angehörigen zugesandt wurde? »Robert Töpfer, Breslau.«

Auch Rangabzeichen der einst so glorreichen Sowjetarmee gibt es in Hülle und Fülle. Selbst solche, die heute noch in den Streitkräften der GUS Gültigkeit haben. Für einen Apfel und ein Ei, für wenige Rubel oder ein paar Cents verwandelst du dich in einen Oberst oder Major der Sowjetarmee. »Macht doch nichts, sie wird doch sowieso aufgelöst.«

Viel teurer sind Büsten und Gemälde der einstigen Sowjetführer: Lenin in Bronze, Stahl und Marmor, Stalin, überlebensgroß in Öl gemalt, aber auch – in allen Größen – der Kopf des fürchterlichsten aller Revolutionshelden, des Gründers der bolschewistischen Geheimpolizei, Felix Dserschinskij.

Die Auswahl an kompletten Uniformen ist reichlich. Eine Offiziersuniform der Baltischen Kriegsflotte, ein Rekrutenmantel der Infanterie, Kampfanzüge aus Afghanistan... »Bitte schön, ab zehn Dollar aufwärts, please, Sir!«

Bei westlichen Touristinnen besonders beliebt: Panzerjacken.

»Madame, probieren Sie, sie steht Ihnen bestimmt.« Dazu natürlich die passenden Soldaten- und Offiziersmützen – die Kappe der Rekruten der Kriegsmarine, der gepolsterte Helm der Panzerfahrer, die hohe Fellmütze der Obristen. Mit und ohne roten Stern, fabrikneu oder getragen, alles eine Frage des Geschmacks, des Preises oder der Ansprüche an die Hygiene. Daß es auch die dazugehörigen Stiefel gibt, versteht sich von selbst. Die Knobelbecher der einfachen Infanteristen ebenso wie die geschnürten Stiefel der Fallschirmjäger.

Auch Uniformen der noch immer ihren Dienst versehenden Grenztruppen des KGB. Und wer besonders viel Humor hat, kann auch noch gleich die Plakette erwerben, die den Träger als »Diensthabenden des KGB« ausweist.

Genauso vielfältig wie das Angebot an Militaria ist die Auswahl an zivilen Trophäen. Rote Fahnen mit dem Porträt Lenins und der eingestickten Losung »Vorwärts zum Sieg der kommunistischen Arbeit«, goldbetreßte rote Wimpel, die der »siegreichen sozialistischen Jugendbrigade« verliehen wurden, riesige rote Transparente mit den Köpfen von Marx und Engels, Lenin und Stalin, wie sie einst bei den großen Mai- und Siegesparaden über den Roten Platz getragen wurden.

Unmittelbar hinter dem Stand mit roten Fahnen ein Laden mit der Aufschrift »Robbin's Ice Cream«. Die Kugel Eis für 70 Rubel. Das Stück! Ein Viertel einer Monatsrente. Nicht weit davon entfernt die Eisdiele einer Schweizer Firma. Beide Läden sind voller junger Leute – Spekulanten, wie Galja vermutet, denn »normale« Russen können sich hier kein Eis leisten.

Je weiter man den Arbat hinunterschlendert, um so deutlicher wird: Es ist das Dorado aller Schieber und Spekulanten. Da werden unter den Augen der Miliz kostbare Ikonen verhökert und seltene Pelze, goldene Armringe, Uhren, Bernsteinketten, Autoradios und CD-Player aus amerikanischer und japanischer Produktion; alte Telefonhörer und moderne Digitalapparate, Kassetten mit den neuesten Hits von U2, Genesis und Phil Collins, Musik-Videos und Pornofilme aller Art. Aber auch Klamotten, wie es sie in jedem staatlichen Warenhaus gibt: Pullover, Hemden, Mützen, Handschuhe. Hier kosten sie ein Vielfaches.

Von ausländischen Touristen besonders begehrt: T-Shirts mit den Köpfen Gorbatschows und Jelzins, aber auch mit der russischen Aufschrift »Coca-Cola« oder »Hard Rock Café«. Der letzte Schrei: Bermudashorts, deren Beine Hammer und Sichel zieren sowie in kyrillischen Buchstaben »Perestrojka«.

Zwischen den Ständen Musikanten, die auf altertümlichen Harmonikas Lieder aus dem Gulag und Ganovenlieder aus Odessa singen. Ein bärtiger Bandura-Spieler, der auf seinem dickbauchigen Saiteninstrument ukrainische Volkslieder zum besten gibt. Eine Gruppe Halbwüchsiger, die in Outfit und Musik die »New kids on the block« imitieren.

Hare-Krischna-Jünger in wallenden Gewändern tanzen, Tamburin schlagend, wie Derwische durch das Gewühl, und ein Mädchen hält einen alten Mann an der Hand, der mit brüchiger Stimme Soldatenlieder aus dem Zweiten Weltkrieg singt.

An einer Straßenecke ein abgerissener, blinder junger Mann, der offenbar selbstverfaßte Spottgedichte auf die Perestrojka, auf Gorbatschow und Jelzin deklamiert. Ein kleiner Junge sammelt mit einem alten Hut ein paar Geldscheine ein. Vier Arbeiter mit schief im Mund hängenden Papirossy schieben einen Karren mit Bierkästen durch die Menge; Moskauer Bier, das seit Jahren aus den staatlichen Läden verschwunden war. In schmuddeligen Holzbuden werden amerikanische Seife und französisches Parfüm, schottischer Whisky und Würstchen aus Westfalen angeboten. Alles gegen Rubel, aber für Galja und ihre Freunde unerschwinglich. In einem »kommerziellen Geschäft« gibt es »ökologische Gurken« aus Japan, die genauso aussehen wie russische oder deutsche. Aber auch Ikonen, kostbare silberne Tabakdosen, historische Stiche und Kleinodien der russischen Buchdrukkerkunst. Zu bezahlen wahlweise in Rubel, Dollar oder mit Kreditkarten. American Express, Visa, Diners. Vor dem Laden ein etwa 15jähriger Knirps, der eine Uhr der KGB-Spezialeinheiten anbietet. »Sir, would you like this watch?«

Viele der meist jugendlichen Straßenhändler tragen lange Uniformmäntel, Soldatenmützen und halten eine geöffnete Flasche Bier in der Hand. Die Sprache, in der sie untereinander reden, besteht vor allem aus Zoten, Mutterflüchen. An einer Puppe aus

Holz, einem Stalinbild in Öl, einer Uniformmütze der Kriegsmarine oder einem T-Shirt mit dem Bild Jelzins verdienen sie, geschickt an den Ausländer gebracht, soviel wie ein Arzt im Monat.

Diese Jungs, so Galja, werden nie wieder zur Schule gehen, nichts Vernünftiges mehr lernen, nie in einem ordentlichen Beruf arbeiten. Dann schaut sie mich unvermittelt an.

»Aber Spaß macht es ihnen auch.«

Es klingt fast ein wenig neidisch.

Aufstieg und Fall des Michail Gorbatschow

Der Zug fährt langsam durchs Ruhrgebiet. Im Salonwagen der Bundesbahn, durch einen dunkelblauen Vorhang von den übrigen Passagieren abgetrennt, drei Herren, von denen jeder auf seine Weise bereits Geschichte gemacht hat: Willy Brandt, Johannes Rau und Michail Gorbatschow. Von Zeit zu Zeit hinter dem Vorhang dröhnendes Gelächter. Die Herren erzählen sich politische Witze – über den Sozialismus, den Kapitalismus und Erich Honecker; entgegen seinem Ruf probiert der Gast aus Moskau die erste Flasche des berühmten einheimischen Bieres. Eine Szene, beobachtet beim Staatsbesuch Michail Gorbatschows im Juni 1989 auf der Fahrt von Bonn nach Dortmund.

Auf meine Bitte um ein kurzes Interview vor der Fernsehkamera geht Michail Gorbatschow ohne Zögern ein. Doch zunächst will er genau wissen, für welchen Sender das Interview sei. Das sei schließlich wichtig. Und er will wissen, für wen das Buch gedacht sei, das ich ihm mit der Bitte um ein Autogramm reiche; »Perestroika« von Michail Gorbatschow. Nachdem er erfahren hat, daß es für die Tochter sei, fragt er nach deren Namen. Und dann schreibt er, fast bedächtig: »Für Nina, mit dem Wunsch für viele glückliche Tage. M. Gorbatschow«.

Das Interview absolviert er gutgelaunt, routiniert. Ganz Staatsmann, äußert er sich zu Atmosphäre und Zweck seines Besuches, findet lobende Worte für Willy Brandt, den, wie er sagt, »großen Politiker, der so viel für unsere Völker getan hat«. Und er zeigt sich beeindruckt vom herzlichen Empfang, den ihm die Bevölkerung in der Bundesrepublik bereitet hat. Doch als ich ihn, offenbar unerwartet, nach den innenpolitischen Problemen in Moskau frage, ist es mit seiner Freundlichkeit und staatsmännischen Gelassenheit plötzlich vorbei.

Mit der flachen Hand auf den Tisch schlagend, erklärt er der verdutzten Umgebung in hartem, gutturalem Deutsch: »Genug.« Abrupt ist das Interview beendet.

Michail Gorbatschow hat viele Gesichter. Hinter seinem angenehmen Lächeln, so hat es der langjährige Außenminister Andrej Gromyko formuliert, verbergen sich »eiserne Zähne«. Und für Andrej Sacharow, den russischen Friedensnobelpreisträger, ist Michail Gorbatschow immer ein »Rätsel« geblieben.

Michail Gorbatschow ist seiner Herkunft nach ein einfacher Bauernjunge – und war der erste sowjetische Führer, der nach der Oktoberrevolution (1917) geboren wurde. Am 2. März 1931. Sein Geburtsort ist das kleine Dorf Priwolnoje, 170 Kilometer nördlich von Stawropol, im Süden Rußlands. Der Name des Ortes verweist auf seine Geschichte. Priwolnoje bedeutet im Deutschen »frei, unbeengt«. Hier, in der Weite des südrussischen Raums, siedelten in den vergangenen Jahrhunderten aus der Leibeigenschaft entlaufene, freie Bauern. Darunter viele Wehrbauern, Kosaken genannt, die im Auftrag des Zaren die Grenzen des Reiches nicht nur sichern, sondern immer weiter nach Süden und Osten vorschieben sollten.

Die Kosaken lebten in unabhängigen, demokratisch organisierten Gemeinschaften, mit einem selbstgewählten Hetman an der Spitze, keinem Beamten oder Gutsherrn untertan; frei, unabhängig und kriegerisch – Eigenschaften, die sie immer aufs neue in der Geschichte unter Beweis stellten.

Auch Michail Gorbatschows Großvater mütterlicherseits war ein Kosake. Von ihm scheint er einige Charaktereigenschaften geerbt zu haben, die gemeinhin den Kosaken zugeschrieben werden – antiautoritär und arrogant, entscheidungsfreudig und unduldsam.

Die Eltern Michail Gorbatschows waren Landarbeiter. Der Vater arbeitete als Mähdrescherfahrer auf einer Kolchose. Vater wie Großvater scheinen überzeugte Anhänger der Revolution und der Bolschewisten gewesen zu sein. Der Kosakengroßvater jedenfalls organisierte nach der Revolution die erste Kolchose in Priwolnoje, deren Vorsitzender er dann auch wurde. Wie später der Vater Michail Gorbatschows war auch er Mitglied der Kommunistischen Partei.

Gorbatschows Großmutter, so wird berichtet, war eine tiefreligiöse Frau, die den kleinen Mischa, so die Koseform von Michail, häufig in die Kirche mitnahm und ihn dort auch heimlich taufen ließ – ein in der atheistischen Sowjetunion durchaus alltäglicher Vorgang. Irgend etwas muß bei Michail Gorbatschow von diesem Teil seiner Erziehung wohl hängengeblieben sein. »Wenn Gott uns hilft...!« ist ein Stoßseufzer, der sogar im politischen Alltag nicht selten von ihm zu hören ist.

Das Geburtsjahr Michail Gorbatschows fällt in die dunkelste und gewalttätigste Epoche der Sowjetgeschichte. Stalin hatte die Kollektivierung der Landwirtschaft befohlen, die Geheimpolizei GPU und Truppen eingesetzt, um den Widerstand der Bauern zu brechen. Die Bauern wurden enteignet, Land, Vieh und Gerätschaften konfisziert und in die Kolchose überführt. Wie viele Menschen im Zuge der Zwangskollektivierung zwischen 1929 und 1931 ihr Leben ließen, weiß man bis heute nicht. Doch es sind mit Sicherheit mehrere Millionen, die verhaftet und in Lager geschickt wurden; Millionen, die erschossen wurden oder auf andere Weise zu Tode kamen, in vielen Fällen einfach verhungerten. Auf fünf bis sieben Millionen wird allein die Zahl der Menschen geschätzt, die in Rußland als Folge der Zwangskollektivierung den Hungertod fanden. Die schlimmsten Hungerkatastrophen im Süden des Landes suchten die Gegend um Stawropol heim. Im Winter 1932/33 gab es dort Dörfer, in denen alle Kinder unter zwei Jahren vor Hunger starben. Michail Gorbatschow überlebte, aber es ist zu vermuten, daß es auch in seiner Familie Opfer gab.

Die Zwangskollektivierung hat Gorbatschow noch nicht bewußt miterlebt, wohl aber später im Dorf darüber erzählen gehört. Der Höhepunkt des Stalinschen Terrors in den Jahren 1936 bis 1938 kann ihm nicht entgangen sein. Es war die Zeit der »großen Säuberung«, in der sich Stalin seiner politischen Gegner entledigte und so seine Alleinherrschaft sicherte. Damals verschwanden in fast jeder sowjetischen Familie über Nacht Angehörige, abgeholt vom Geheimdienst NKWD, verschleppt in die Erschießungskeller oder in die Lager Sibiriens, aus denen es nur für wenige eine Rückkehr gab.

Die autobiographischen Aussagen Michail Gorbatschows über diese Zeit sind karg. Immerhin erwähnt er einmal das

Schicksal eines Verwandten, der von Stalins Schergen abgeholt wurde. Es war ein sogenannter »Mittelbauer« – ein Bauer also mit einer eigenen Kuh und einem eigenen Pferd.

Und er schilderte 1984 bei einem Besuch in England die Atmosphäre der Angst, die zu Stalins Zeiten etwa im Haus seiner religiösen Großeltern herrschte. Dort, so erzählte er, habe es zwar auch Ikonen gegeben, aber aus Furcht vor der kommunistischen Obrigkeit sei man gezwungen gewesen, diese hinter Porträts von Lenin und Stalin zu verstecken. Gorbatschows Mutter, so wird berichtet, besucht noch heute regelmäßig russisch-orthodoxe Gottesdienste.

Michail Gorbatschow war ein guter Schüler. Das erzählen jedenfalls übereinstimmend ehemalige Lehrer und Klassenkameraden. Er besuchte die damals obligatorische zehnklassige Mittelschule und fiel dort vor allem durch seine Begabung als guter Redner auf. Sein besonderes Interesse galt Gedichten, und in den Fächern Mathematik und Russisch war er so gut, daß er anderen Schülern Nachhilfeunterricht gab. Auffällig ist auch sein Interesse für alles Deutsche. Neben den großen Namen wie Marx und Engels, Liebknecht und Thälmann, die zum Pflichtprogramm des sowjetischen Unterrichts gehörten, hatte es ihm noch ein anderer Deutscher angetan, Rudolf Diesel, der Erfinder des Dieselmotors; jener Motoren, mit denen der junge Gorbatschow auf der Traktorenstation seines Vaters ständig zu tun hatte. Seinen Schulabschluß schaffte er 1950 in fast allen Fächern mit einer »Fünf«, der besten russischen Note. Mit einer Ausnahme: In Deutsch hatte es nur zu einer »Vier« gereicht.

Während seiner Schulzeit war Gorbatschow aktiv in der kommunistischen Jugendorganisation, dem Komsomol, tätig. Seit seinem 13. Lebensjahr, also seit 1944, hat Gorbatschow, wie er selbst berichtet, neben der Schule regelmäßig in der Kolchose und auf der Maschinen- und Traktorenstation gearbeitet; zuerst als Gehilfe seines Vaters, dann als Traktorfahrer. Zu dieser Zeit war das Mindestalter eines Kindes zum Einsatz in der Landwirtschaft von 16 auf zwölf Jahre herabgesetzt worden. Die Norm betrug für diese Altersgruppe mindestens 50 Arbeitstage pro Jahr. Man arbeitete zehn bis zwölf Stunden täglich.

»Das gemeinsame Arbeiten mit den Älteren schon in jungen Jahren«, so Gorbatschow später, »hat unweigerlich meinen Charakter und meine Lebenseinstellung geprägt.«

In der 20 Kilometer von seinem Dorf entfernten Kreisstadt Molotow (heute Krasnogwardejsk) ging er zur Schule. Während der Woche hatte Gorbatschow einen Schlafplatz in einem einstöckigen Holzhäuschen in Molotow. An den Wochenenden ging er die 20 Kilometer nach Priwolnoje zu Fuß, zu den Eltern und zur Arbeit in der Kolchose. Mit seinem Vater muß er ein gutes »Gespann« gebildet haben. Der Vater erhielt nach der »Ernteschlacht« 1948 den höchsten Orden, den die Sowjetunion zu vergeben hatte, den Lenin-Orden. Für den Sohn gab es das »Rote Banner der Arbeit« – eine für Landarbeiter ungewöhnliche Auszeichnung. Zur Feier des Tages bekam Michail Gorbatschow, wie sich ein Dorfbewohner erinnert, seinen ersten Anzug.

Die Auszeichnung mit dem »Banner der Arbeit« dürfte auch dazu beigetragen haben, daß Michail Gorbatschow nach Abschluß der Schule einen Studienplatz an der renommiertesten Universität der Sowjetunion fand, an der Lomonossow-Universität in Moskau. Wichtiger aber war wohl seine auffallend hohe Intelligenz und die Tatsache, daß er Bauernsohn war.

Warum Gorbatschow im Jahre 1950 das Studienfach Jura wählte und sich nicht etwa, wie zu erwarten, an der landwirtschaftlichen Fakultät einschrieb, weiß man auch heute nicht. Seine Entscheidung ist um so erstaunlicher, wenn man bedenkt, daß Juristen in der Sowjetunion im Sozialprestige am unteren Ende lagen. Doch was auch immer die Gründe gewesen sein mögen – Michail Gorbatschow war ein fleißiger und gewissenhafter Student und sammelte an der Universität Erfahrungen, die für seine weitere politische Karriere entscheidend werden sollten. Die juristischen Institute waren die einzigen, die ihren Studenten eine rhetorische Ausbildung ermöglichten und sie in der Kunst der freien Rede schulten. Auch galt die juristische Fakultät der Moskauer Universität als vergleichsweise liberal.

Von besonderer Bedeutung für Michail Gorbatschow dürfte die Tatsache gewesen sein, daß zu seinem engsten Freundeskreis

Zdenek Mlynar zählte, der als Politiker später, 1968, einer der führenden Köpfe des Prager Frühlings wurde. Mit ihm blieb er auch nach dem Studium in Kontakt, und es ist zu vermuten, daß er durch ihn nicht nur mit liberalem Gedankengut der abendländischen Aufklärung in Berührung kam, sondern von ihm ein gewisses »westliches Auftreten« gelernt hat, das später die Welt so verblüffen sollte.

Während des Studiums machte Michail Gorbatschow, der als überzeugter Kommunist, ja sogar »Stalinist« (Mlynar) an die Universität gekommen war, auch eine stramme Karriere als Funktionär des Komsomol. Über seinen Charakter und sein persönliches Verhalten gibt es aus dieser Zeit durchaus unterschiedliche Aussagen. Während die einen seine Hilfsbereitschaft loben, die Zielstrebigkeit, mit der er studierte, seine Bescheidenheit und die Bereitschaft zuzuhören, erinnern sich andere an einen knallharten Funktionärstyp, der mit »schneidender Stimme« über jeden herfiel, der auch nur einen politischen Witz machte, auch nur die kleinste Abweichung von der offiziellen Parteilinie erkennen ließ.

Nach erfolgreicher Abschlußprüfung an der juristischen Fakultät der Moskauer Universität im Jahre 1955 übernahm Gorbatschow nicht etwa eine Stelle im Justizapparat, sondern ging zurück nach Stawropol. Dort hatte man ihm eine Position als Funktionär beim Komsomol angeboten. Was ihn dazu bewogen haben mag, kann man nur vermuten. Sicher spielte eine Rolle, daß nach den ersten Enthüllungen Nikita Chruschtschows über das Terrorregime Stalins und die Handlangerdienste der Juristen das Ansehen der Justiz, vor allem das der Richter und Staatsanwälte, noch tiefer gesunken war. Wichtiger aber scheint, daß Michail Gorbatschow während des Studiums Geschmack an der Arbeit im Komsomol-Apparat gefunden hatte – Geschmack an der Politik, Geschmack an der Macht.

In Stawropol machte Gorbatschow schnell Karriere. Zunächst auf verschiedenen Posten im Komsomol, dann im Parteiapparat der KPdSU. Hier spezialisierte er sich vor allem auf die Landwirtschaft. Ihm kam dabei nicht nur zugute, daß er, gleichsam nebenher, noch ein Fernstudium als Agrar-Ökonom absolvierte, sondern auch, daß seine Frau Raissa auf diesem Gebiet wissenschaftlich tätig war. Sie schrieb eine Habilitation über die sozialen Probleme der Kolchosbauern, die in Expertenkreisen als seriös galt und deren Erkenntnisse Gorbatschow sicher von Nutzen waren.

1970 wurde Michail Gorbatschow Parteichef von Stawropol, also eines Gebiets mit mehr als drei Millionen Einwohnern, das doppelt so groß ist wie die Schweiz. Als örtlicher Parteichef machte er durch seinen Mut zu unkonventionellem Denken und mit seiner Lust, ungewohnte Methoden in der Landwirtschaft auszuprobieren, auf sich aufmerksam. Doch weit wichtiger als seine gelegentlichen Erfolge war die Tatsache, daß im Gebiet von Stawropol berühmte Kurorte liegen, in denen die Prominenz der Moskauer Kremlführung alljährlich ihren Urlaub verbrachte. Als Parteichef des Gebiets oblag Gorbatschow nicht nur die würdige Begrüßung jedes Politbüromitglieds auf dem Bahnhof oder dem Flughafen, sondern auch die gewissenhafte Rundumbetreuung während des gesamten Aufenthalts.

Das Prinzip der politischen Seilschaften war eines der wichtigsten Prinzipien auch des sowjetischen Herrschaftssystems. Neben einem innigen Verhältnis zu seinem Vorgänger auf dem Stuhl des örtlichen Parteichefs Fedor Kulakow, der 1970 als Politbüromitglied und ZK-Sekretär für Landwirtschaft nach Moskau berufen wurde, hatte Gorbatschow besonders enge Beziehungen zu Alexej Kossygin, Michail Suslow und Jurij Andropow, die er alle bei ihren Kuraufenthalten in Stawropol kennengelernt hatte.

Vor allem mit Jurij Andropow, der 1967 KGB-Chef wurde und nach dem Tod Breschnews im November 1982 das Amt des Generalsekretärs übernahm, verstand er sich ausgezeichnet. Beide verband eine Reihe gemeinsamer Charakterzüge. Sie galten, selbst nach den Aussagen ihrer erklärten Gegner, als »nicht korrupt«, lebten vergleichsweise bescheiden und verabscheuten den ausschweifenden Lebensstil der meisten Angehörigen der Breschnew-Clique. Eine Seilschaft wie im Bilderbuch.

Im Dezember 1978 wurde Gorbatschow als ZK-Sekretär für Landwirtschaft und Kandidat des Politbüros nach Moskau geholt. Damit hatte er den entscheidenden Karrieresprung aus der Provinz in die Zentrale geschafft.

In Moskau hielt er sich im Hintergrund, lebte bescheiden in einer Dreizimmerwohnung und ließ keinerlei auffallende politische Ambitionen erkennen. Er galt als fleißig, zuverlässig und in begrenztem Umfang Neuerungen gegenüber aufgeschlossen.

In den Grundprinzipien der Politik, vor allem in der Landwirtschaftspolitik, lag Gorbatschow voll und ganz auf der Linie Breschnews. Beide waren der Überzeugung, daß die permanente Krise der sowjetischen Landwirtschaft ihre Ursache nicht im System hätte, sondern lediglich in der mangelhaften Verwaltung. Auch Gorbatschow distanzierte sich nicht grundsätzlich von der Idee der Kollektivierung, sondern sprach lediglich von »Exzessen«, zu denen es unter Stalin bei der »Realisierung« dieser Idee gekommen sei.

Die Erfolge Gorbatschows als ZK-Sekretär für Landwirtschaft hielten sich in Grenzen. Mißernte folgte auf Mißernte, und die Sowjetunion war weiterhin auf Getreidelieferungen aus dem Westen angewiesen. Doch offenbar machte niemand Gorbatschow persönlich dafür verantwortlich. Seine mächtigen Gönner Andropow und Suslow hielten weiterhin ihre schützende Hand über ihn, wohl auch in dem Wissen, daß die Gesundung der sowjetischen Landwirtschaft die Kräfte eines einzelnen überforderte.

1980 rückte Michail Gorbatschow als Vollmitglied ins Politbüro auf – und dies als 48jähriger in einem Gremium, dessen Durchschnittsalter damals bei 75 Jahren lag. Politische Beobachter waren sich schon zu diesem Zeitpunkt einig, Gorbatschow sei der kommende Mann in der Sowjetunion.

Noch aber stand er nicht an erster Stelle. Nach dem Tod Leonid Breschnews im November 1982 rückte er nicht sofort an dessen Stelle. Das lag vor allem daran, daß »die alten Männer« im Politbüro die Macht nicht so schnell aus den Händen lassen wollten. Michail Gorbatschow wurde zunächst unter seinem Gönner Jurij Andropow, dann noch einmal für kurze Zeit unter dessen Nachfolger Konstantin Tschernenko als ZK-Sekretär für Ideologiefragen sozusagen zweiter Mann in Partei und Staat.

In dieser Funktion sammelte er – in Begleitung seiner selbstsicheren Frau – auch erste Pluspunkte im Ausland. Nach einer langen Unterredung mit Margaret Thatcher im Dezember 1984 in London erklärte diese, sie finde Michail Gorbatschow »angenehm«; er sei jemand, mit dem man »ins Geschäft« kommen könne. Und der Chef der Labour Party, Denis Healey, schwärmte: »Ein äußerst sympathischer Mann, locker, humorvoll und selbstironisch... Wie kann ein so netter und umgänglicher Mann an der Spitze des Sowjetsystems stehen?«

Nach dem Tod Konstantin Tschernenkos im März 1985 erklomm Gorbatschow die höchste Stufe der Karriereleiter. Am 11. März 1985 wurde er zum Generalsekretär der Kommunistischen Partei der Sowjetunion bestimmt, zum mächtigsten Mann im Lande. Die alten Herren im Politbüro hatten endlich den Weg für die jüngere Generation freigegeben. Doch daß dies auch eine grundsätzlich neue Politik bedeuten sollte, dafür gab es zum damaligen Zeitpunkt nur wenige Hinweise. Durch revolutionäres Denken, durch den Willen, radikal neue Wege zu beschreiten, war der neue Mann bislang nicht gerade aufgefallen.

Auch im ersten Jahr nach Gorbatschows Amtsantritt warteten die Sowjetbürger und die Weltöffentlichkeit vergebens auf irgendeine aufsehenerregende politische Erklärung des neuen Parteichefs. Seine spektakulärste Amtshandlung war die Einführung neuer Bestimmungen gegen den Alkoholmißbrauch – das soziale Problem Nummer eins der Sowjetunion.

Doch was schon die USA einige Jahrzehnte zuvor hatten erkennen müssen, erfuhr nun auch die Sowjetunion. Eine Prohibition kann dem Problem des Alkoholmißbrauchs nicht beikommen. Die drakonischen Verbote wurden Schritt für Schritt wieder gelockert. Das Scheitern der Antialkoholkampagne war Gorbatschows erster erkennbarer Mißerfolg als Generalsekretär.

In einem anderen Bereich zeigte er sich weitaus erfolgreicher: auf dem Gebiet der Selbstdarstellung. Eines seiner wichtigsten Anliegen war, Nähe zum Volk zu suchen, unter Menschen zu gehen, mit ihnen zu diskutieren – und dabei von möglichst vielen gesehen und gehört zu werden. Wie die amerikanischen Präsidenten vor ihm entdeckte Gorbatschow das Fernsehen als Medium der Macht, als Herrschaftsinstrument. Schon als Mitglied des Politbüros hatte er sich auf seiner Datscha, die ihm inzwischen zustand, immer wieder die Aufzeichnungen seiner öffentlichen Auftritte angeschaut. Gemeinsam mit seiner Frau analysierte er die Wirkung, beriet, was man besser machen, wie man Fehler vermeiden könnte. Er übte, sich im Fernsehen ins Bild zu setzen. Eine Fähigkeit, in der er es später zur Meisterschaft gebracht hat, wie auch seine Gegner anerkennen.

Erst 1987 tauchte in Michail Gorbatschows Reden der Begriff »Reform« auf. Von nun an verdeutlichten sich für die breite Öffentlichkeit die Strukturen des »Neuen Denkens«, das er in die Politik einzuführen versprach. Ging es Gorbatschow bei seinem Machtantritt zunächst vor allem um die Umgestaltung der Wirtschaft, so bekannte er nun öffentlich, daß Wirtschaftsreformen ohne eine gleichzeitige Reformierung von Partei, Staat und Gesellschaft nicht zu leisten wären. Das Wort »Perestrojka« wurde zum Schlagwort der Gorbatschowschen Politik. Dabei war »Perestrojka« (»Umgestaltung«) als politischer Begriff gar nicht von ihm erfunden worden, sondern stammte von seinem engsten ideologischen Berater Alexander Jakowlew.

In seinem Buch »Perestroika« (so der Titel der deutschen Ausgabe), das ein Bestseller auf dem Weltmarkt werden sollte, hat Gorbatschow 1987 die Grundzüge seines »Neuen Denkens« erstmals zusammenhängend dargelegt: Es geht aus von einer schonungslosen Analyse der sowjetischen Wirtschaft. »Der Reichtum unseres Landes an Rohstoffen und Arbeitskräften«, so Gorbatschow, »hat uns verdorben, manche sagen sogar, er hat uns korrumpiert.« Die Wachstumsrate des Nationaleinkommens, so Gorbatschow, sei in den letzten 15 Jahren um mehr als die Hälfte zurückgegangen. Es habe sich eine Mentalität der »Lohngleichmacherei« breitgemacht, die natürlichen Ressourcen des Landes seien verschwendet worden. Die Sowjetunion sei zwar einer der größten Getreideproduzenten der Welt, doch müßten alljährlich Millionen Tonnen Futtergetreide für teure Devisen im Ausland eingekauft werden. Man habe Raketen zur Venus geschickt, aber die sowjetischen Haushaltsgeräte seien von »armseliger Qualität«. Man habe – weltweit – die größte Zahl von Ärzten und Krankenhausbetten pro tausend Einwohner, doch gebe es in der medizinischen Betreuung »schreiende Unzulänglichkeiten«. Engpässe existierten ferner bei der Versorgung mit Nahrungsmitteln, Wohnungen, Konsumgütern und Dienstleistungen. Alles in allem sei man in einer »ökonomischen Sackgasse«, die Wirtschaft sei »zum Stillstand« gekommen.

Doch Gorbatschow beläßt es nicht bei der Analyse der wirtschaftlichen Situation. Die permanente Krise der sowjetischen Wirtschaft, so Gorbatschow, habe »zu einer Aushöhlung der ideologischen und moralischen Werte unseres Volkes« geführt. »Lobhudelei und Kriecherei« seien an der Tagesordnung. Die Bedürfnisse und Meinungen der Öffentlichkeit seien »ignoriert« worden. In der Kultur, in den Künsten, im Journalismus, in den Schulen und der Medizin hätten »Mittelmäßigkeit und Formalismus« Einzug gehalten.

Das permanente Vorgaukeln einer »problemfreien Realität« durch die Herrschenden habe zu einem Verlust an Glaubwürdigkeit, zu Passivität und Skepsis in der Öffentlichkeit geführt. Es sei, so Gorbatschows abschließendes und zugleich vernichtendes Urteil, zu einem »Zerfall der öffentlichen Moral« gekommen. Ein Urteil, das Lew Kopelew schon Jahre zuvor gefällt hatte: »Die Moral des Volkes ist durch die vielen Jahrzehnte unmoralischer und verlogener Herrschaft zerbrochen und zersetzt worden.«

Ziel der Perestrojka sollte laut Gorbatschow nicht die Abschaffung des Sozialismus sein, sondern dessen »Vervollkommnung«. Die Reformpolitik, die er einleitete, basierte auf seiner Überzeugung, daß »die Möglichkeiten des Sozialismus zu wenig genutzt« worden seien. Die Gesundung von Wirtschaft und Gesellschaft sollte innerhalb der sozialistischen Strukturen erfolgen. Die Schlagworte, mit denen Gorbatschow dabei mit Vorliebe operierte, lauteten: »Arbeitsdisziplin«, »Arbeitsproduktivität«, »Kreativität«, »Risikobereitschaft« und »Unbestechlichkeit«.

Im Bereich der Wirtschaft begann er seine Reformen, indem er behutsam von den starren Prinzipien der zentralen Planwirtschaft abrückte. Einzelnen Industriebetrieben wurde das Recht zugesprochen, ihre Lohn- und Preispolitik unabhängig von der zentralen Plankommission in Moskau zu gestalten, erwirtschaftete Überschüsse in eigener Regie zu verwalten und direkt Kontakte zu ausländischen Partnern aufzunehmen – auch zu westlichen. Die Arbeiter sollten fortan einzig nach der Qualität ihrer erbrachten Leistung bezahlt werden. »Umstellung auf wirtschaftliche Rechnungsführung« lautete nun – 70 Jahre nach der Oktoberrevolution – das Motto. Das Ziel, so Gorbatschow 1987, sollte das Erreichen des »Weltniveaus« in sechs bis sieben Jahren sein.

Doch die Erfolge der Perestrojka auf wirtschaftlichem Gebiet blieben aus. Zu Beginn des Jahres 1990, fünf Jahre nach Gorbatschows Amtsantritt, erwies sich die ökonomische Situation der Sowjetunion desolater als je zuvor. Das Wirtschaftswachstum war rückläufig, die Versorgungssituation katastrophaler als in den vergangenen Jahrzehnten. Fleisch und Zucker gab es nur noch auf Marken; sogar das Nationalgetränk der Russen, Tee, mußte in vielen Regionen des Landes rationiert werden. Unter den Arbeitern machte ein geflügeltes Wort die Runde: »Was hat uns Gorbatschow gebracht – mehr Arbeit und weniger Wodka.«

Das Scheitern der Perestrojka auf wirtschaftlichem Gebiet hatte seine Hauptursache in der Halbherzigkeit, mit der die Reformen vorangetrieben wurden. Das Konzept, nach dem Teilelemente der Marktwirtschaft in das Korsett der sozialistischen Wirtschaftsstruktur eingepaßt werden sollten, erwies sich als undurchführbar – ein Wunschtraum. Welchen Nutzen hatte es, Betrieben das Recht zu gewähren, in eigener Regie zu wirtschaften und sowohl Lohn- und Preispolitik selbst zu bestimmen als auch Überschüsse nach eigenem Ermessen zu verwalten, wenn etwa die Materialzuweisung weiterhin nach den Vorgaben der zentralen Plankommission erfolgte und die Transportkapazitäten weiterhin von den staatlichen Transportunternehmen abhingen, deren Pläne der neuen Produktionsweise keineswegs angepaßt waren.

Es ist, klagte ein sowjetischer Wirtschaftsexperte, als wollte man auf den Straßen Englands Rechtsverkehr einführen, und faßte dazu den Beschluß: »Okay, ab morgen fangen wir mit den Autobussen an.«

Noch im Jahr 1987 wehrte sich Gorbatschow mit Entschiedenheit gegen die Einführung der Marktwirtschaft: »Wir wollen den Sozialismus stärken und nicht durch ein anderes System ersetzen. Was uns vom Westen angeboten wird, von einem anderen Wirtschaftssystem, ist für uns nicht akzeptabel... Wir sind davon überzeugt, daß der Sozialismus weit mehr erreichen kann als der Kapitalismus.«

Erst 1990, angesichts der immer dramatischer werdenden Wirtschaftskrise, war Gorbatschow bereit, den Übergang zu einer »regulierten Marktwirtschaft« zu wagen. Eine Wende, die – wie er selbst formulierte – »der Oktoberrevolution von 1917« gleichkam.

Auch seine politischen Reformen versuchte Gorbatschow zunächst im Rahmen der bestehenden Strukturen und Apparate zu realisieren. »Entbürokratisierung« hieß sein Schlagwort. Doch wie zuvor bei seiner Wirtschaftsreform mußte Gorbatschow auch hier bald erkennen, daß ohne eine grundsätzliche Veränderung und ohne wirklich demokratische Strukturen keine Wiederbelebung der sowjetischen Gesellschaft möglich war.

In den Augen der Bevölkerung hatte die kommunistische Partei, die KPdSU, seit März 1918 alleinige Machthaberin im Land, ausgewirtschaftet. Doch für Gorbatschow waren Diskussionen über ein Mehrparteiensystem noch im Jahr 1989 »Unfug«. Er hatte zwar die Rolle des Parlaments gegenüber dem allmächtigen Apparat der Partei durch Einrichtung des Volksdeputiertenkongresses und Umwandlung des Obersten Sowjets in ein ständig tagendes Gesetzgebungsorgan gestärkt und innerhalb der Partei durch Einführung eines neuen Wahlsystems, Begrenzung der Amtszeiten usw. schon einen gewissen Demokratisierungsprozeß eingeleitet. Doch erst der immer mächtiger werdende Druck der sich nun frei artikulierenden Bevölkerung brachte ihn dazu, vom Machtmonopol der Kommunistischen Partei abzurücken.

Im Januar 1990 erklärte Gorbatschow: »Man braucht das Mehrparteiensystem nicht zu fürchten wie der Teufel das Weihwasser.« Und im März 1990 wurde der Artikel 6, der das Machtmonopol der KPdSU festschrieb, aus der Verfassung gestrichen.

Gorbatschow selbst schien den bevorstehenden Machtverfall der Kommunistischen Partei vor Augen zu haben. Nicht anders jedenfalls ist die Energie zu erklären, mit der er sich für die Schaffung eines – bis dahin in der Sowjetverfassung nicht vorgesehenen – Präsidentenamtes einsetzte und seine Berufung in dieses Amt betrieb. Seit dem 15. März 1990 war er nicht nur Generalsekretär der KPdSU, sondern auch Präsident der Sowjetunion – eine Machtfülle, wie sie kein Sowjetführer seit Stalin besessen hatte.

Doch wie eine Umfrage der sowjetischen Akademie der Wissenschaften vom Frühjahr 1990 ergab, bewerteten nur acht Prozent seiner Landsleute die Ergebnisse der Gorbatschowschen Reformpolitik als positiv.

Dieses niederschmetternde Resultat entsprach mit Sicherheit nicht dem historischen Verdienst, das zumindest einem Teil der Gorbatschowschen Reformpolitik zukommt – jenem Bereich, der durch das Schlagwort »Glasnost« charakterisiert wird. Den Begriff »Glasnost«, zu deutsch: »Transparenz, Durchsichtigkeit, Offenheit«, hatte er bereits kurz nach seinem Amtsantritt in die öffentliche Diskussion gebracht. Zunächst allerdings war »Glasnost« von Gorbatschow lediglich als eine Art Ersatz für ein Mehrparteiensystem gedacht, als ein Ventil für Kritik und Selbstkritik. »Wir haben keine Opposition, Genossen... Deshalb sind Kritik und Selbstkritik wesentlich für das normale Funktionieren sowohl der Partei wie der Gesellschaft«, hatte er 1986 in einer Rede in Wladiwostok erklärt.

Doch schon bald verselbständigte sich der Begriff »Glasnost« und hat als politisches Ziel und als Idee das innere Bild der Sowjetunion verändert wie kaum eine Parole zuvor. Rückblickend läßt sich wohl ohne Übertreibung feststellen, daß mit der Einführung von Glasnost der Anfang vom Ende der UdSSR eingeläutet wurde.

Geradezu begierig nahmen die »progressiveren« Kräfte in der Presse und im Kulturleben das neue Schlagwort auf. Zwar wurde die Zensur auch unter Gorbatschow nicht abgeschafft, doch auf Tabuthemen wie militärische Geheimnisse, Pornographie und allzu direkte Angriffe auf die sozialistischen Grundlagen des Sowjetsystems beschränkt.

Unter dem Stichwort »Glasnost«, das auch mit »Ehrlichkeit« übersetzt werden kann, durften nun Publikationen, Filme und andere Kunstwerke erscheinen, die zum Teil jahrzehntelang in den Schubladen gelegen hatten. Und zum erstenmal konnte jetzt auch offen über die Verbrechen der Stalinzeit berichtet werden: über die Lager, das Gulag-System, den Terror der Geheimpolizei, die Säuberungen, die Ausrottung der Bauern, den Kampf gegen die Kirche und alle Andersdenkenden.

Bücher, die bislang nur im Ausland erscheinen konnten, wurden endlich auch in der Sowjetunion verlegt. Die Werke von Alexander Solschenyzin, Lew Kopelew, Wladimir Wojnowitsch, um nur einige der lebenden Autoren zu nennen. Auch die Bücher der unter Stalin verfolgten und umgebrachten Dichter erschienen nun in zum Teil hohen Auflagen. Die Gedichte Anna Achmatowas und Marina Zwetajewas, Nikolaj Gumilows, Ossip Mandelstams und vieler anderer.

Doch auch die Probleme der Gegenwart wurden jetzt mit nie gekannter Offenheit dargestellt. Die Korruption, die Kriminalität, die Unfähigkeit der Behörden und Verwaltungen, der moralische Zerfall der Gesellschaft, die katastrophale Situation der Wirtschaft. Ein Tabu nach dem anderen verschwand. Schließlich wurde sogar Lenin zum Thema kritischer Betrachtungen.

Bei der ersten großen Bewährungsprobe der Perestrojka allerdings versagte Gorbatschow kläglich. Als am 26. April 1986 der Block 4 des Atomreaktors in Tschernobyl explodierte und eine gigantische Wolke radioaktiver Partikel in die Atmosphäre schleuderte, gab Gorbatschow persönlich die Anweisung, die Katastrophe zu vertuschen. Kein Wort der Warnung an die Bürger im eigenen Land noch in den Nachbarländern ... Und als die Katastrophe schließlich aufgrund ausländischer Messungen nicht mehr zu verheimlichen war, ließ Gorbatschow die Daten über das tatsächliche Ausmaß fälschen. Dies haben ihm viele Menschen im eigenen Land und anderswo bis heute nicht verziehen.

Gorbatschows größte Erfolge lagen zweifellos auf dem Gebiet

der Außenpolitik. Sein »Neues Denken« machte ihn dort unerhört populär und verhalf ihm bei Politikern und einfachen Bürgern in aller Welt, vor allem aber bei den Europäern, zu beispiellosem Ansehen.

In der Tat hat kein anderer Politiker seit Ende des Zweiten Weltkriegs das Gesicht Europas so verändert wie Michail Gorbatschow; kein anderer hat die Angst der Menschen in Ost und West vor einer bewaffneten Auseinandersetzung der Supermächte und ihrer Verbündeten so radikal schrumpfen lassen wie dieser Bauernsohn aus der südrussischen Provinz.

Jahrzehntelang war die sowjetische Außenpolitik von der Idee der Konfrontation geprägt gewesen, von starrem Blockdenken, von der Idee eines Wettkampfs der Systeme. Nicht umsonst hatte Andrej Gromyko im Westen den Spitznamen »Mr. Njet«. Michail Gorbatschow vollzog eine radikale Wende. Nicht »Konfrontation« hieß sein Motto, sondern »Kooperation«.

Gorbatschows Außenpolitik wurzelte in zwei Erkenntnissen: zum einen in der Einsicht, daß im Atomzeitalter bei einer Auseinandersetzung zweier Supermächte keine Seite gewinnen kann; zum anderen in der Überzeugung, daß die globalen Probleme – die Probleme der Umwelt, der Atomenergie und der Dritten Welt – von einem Staat, von einer Nation, von einem politischen Block allein nicht gelöst werden können. Internationale Kooperation, so Gorbatschow, sei unumgänglich für das Überleben der Menschheit. Hinzu kam, daß die Perestrojka riesige Finanzmittel erforderte, die nur aus dem Rüstungsetat abgezweigt werden konnten.

Vor diesem Hintergrund muß die Vielzahl jener Abrüstungsinitiativen gesehen werden, mit denen Gorbatschow die Politiker und Militärs nicht nur im Westen, sondern auch im eigenen Land in Atem hielt. Es war das Ende jahrzehntelang »bewährter« Strukturen.

Auf nicht weniger als sechs Ost-West-Gipfeln hat Gorbatschow seit 1985 um Vertrauen für seine Außenpolitik geworben. Er hat den Begriff der »ausreichenden Verteidigungsfähigkeit« in die militärpolitische Diskussion gebracht und den internationalen Entspannungsprozeß mit einseitigen Abrüstungsschritten vorangetrieben. Er hat den Krieg in Afghanistan beendet und die sowjetischen Truppen aus diesem Land zurückgezogen. Die Tatsache, daß im Ost-West-Verhältnis heute eine weitgehend angstfreie Atmosphäre herrscht, ist in erster Linie seiner Politik des »Neuen Denkens« zu verdanken.

Ebenso der Demokratisierungsprozeß in Osteuropa. Gorbatschows Abkehr von der Breschnew-Doktrin der »begrenzten Souveränität« der sozialistischen Staaten war Voraussetzung für den Sieg der Unabhängigkeitsbewegungen in Ungarn, Polen, der CSFR und der DDR. Seine Bereitschaft, auf einen sowjetischen Vorposten in Mitteleuropa zu verzichten und die Macht- und Territorialgewinne des Zweiten Weltkriegs aufzugeben, haben den Weg zur Vereinigung Deutschlands geebnet.

Die politischen Visionen Michail Gorbatschows waren in auffallender Weise denen Andrej Sacharows verwandt: eine Welt ohne Atomwaffen, eine Sowjetunion, deren Rang unter den Völkern nicht durch die Macht von Raketen, sondern durch die Kraft der Wirtschaft, die Toleranz und Dynamik der Gesellschaft und die Blüte der Kultur bestimmt wird.

Zum erstenmal seit Beginn der kommunistischen Diktatur ging es einem Sowjetführer um die Schaffung eines Systems, das »den Menschen, den Geist und den Glauben respektiert« (Jurij Ginsburg).

Der Sozialismus in seiner bisherigen Form, so erklärte Gorbatschow auf dem 28. Parteitag der KPdSU im Juli 1990, sei ein »autoritäres System« gewesen, von dem sich die Völker Osteuropas, auch die Sowjetunion, selbst befreit hätten. Nach dem Verzicht auf das Machtmonopol der Kommunistischen Partei sollte sie sich ihren Herrschaftsanspruch nun »durch Wahlen erkämpfen«.

Auch in ökonomischer Hinsicht könne man, so meinte Gorbatschow nun, mit dem alten System nicht weiterleben: »Wir brauchen ein neues System, aufgebaut auf den verschiedenen Eigentumsformen.« Mehrparteiensystem, Marktwirtschaft, demokratische Kontrolle – das seien Begriffe, die die bisherigen starren Doktrinen des Sozialismus stalinistischer Prägung ablösen sollten.

Doch die Umsetzung dieser Visionen in konkrete Politik bedeutete zugleich eine existentielle Bedrohung für ein Millionenheer von Bürokraten, Funktionären, Apparatschiks. Für die Angehörigen jener Nomenklatura also, die den Staat bislang verwaltete wie einen Selbstbedienungsladen zur Befriedigung ihrer persönlichen Bedürfnisse und seine Menschen in geistiger und materieller Leibeigenschaft gehalten hatte, wie Gutsbesitzer in der Feudalzeit. Verständlich, daß die bisherigen Nutznießer des Systems ihre Positionen nicht freiwillig räumen wollten. Im Kampf um ihre Privilegien mobilisierten sie die letzten Reserven. Auch die – wie Michail Gorbatschow es formulierte – »finsteren Kräfte des Landes«.

Es ist die Tragik Michail Gorbatschows, diese »finsteren Kräfte« zwar gesehen, aber nicht energisch genug bekämpft zu haben. Immer wieder haben ihn Freunde und politische Berater vor den Gefahren eines Putsches gewarnt – am nachdrücklichsten wohl Eduard Schewardnadse, der schließlich in einer dramatischen Rede am 20. Dezember 1990 sein Amt als Außenminister niederlegte. Nur wenige Wochen zuvor hatte Gorbatschow seinen liberalen Innenminister Vadim Bakatin entlassen und durch den orthodoxen Kommunisten Boris Pugo ersetzt.

Der sich formierenden konservativen Opposition aus KPdSU, KGB und Armee versuchte Gorbatschow die Spitze zu nehmen, indem er ihre führenden Vertreter in die Staats- und Regierungsstrukturen einband. Der Apparatschik Gennadij Janajew rückte zu Gorbatschows Stellvertreter als Präsident auf. Ministerpräsident Nikolaj Ryschkow, der einen Herzinfarkt erlitten hatte, wurde durch den noch orthodoxeren W. Pawlow ersetzt.

Michail Gorbatschow lavierte. Immer häufiger beschwor er nun wieder die Kraft der Partei und die Idee des Sozialismus und verkündete, daß für die Sowjetmenschen »nichts heiliger« sei als die Erhaltung und Erneuerung der Sowjetunion. Bis zuletzt wandte er sich entschieden gegen die Unabhängigkeit der baltischen Staaten und anderer ehemaliger Sowjetrepubliken; und er ließ in Riga und Wilna sogar noch im Januar 1991 Panzer auffahren. Bis zuletzt hielt er an der Fiktion der »Völkerfamilie Sowjetunion« fest, die sich schon längst in ihre Bestandteile auflöste.

In der Auseinandersetzung zwischen Konservativen und Reformern wollte er in beiden Lagern ein Standbein behalten – ein Spagat, der ihn politisch zerreißen sollte. In seinem Buch »Der Staatsstreich« hat er seinen Versuch, einen Mittelweg zu finden, anschaulich beschrieben: »Ich war bestrebt, die explosive Lösung der angesammelten Widersprüche zu verhindern: Durch taktische Schritte wollte ich Zeit gewinnen, damit der demokratische Prozeß genügend Stabilität erlangt, um das Alte zurückzudrängen und im Volk die Verbundenheit mit den neuen Werten zu festigen.«

Im Putsch vom August 1991 erreichte der Konflikt zwischen Totalitarismus und Demokratie schließlich seinen vorläufigen Höhepunkt. Er erfolgte, wie Gorbatschow zugibt, auch für ihn nicht unerwartet, »nicht wie ein Blitz aus heiterem Himmel«. Um so schwieriger ist zu verstehen, warum es dennoch dazu kam.

Gorbatschow selbst hatte sehr wohl erkannt, daß die von ihm eingeleiteten politischen Reformen – gewollt oder ungewollt – zu einer grundlegenden Veränderung des gesamten gesellschaftlichen Organismus geführt hatten. Er hatte gleichermaßen erkannt, daß seine Politik zu einer tiefen Verunsicherung der Partei und zu einer existentiellen Bedrohung für große Teile des militärisch-industriellen Komplexes geführt hatte. Jenes Komplexes, der nach Auffassung Gorbatschows die »am besten organisierten und intellektuell stärksten« Schichten der Gesellschaft umfaßt.

Doch er selbst war es dann, der den Organisatoren des Putsches Zugang zum Zentrum der Macht verschaffte, mit ihnen paktierte, ihnen vertraute. War er wirklich naiv genug zu glauben, sie auf diese Weise eingebunden, politisch neutralisiert zu haben? Rückblickend sagt er über den Putsch: »Das Schwerste, was ich persönlich durchgemacht habe, war der Verrat. Das wird mich bis ans Ende meines Lebens verfolgen.«

Das Paradoxe an diesem Putsch war die Tatsache, daß Gorbatschow zwar selbst die Putschisten an die Schalthebel der Macht geholt hatte, das Scheitern ihres Unternehmens aber ebenfalls Ergebnis seiner Politik war. Zuviel hatte sich in den Köpfen – vor allem der jungen Menschen – in den letzten Jahren geändert; zu stark waren die Strukturen der Armee und des KGB erschüttert, als daß sie sich noch zu willenlosen Werkzeugen politischer Abenteurer machen ließen. Und unter den Verteidigern der Demokratie gab es als zentralen Mann Boris Jelzin, dem Michail Gorbatschow noch unlängst öffentlich bescheinigt hatte, er sei unfähig, ein politisches Amt auszuüben. Er, Gorbatschow persönlich, wolle dafür sorgen, so hatte er erklärt, daß dieser Mann nie wieder in die Arena der Politik zurückkehre. Nun wurde er zum Retter Gorbatschows.

Die Menschen, die in jenen Augusttagen 1991 vor dem Weißen Haus in Moskau auf die Barrikaden gingen und die bereit waren, mit ihren bloßen Händen den Präsidenten Rußlands vor den Panzern der Putschisten zu schützen, kämpften für Boris Jelzin. Mit Sicherheit hätten sie Ähnliches für den sowjetischen Präsidenten, für Michail Gorbatschow, nicht getan. Der hatte sein Prestige im eigenen Lande schon längst verspielt. Die Rolle des Hoffnungsträgers an Boris Jelzin abgegeben.

Den Rest von Ansehen verlor Gorbatschow unmittelbar nach dem Putsch: auf jener Pressekonferenz, die er nach seiner Rückkehr von der Krim gab. Wer erwartet hatte, daß er sich nun, nach dem Scheitern des Putsches, jenem vorerst letzten Aufbäumen des Totalitarismus, öffentlich und entschieden auf die Seite des Radikalreformers Jelzin schlagen würde, sah sich bitter enttäuscht. Noch auf der Krim hatte er auf einer heimlich aufgenommenen Videokassette ein erschütterndes Bekenntnis seiner politischen Fehler abgelegt; davon gesprochen, daß man »andere Reformen« brauche, daß es um »wirklich radikal durchgreifende, außerordentliche Maßnahmen« gehe. Doch auf der Moskauer Pressekonferenz erklärte er seinen ungläubigen Landsleuten und der staunenden Weltöffentlichkeit, daß er die Kommunistische Partei, die für ihn während des

Putsches keinen Finger gerührt hatte, keineswegs auflösen wolle; daß er vielmehr an die demokratische Reformierbarkeit dieser Partei glaube und daß selbst der KGB kein »besonderes Problem« sei.

Gorbatschow, das Kind der Partei, zeigte sich selbst in der Stunde seiner tiefsten Demütigung unfähig zum radikalen Bruch mit seiner alten Vorstellungswelt. Die Zeit aber war schon über ihn hinweggegangen. Von nun an waren seine Tage als politischer Lenker des zerfallenden Riesenreiches »Sowjetunion«, das er in eine »Union unabhängiger Staaten« hatte überführen wollen, gezählt.

Die endgültige politische Demontage Michail Gorbatschows erfolgte Schlag auf Schlag. Zunächst »suspendierte« Boris Jelzin mit einem Federstrich, per Dekret, die russische KP. Am 21. Dezember 1991 beschlossen die Präsidenten der elf früheren Sowjetrepubliken, die sich in Alma-Ata zur »Gemeinschaft Unabhängiger Staaten (GUS)« zusammengefunden hatten, das Amt Michail Gorbatschows, den »sowjetischen Präsidenten«, abzuschaffen. Noch residierte Michail Gorbatschow in seinem Arbeitszimmer im Kreml. Boris Jelzin aber erklärte den Kreml – ebenfalls per Dekret – zum Eigentum Rußlands. Gorbatschow als Untermieter von Jelzins Gnaden... Erniedrigender hätte die Situation kaum sein können.

Am ersten Weihnachtstag dann, am 25. Dezember 1991, zog Michail Gorbatschow den Schlußstrich unter seine politische Karriere. In einer nur zwölf Minuten dauernden Ansprache erklärte er im russischen Fernsehen seinen Rücktritt. Es war ein Abschied in Würde. Als wichtigste Errungenschaft der von ihm 1985 eingeleiteten Reformen nannte er die »politische und geistige Befreiung« in seinem Land. Sie zu gebrauchen, so Gorbatschow, müsse aber erst noch erlernt werden. Als weitere Erfolge seiner Politik bezeichnete er die »Zerstörung des totalitären Systems« und die Beendigung des Kalten Krieges. Auch von seinen Fehlern sprach er.

»Ich kenne die Unzufriedenheit mit der gegenwärtigen Situation, die scharfe Kritik an den Behörden und auch an meiner persönlichen Tätigkeit.« Dennoch, so Gorbatschow zusammenfassend, bleibe er von der »historischen Richtigkeit der im Frühjahr 1985 begonnenen demokratischen Reformen« überzeugt.

Anders als seine gestürzten Vorgänger wurde Gorbatschow aber nicht zur Unperson. Er erhält eine Pension in Höhe seines Präsidentengehaltes, eine – allerdings etwas kleinere – Datscha und eine – ebenfalls etwas kleinere – Wohnung in Moskau; dazu zwei Wolga-Limousinen sowie eine Leibwache von zwanzig Mann. Als Präsident einer Stiftung, die seinen Namen trägt, will er sich vor allem mit dem Erstellen politischer Prognosen und der Durchführung internationaler Tagungen beschäftigen.

Erste Reaktionen der Menschen auf der Straße zeigten kaum Bedauern über seinen Rücktritt. »Es war längst Zeit!« – »Er hat das Land nicht renoviert, sondern zugrunde gerichtet«, sind die Äußerungen, die am häufigsten zu hören waren. Es gibt aber auch solche, die ihn für eine »tragische Figur« halten, für jemanden, der dem Land »wieder die Freiheit« gebracht hat, der dafür gesorgt hat, daß »wir vor dem KGB keine Angst mehr haben müssen«, und der sein »letztes Wort als Politiker« noch nicht gesprochen habe.

»Schade«, so ein alter Mann zusammenfassend, »er hätte mehr Zeit gebraucht.«

Die Moskauer Presse ging weniger gnädig mit ihm um. Die konservative Zeitung »Sowjetskaja Rossija« veröffentlichte auf ihrer ersten Seite eine Karikatur, die Gorbatschow auf einem rauchenden Trümmerhaufen zeigt. Hinter ihm steht Jelzin. »Ich denke, damit kann die Perestrojka als abgeschlossen gelten«, quillt eine Sprechblase aus Gorbatschows Mund. Und die liberale Zeitung »Nesawissimaja«, die »Unabhängige«, erklärte, Gorbatschow sei »ein Einzelgänger in der Politik« gewesen. Jetzt sei er »ohne Mitleid und Mitgefühl, weder der Politikerkollegen noch des Volkes«, aus seinem Präsidentenamt gejagt worden.

Nur wenige Minuten, nachdem Michail Gorbatschow seine Rücktrittserklärung verlesen hatte, wurde die rote Fahne mit Hammer und Sichel über dem Kreml eingezogen und durch die weiß-rot-blaue Trikolore Rußlands ersetzt. Ein Weltreich hatte zu existieren aufgehört.

Die Menschen auf dem Roten Platz nahmen von dem Flaggenwechsel kaum Notiz. Wie jeden Tag kehrten ein paar alte Frauen mit Reisigbesen das Kopfsteinpflaster. Von ausländischen Journalisten gefragt, was sie denn zum Einziehen der Sowjetflagge und dem Hissen der russischen Fahne über dem Kreml meinten, antworteten sie nur:

»Nu i schto?« – »Na und?«

Ein Kamerateam der Zukunft

Das Plakat, das den ankommenden Besucher auf dem Flughafen von St. Petersburg begrüßt, trägt noch immer die Inschrift »Willkommen in Leningrad«. In russischer und in englischer Sprache.

Der Flug von Moskau hat knapp eine Stunde gedauert; auf das Gepäck warten wir fast doppelt so lang. Die Empfangshalle, eine enge, zugige Baracke, erinnert eher an ein sibirisches Dorfpostamt als an den Flughafen einer Weltstadt mit mehr als vier Millionen Einwohnern. Um das einzige scheppernde Gepäckband drängen sich die Massen der Passagiere. Nicht einmal ältere Menschen oder Behinderte können sich hier irgendwo hinsetzen. Wer müde wird, nimmt auf dem schmutzigen, von Zigarettenkippen übersäten Steinfußboden Platz. Eine Karre für die Koffer gibt es ebensowenig wie einen Gepäckträger. Einziger Trost: Eine neue Empfangshalle ist im Bau. Wann sie fertig wird, weiß allerdings niemand. Es gibt Schwierigkeiten mit dem Baumaterial.

Am Ausgang werde ich von drei jungen Männern erwartet, die ich vorher noch nie gesehen habe. Ein freies Filmteam aus St. Petersburg, von dem in Moskau behauptet wird, es sei geradezu ein Wunder an Einfallsreichtum, Cleverneß und Zuverlässigkeit.

Als erster begrüßt mich Slawa, ein schmaler, drahtiger Junge mit zarten, ebenmäßigen Gesichtszügen und lockigem schwarzem Haar, das ihm fast bis auf die Schulter reicht. Dann Andrej, der aussieht wie ein gutmütiger Bär mit Nickelbrille, groß, etwas füllig, mit strubbeligem rotblondem Haar und einem Bart gleicher Farbe, der fast das ganze Gesicht bedeckt. Und schließlich Petja, der einem Boxer gleicht: untersetzt, mit kräftigen Schultern; sein muskulöser Hals ist fast so breit wie sein Gesicht. Die mit Gel geglätteten dunklen Haare kleben am Kopf, die kleinen schwarzen Augen blicken flink und listig.

Wir laufen ein paar Meter durch den Schneematsch zu ihrem

Auto. Es ist ein Fiat russischer Bauart, der deutlich sichtbar schon ein langes und hartes Leben hinter sich hat. Der ehemals rote Lack, unter einer dicken Schmutzschicht kaum zu erkennen, ist an den Türen und der Heckklappe fast ganz abgeblättert. Die Windschutzscheibe hat einen Sprung, und die Tür neben dem Beifahrersitz schließt nicht mehr richtig. Es zieht höllisch.

Slawa, Andrej und Petja machen vom ersten Moment an einen überaus munteren Eindruck. Sie sind alle, so schätze ich, um die 30 Jahre alt und bewegen sich selbstsicher und lässig.

Wer ich sei, bräuchte ich ihnen nicht zu erzählen. Das hätten schon ihre Kollegen aus Moskau gemacht, und im übrigen habe Andrej mich auch schon einmal gesehen. Es ist mir ein wenig peinlich, aber ich kann mich beim besten Willen nicht daran erinnern. Geht auch nicht, meint Andrej und lacht, denn es sei im Fernsehen gewesen. In Deutschland.

Andrej, so stellt sich heraus, ist der Kameramann. Er hat einige Jahre beim staatlichen Fernsehen in Leningrad gearbeitet und war dort einer der ersten, der sich von Film auf Video umgestellt hat. Vor einem Jahr hat er beim Leningrader Fernsehen gekündigt und sich selbständig gemacht. Als »freier Videokameramann«. Inzwischen hat er Kontakte mit einer ganzen Reihe westlicher Fernsehstationen und Filmproduzenten. Er habe, so erzählt er nicht ohne Stolz, schon mit der BBC gearbeitet, einer japanischen Gesellschaft und dem ZDF. Ein deutscher Werbefilmproduzent habe ihn kürzlich nach Bayern eingeladen. Dort hat er, für gutes Geld, einen Industriefilm gedreht und bei dieser Gelegenheit abends im Hotelzimmer auch eine Sendung von mir gesehen. Daß wir allerdings so bald schon einmal zusammenarbeiten würden, hätte er sich nicht vorgestellt.

Ich auch nicht, sage ich und frage vorsichtig nach dem technischen Stand seiner Ausrüstung.

Was die Kamera angeht, so meint er, sei alles vom Feinsten. Das neueste japanische Modell. Das sei zwar ein teurer Spaß, aber wenn man gegen die Konkurrenz auf dem freien Markt bestehen wolle, gehe es nicht anders. Einen Teil des Honorars für den deutschen Industriefilm habe er in die Kamera gesteckt, den Rest habe er bei Freunden und Verwandten zusammengepumpt und in Devisen umgetauscht. In zwei Jahren, so hofft er, sei er schuldenfrei. Allerdings müsse die Ausrüstung ständig ergänzt werden. So fehlten noch ein vernünftiges Stativ, ein Mischpult für den Ton und leistungsfähige, drahtlose Mikrofone. Aber Peter der Große habe diese Stadt hier ja auch nicht an einem Tag gebaut, und viele, darüber müsse man sich im klaren sein, sind dabei auf der Strecke geblieben. »Aber wenn sich die politischen Verhältnisse nicht radikal ändern, wenn es weiter dabei bleibt, daß bei uns der Kapitalismus eingeführt werden soll und die freie Marktwirtschaft«, dann, so Andrej, habe er vor der Zukunft keine Bange. Allerdings dürfe er nie krank werden. Denn seit er nicht mehr beim staatlichen Fernsehen arbeite, habe er auch keinen Versicherungsschutz mehr. Private Versicherungen gebe es nicht, und Ärzte und Medikamente aus eigener Tasche zu bezahlen, könnte er sich im schlimmsten Fall nur für seine dreijährige Tochter leisten.

»Aber«, sagt Andrej fröhlich, »ohne Risiko wirst du nichts. Das ist nun mal das Gesetz des Kapitalismus.«

Während Andrej offenbar gern und manchmal auch ein wenig weitschweifig redet, fällt Slawa durch eine knappe und präzise Ausdrucksweise auf. Fast militärisch, so als wolle er seinen feinen, beinahe mädchenhaften Gesichtszügen etwas bewußt Männliches entgegensetzen.

Slawa kommt ebenfalls vom früheren Leningrader Fernsehen. Dort hat er einige Jahre als Polizeireporter gearbeitet und eine eigene, sehr erfolgreiche Sendung gehabt, in der wöchentlich die spannendsten Kriminalfälle der Stadt vorgestellt wurden. Aus dieser Zeit, so Slawa, habe er natürlich noch hervorragende Kontakte zu den Sicherheitsbehörden, aber auch zur Unterwelt. Wenn ich zum Beispiel in meinem geplanten Film über Straßenkinder in St. Petersburg eine 12jährige Prostituierte zeigen wolle oder einen 13jährigen hauptberuflichen Drogendealer – kein Problem. Natürlich koste die »Kontaktpflege« mit der Szene einiges, aber darüber könne man sich verständigen.

Auch Slawa hat vor einem Jahr beim Leningrader Fernsehen gekündigt und arbeitet seither als, wie er sich stolz nennt, »freier Journalist«. Zwar seien auch im staatlichen Fernsehen die Zeiten inzwischen ganz anders geworden, gerade die Leningrader und jetzt Petersburger Programme berühmt für ihre Direktheit, Kritikfreudigkeit und formale Unbekümmertheit, aber eine Art Zensur gebe es immer noch. Und außerdem sei die Bezahlung lausig.

Wie die Zensur genau funktioniere, könne er auch nicht erklären; keineswegs mehr wie früher, wo jeder Text einem offiziellen Zensor vorgelegt werden mußte. Aber er habe das Gefühl, daß auch heute bestimmte politische Kräfte in der Stadt heftig versuchten, im Programm mitzumischen. Und zwar nicht nur die alten Orthodoxen, also die Kommunisten, sondern vor allem die einstige Opposition, die früher ganz besonders laut nach Meinungs- und Pressefreiheit geschrien habe. Nein, so Slawa, er wolle lieber sein eigener Herr sein. Und bisher habe das auch ganz gut geklappt.

Er hat Kontakte mit dem ARD-Büro in Moskau und dem Moskauer Büro des »Stern«, bietet Themen an, recherchiert, vermittelt Kontakte. Er ist das, was man in der Journalistensprache des Westens einen »stringer« nennt und in der Terminologie der neuen russischen »bisnesmeny« einen »fixer«.

Im Moment ist Slawa gerade dabei, intensiv Englisch zu lernen. Denn, das habe er schon begriffen: Das wirklich große Geld macht man mit den amerikanischen Networks oder den Japanern. Deutsch wolle er dann als nächstes lernen.

Seine eigene Zukunft und die Rußlands sieht er durchaus nicht pessimistisch. Als Junggeselle habe er ohnehin nicht besonders viel Sorgen, und wer sich tummele, könne es auch hier zu etwas bringen. Natürlich gehe das alles nicht von heute auf morgen, aber in zwei oder drei Jahren werde das Land aus dem Gröbsten heraus sein. Vorausgesetzt, es kommt kein neuer, womöglich erfolgreicher Putsch, der die ganze Entwicklung um viele Jahre zurückwerfen könnte. Aber so, wie er die Kräfte einschätze, seien die Chancen dafür gering. Zuviel schon habe sich in den Köpfen der Menschen, vor allem der jungen Leute, verändert.

Später, nach Abschluß unserer Dreharbeiten, wird er mir erzählen, was ich von Anbeginn vermutete – daß er früher für den KGB gearbeitet habe. Er sei das gewesen, was man in der DDR

»Offizier im besonderen Einsatz – OibE« genannt hat. Kurz nachdem er seine eigene Sendung beim Leningrader Fernsehen bekommen habe, sei man an ihn herangetreten. Mit seinem Talent, seiner schnellen Auffassungsgabe, seiner Wendigkeit und seiner Ausstrahlung auf dem Bildschirm habe er noch eine große Karriere vor sich, habe man ihm gesagt. Aber es gebe auch andere begabte junge Leute; und wenn er nicht wolle, daß diese ihm vorgezogen werden, müsse er schon ein besonderes Verantwortungsbewußtsein für den Staat und seine Organe an den Tag legen.

Kurz und gut, er habe sich darauf eingelassen und sich in gewisser Weise sogar geehrt gefühlt. Denn »Offizier im besonderen Einsatz« sei ja schließlich etwas anderes als ein kleiner Spitzel oder Zuträger; und seine Zukunft sei gesichert gewesen. Je weiter aber die politischen Umwälzungen vorangeschritten wären, je mehr bekannt geworden sei über die historische Rolle und die Verbrechen des KGB und seiner Vorläufer, um so zweifelhafter sei ihm seine Arbeit beim KGB geworden. Und daß er schließlich aus dem staatlichen Fernsehen ausgeschieden sei, habe im Gegensatz zu dem, was er mir anfangs erzählt hätte, weniger mit der Zensur zu tun gehabt als mit der Tatsache, daß er beim KGB Schluß gemacht habe.

Die Frage, ob das überhaupt möglich sei, verkneife ich mir. Vielleicht ist ja alles, was er mir erzählt, nur ein besonders raffiniertes Tarnungsmanöver. Aber da ich in der ganzen Zeit unserer Zusammenarbeit in St. Petersburg dafür nicht den geringsten Anhaltspunkt bekomme, verschwende ich auch keinen weiteren Gedanken darauf.

Der dritte im Filmteam, der untersetzte, muskulöse Petja, ist der ältere Bruder Slawas; ich schätze, etwa 35 Jahre alt. Früher hat er als Pilot bei der sowjetischen Fluggesellschaft »Aeroflot« gearbeitet, dort aber wohl keine besondere Karriere gemacht. Denn wie er selbst amüsiert erzählt, habe er vor allem Doppeldecker in Sibirien geflogen. Jene legendäre, aus der Vorkriegszeit stammende AN-2, die noch heute, neben dem Rentierschlitten, das einzige Verkehrsmittel in vielen Gegenden Sibiriens ist.

Dann war er im Afghanistankrieg; eine schreckliche Zeit, über die er aber nicht reden wolle. Dafür weist uns Slawa nicht ohne

Stolz auf einen anderen Punkt der Biographie Petjas hin. Er sei »Meister des Sports«, Träger des schwarzen Gürtels der Judokas.

Petja arbeitet als Fahrer im Filmteam und ist, wie Slawa ergänzt, von Zeit zu Zeit auch als Leibwächter ganz nützlich, denn aufgrund seiner alten Kontakte im Milieu, so Slawa, recherchiere man dort natürlich besonders häufig. Und dieses Milieu sei mehr und mehr ein heißes Pflaster. Nicht nur er treffe dort übrigens immer wieder alte Bekannte, sondern auch Petja.

Schon bevor ich nach Petersburg kam, hatte ich gehört, daß in der dortigen Unterwelt eine Menge ehemaliger Sportkameraden von Petja als Bodyguards der lokalen Mafiabosse arbeiten. Leider, sagt Petja. Und das klingt durchaus ehrlich.

Fenster zum Westen

Slawa und Co. haben mich im Hotel »Astoria« untergebracht, einem der berühmtesten Hotels von St. Petersburg. Es liegt mitten im Zentrum, am Isaaksplatz, einem der schönsten Plätze dieser an Schönheiten so reichen Stadt. Peter der Große hatte einst ihren Bau im sumpfigen Delta der Newa befohlen, als Bollwerk gegen die Schweden und als Rußlands »Fenster zum Westen«.

Das ist sie noch heute. Mit ihren unzähligen Kanälen und Brücken, ihren vergoldeten Kuppeln, gelben und mandelgrünen Palästen, ihren weißen und blauen Kolonnaden, den klassizistischen Denkmälern, marmornen, bronzenen und eisernen Löwen und Adlern, ihren ehernen Pferden und geheimnisvollen Sphinxen erinnert sie noch immer an Venedig und Paris. Sieben Jahrzehnte Sozialismus und drei Jahre Belagerung durch die Deutsche Wehrmacht haben ihre Schönheit zwar verdunkeln und beschädigen, nicht aber zerstören können.

Aus dem Hotelzimmer sehen wir die prunkvollste der Kathedralen, die Isaakskathedrale. Und nicht weit von hier steht das prächtige Palais, in dem einst Bismarck als preußischer Gesandter residierte.

Viele Jahre war das »Astoria«, ein völlig heruntergekommener sechsstöckiger Bau aus der Zeit der Jahrhundertwende, restauriert worden. Heute prangt das Innere wieder im Glanz des Jugendstils: Marmorne Waschbecken und Wasserhähne, die den Eindruck machen, als seien sie vergoldet, verbreiten geradezu luxuriöse Atmosphäre. Die Zimmerpreise sind entsprechend. 220 Dollar pro Bett und Nacht – drei Jahreslöhne eines russischen Arbeiters. Betrieben wird das Hotel von einer schwedisch-russischen Gesellschaft, einem jener vielbeschworenen Joint-ventures...

Das Personal spricht Russisch und Englisch, an der Rezeption sogar Deutsch. Es ist hervorragend geschult, selbst der Umgang mit dem Buchungs-Computer bereitet keinerlei Schwierigkeiten. Im ersten Stock ist ein internationales Kommunikationszentrum eingerichtet, das in Windeseile Telefongespräche und Fernschreiben in alle Welt vermittelt. Gegen harte Devisen natürlich.

An der Bar im Parterre gibt es kühles dänisches Bier vom Faß und appetitliche Häppchen. An der Theke tummeln sich vor allem ausländische Geschäftsleute, aber auch Vertreter der neuen besitzenden Klasse Rußlands, der Petersburger Jeunesse dorée sowie einige durchaus elegante Damen, die bereit sind, einsamen Männern Gesellschaft zu leisten. Gegen Devisen natürlich.

Der Newskij-Prospekt, die einstige Prachtstraße St. Petersburgs, auf der schon die Helden Puschkins und Gogols, Tolstojs und Dostojewskijs flanierten, erscheint auf den ersten Blick belebter und farbenfreudiger als in den vergangenen Jahren. Bei genauerem Hinsehen jedoch entpuppt sich die Farbenfreude häufig genug als schöner Schein, das Gedränge der Menschen als Teil ihres Existenzkampfes.

Da werben Leuchtreklamen für Backwaren von Dr. Oetker und für Pariser Parfum aus dem Hause Lancôme; für Bier aus Hamburg und Fernsehgeräte, Videorecorder und Stereoanlagen aus Japan; für Waschmaschinen, Kühlschränke und Elektromixer aus Deutschland, Computer und Taschenrechner aus den USA. Gino Ginelli bietet Gelati, Pizza, Pasta und Snacks an, und ein roter Bus mit Werbeplakaten lädt in ein Restaurant mit dem schönen Namen »Schwäbisches Häusle« ein.

Die Menschen, die sich vor den Auslagen und in den Geschäften drängen, sind vor allem Schaulustige. Für die meisten sind all die Dinge, von denen sie früher nur träumen konnten, nun zwar in greifbare Nähe gerückt, doch zugleich ferner denn je. Seit der Leningrader Blockade, so hören wir immer wieder, war die Lage der Stadt nicht mehr so trostlos wie heute.

Die Menschen stehen um Lebensmittel an, vor allem Brot. Schon in den frühen Morgenstunden bilden sich vor den Bäckereien riesige Schlangen, noch lange bevor überhaupt geöffnet wird. In einigen Stadtteilen, so wird uns erzählt, haben sich alte Menschen, die den Strapazen des stundenlangen Schlangestehens nicht mehr gewachsen sind, zu Gemeinschaften zusammengetan. Die ganze Nacht über wechseln sie sich stündlich vor den Läden ab, um morgens, wenn der Kampf ums Brot beginnt, eine günstige Ausgangsposition zu haben.

Vor einer Metzgerei beobachten wir eine Menschenschlange, die fast einen halben Kilometer lang ist. Das Geschäft ist geschlossen, aber es gibt Gerüchte, daß hier demnächst etwas angeliefert werden soll. Als tatsächlich ein Lieferwagen mit tiefgefrorenen Hühnchen eintrifft, bricht eine Schlägerei vor dem Eingang zum Laden los. Jeder möchte als erster hinein, niemand weiß, wie lange der Vorrat reicht, was die Verkäuferinnen unter dem Tisch verschieben und was zum Verkauf kommt.

Gebrechliche alte Leute und Invaliden des Großen Vaterländischen Krieges hatten früher Vortritt und durften an der Schlange vorbei. Nun werden auch sie rücksichtslos zur Seite gestoßen und müssen sich hinten anstellen.

»Wir wollen genauso essen wie ihr«, brüllt jemand. Eine alte Frau lehnt an einem Laternenpfahl und weint.

Nach einer offiziellen Statistik leben bereits mehr als 80 Prozent der Bevölkerung von St. Petersburg unterhalb der Armutsgrenze. Und mit jedem Tag werden es mehr. In den Schlangen stehen nicht nur alte Menschen, sondern auch jüngere. Statt zur Schule, zum Studium, zur Arbeit zu gehen, sind sie auf der Jagd nach Eßbarem. Auf den freien Märkten und in den sogenannten kommerziellen Geschäften werden Lebensmittel im Überfluß angeboten, doch zu Preisen, die sich kaum jemand leisten kann. Selbst Kartoffeln, die aus den staatlichen Läden verschwunden sind und auf den Märkten zum zehnfachen Preis angeboten werden, bleiben unverkauft liegen. Immer mehr Menschen, vor allem Alte, fristen ihr Leben nur noch von Tee und trockenem Brot.

Doch nicht nur Lebensmittel sind knapp geworden in St. Petersburg; selbst Bahnfahrkarten sind regulär kaum noch zu haben. Zugfahrkarten nach Moskau kosten am Schalter 15 Rubel, doch dort bekommt man sie nicht. Spekulanten auf dem Bahnhofsvorplatz verkaufen sie für 300 Rubel das Stück.

Eine wahre Schwemme herrscht dagegen auf dem Büchermarkt. Doch sind es nicht wie früher Klassiker, die angeboten werden und reißenden Absatz finden, sondern Krimis, Kitsch und Schund aller Art. Hit bei den fliegenden Händlern, die ihre Klapptische auf dem Bürgersteig des Newskij und in den Unterführungen aufgebaut haben, ist Anne Golons »Angélique«. Daneben erfreuen sich astrologische Kalender großer Beliebtheit und Ratgeber, die so verführerische Titel tragen wie »So wird man eine attraktive Frau« und »Wie werde ich Manager«. Ferner Nostalgisches über den Wundermönch Rasputin und das zaristische Petersburg, bunte Alben über Orden und Ehrenzeichen der kaiserlichen russischen Armee und Bildbände über die alten Adelsfamilien. Und überall – ganz unverhüllt – Pornos aus westlicher und einheimischer Produktion.

Auch Bücher der großen Petersburger Dichter Anna Achmatowa, Aleksander Blok, Sergej Jessenin und Nikolaj Gumiljow sind sogar in den staatlichen Buchläden vorhanden. Unter Stalin und seinen Nachfolgern waren sie verboten oder wurden nur in so kleinen Auflagen gedruckt, daß sie nie auf den Markt gelangten, außer auf den Schwarzmarkt. Nun sind sie so teuer, daß sie auch wieder niemand kaufen kann.

Die St. Petersburger Antiquariate, einst eine Fundgrube für Bücherliebhaber, sind leergekauft. Vor allem von Spekulanten aus dem Ausland, die hier auf billige Weise ihre Bestände auffüllen. Dafür sieht man am Straßenrand hin und wieder einen alten Mann oder eine alte Frau, die nicht nur Teile des Familiensilbers feilbieten, sondern auch bibliophile Kostbarkeiten, die sie über Jahrzehnte des Sozialismus haben retten können. Der Ausverkauf der Stadt und ihrer Schätze, so scheint es, ist in vollem Gange.

Doch nicht nur Tristesse beherrscht das Bild. Es gibt unzählige Blumenhändler, Straßenmusikanten, Künstler, die auf Wunsch in Minutenschnelle Porträts oder grazile Scherenschnitte anfertigen, fliegende Händler, die allen nur erdenklichen Krimskrams anbieten, Wanderprediger und Weltverbesserer aller Art, die von kleinen Schemeln oder Gemüsekisten herab für ihre Ideen werben.

Die kommunistischen Parolen sind verschwunden, viele der Straßen und Plätze, die nach den Heroen der Sowjetmacht benannt waren, haben ihre historischen Namen zurückerhalten.

Bürgerinitiativen kämpfen für die Restaurierung der vorrevolutionären Friedhöfe. An fast allen Kirchen sind Bauarbeiter zu beobachten. Fassaden werden renoviert, neues Blattgold wird aufgelegt. Erste private Gymnasien wurden gegründet und Vereine für Heimatkunde. Klubs der Zarenanhänger und Verbände der ehemaligen Lagerhäftlinge. Umweltschutzorganisationen kämpfen für den Erhalt des Newa-Deltas, und nationale Minderheiten, die über Jahrzehnte verfolgt wurden, sammeln sich in Landsmannschaften. Zeitungen in deutscher, englischer und polnischer Sprache werden herausgegeben, und es gilt als schick, die Kinder auf die deutsche, französische oder englische Schule zu schicken.

Mit überwältigender Mehrheit hat die Bevölkerung beschlossen, ihrer Stadt den alten Namen zurückzugeben. Aus Leningrad ist wieder St. Petersburg geworden. Doch die Träume, die sich mit dieser Namensgebung verbinden, werden wohl für viele Träume bleiben. Der Glanz der zaristischen Hauptstadt gehört ebenso der Vergangenheit an wie der revolutionäre Elan derer, die im Januar 1905 und im Februar 1917 auf die Straße gingen, um für eine neue, gerechte Weltordnung zu kämpfen. Heute kämpft die Mehrheit der Menschen in dieser Stadt schlicht ums Überleben.

Straßenkinder in St. Petersburg

Aljoscha steckt sich eine Zigarette an, inhaliert tief und stößt drei formvollendete Rauchringe in die klare Winterluft. Mit einer lässigen Handbewegung wischt er sie durcheinander.

»Könnt ihr das auch?«

Aljoscha ist elf Jahre alt und müßte um diese Uhrzeit – es ist 10 Uhr morgens – eigentlich in der Schule sein. Ist er aber nicht, denn er hat, wie er sagt, heute keine Lust. Auch an anderen Tagen hat er meist keine Lust und keine Zeit, um sich mit so unwichtigen Dingen zu beschäftigen wie der Schule.

Wir haben Aljoscha im Hinterzimmer eines Polizeireviers auf der Petrograder Seite aufgegabelt. Die »Petrograder Seite« ist einer der traditionsreichsten Arbeiterbezirke der Stadt. Von hier aus marschierten die Kolonnen der Streikenden im Februar 1917 Richtung Winterpalais und leiteten damit den Sturz der Zarenherrschaft ein.

Seither hat sich in diesem Bezirk nicht viel geändert, vor allem die Lage der Arbeiter hat sich nur wenig verbessert. Die riesigen, dunklen Wohnkasernen verrotten, die verschachtelten Hinterhöfe verkommen zu Schrottplätzen und Müllhalden. Vor den wenigen Lebensmittelgeschäften bilden sich schon vor Tagesanbruch lange Schlangen. Bereits vormittags wanken Betrunkene durch die nach Urin und Kot stinkenden Torbögen und über die Straßen. Aber dieses Viertel, so der junge Leutnant auf dem Polizeirevier, ist noch nicht einmal das schlimmste in St. Petersburg.

Aljoscha ist hier, weil er Auskunft geben soll über einen schweren Einbruch in seiner Straße. Doch er schweigt beharrlich. Er spielt mit einem Springmesser aus Plastik, läßt die Klinge herausspringen, schiebt sie wieder zurück, läßt sie wieder rausspringen. Das ewige »Klick-Klack« des Springmessers scheint den jungen Polizeioffizier nicht aus der Ruhe zu bringen. Irgend etwas müsse er doch wissen, sagt er und beugt sich weit über den Tisch zu Aljoscha. Schließlich trieben sich er und seine Kumpels doch den ganzen Tag auf der Straße herum und wüßten ganz genau, wann in ihrer Gegend ein Ding gedreht werde. Aljoscha, der seine grüne gestrickte Pudelmütze tief ins Gesicht gezogen hat, schüttelt immer wieder den Kopf. Mit geradezu rührender Unschuldsmiene lächelt er den Beamten an. Ein dunkler, verschmierter Streifen zieht sich von seinem rechten Mundwinkel fast über die ganze Backe. Ob es getrocknete Marmelade ist oder einfach nur Schmutz, läßt sich nicht sagen.

Er kenne ihn doch, beschwört Aljoscha halb trotzig, halb weinerlich den Polizeioffizier. Und er wisse, daß er es sagen würde, wenn er etwas mitbekommen hätte. Aber diesmal wisse er wirklich nichts.

»Es stimmt«, sagt der Beamte, »ich kenne dich. Und deshalb weiß ich: Du lügst.«

»Ich lüge nicht.«

»Doch, du lügst.«

So geht es eine Weile hin und her. Aljoscha läßt unentwegt sein Springmesser auf- und zuschnappen und schaut dabei meist auf den Boden. Schließlich gibt der junge Polizist auf. Es sei wie immer, meint er, aber was solle er denn mit ihm machen. Und mit einer abrupten Handbewegung weist er Aljoscha zur Tür: »Hau ab! Bis zum nächsten Mal.«

Unsere Anwesenheit scheint Aljoscha kaum gestört zu haben. Als wir ihn beim Hinausgehen bitten, er möge doch einen Moment auf uns warten, brummt er nur etwas Unverständliches und nickt, wobei ihm die Bommel der Pudelmütze ins Gesicht fällt.

Wir unterhalten uns noch kurz mit dem Polizeibeamten. Was wir eben erlebt hätten, sagt er, erlebe er hier täglich. Natürlich steckten diese, wie er sie nennt, »kleinen Gangster« mit den meisten erwachsenen Übeltätern im Bezirk unter einer Decke, erkundeten Möglichkeiten für Einbrüche, stünden Schmiere, brächten geklaute Sachen unter die Leute. Doch wenn man sie nicht auf frischer Tat ertappe, und zwar bei richtig »dicken Dingern«, denn um Bagatellgeschichten kümmere sich hier ohnehin niemand, wenn man sie also nicht bei einem schweren Diebstahl oder ähnlichem in flagranti erwische, sei man machtlos. Lügen würden diese Burschen wie gedruckt, sagt der junge Polizist, und aus seinem Mund klingt das weniger vorwurfsvoll als liebevoll und bedauernd. Wir sollten mal versuchen, die anderen aus Aljoschas Truppe kennenzulernen. Aljoscha sei noch nicht einmal der Schlimmste.

Und wirklich hat Aljoscha vor der Tür auf uns gewartet. Den grün-weißen Schulranzen aus Plastik, der die ganze Zeit vor dem Schreibtisch des Beamten auf dem Boden lag, hat er über die Schulter gehängt.

Was wir denn von ihm wollten, fragt er und macht dabei einen fast gelangweilten Eindruck. Wir seien vom Film und wollten mal zeigen, wie er und seine Freunde so leben; einfach einen Tag lang mit ihnen herumziehen, ihnen zuschauen und, wenn sie Lust hätten, auch ein wenig mit ihnen reden.

Bei dem Wort »Film« haben Aljoschas Augen einen Moment aufgeleuchtet. Nun denkt er nach und bohrt sich dabei mit einem Finger in der Nase.

»Aha«, sagt er dann, »und wir sollen in eurem Film die Helden sein?«

»Wenn du willst, kannst du es so nennen«, antworte ich etwas zögernd, aber letztlich doch überzeugt, daß wir nichts Falsches sagen.

»Und der Film wird auch wirklich gezeigt?« vergewissert sich Aljoscha noch einmal.

»Na klar«, sage ich, diesmal ohne Zögern. »Glaubst du, daß wir uns sonst soviel Arbeit machen würden?«

Das überzeugt Aljoscha. »Also los!« sagt er. »Aber wo ich die Kumpels finde, weiß ich nicht. Wir müssen eben suchen.«

Der erste Weg führt in einen engen, hallenden Hinterhof unweit der Wohnung, in der Aljoscha mit seinen Eltern lebt. In einer Ecke des Hofes steht ein dreirädriger Lastwagen. Einer der Kotflügel ist abmontiert, die Seitenfenster sind eingeschlagen. Die dicke Schneedecke auf dem Dach und der Ladefläche läßt vermuten, daß er schon längere Zeit außer Betrieb ist.

Einige der Fenster des sechsstöckigen Gebäudes, die den Hof umschließen, sind mit Brettern oder Pappe vernagelt. Auf dem Fenstersims gurren dicke Tauben. Unter manchen Fenstern hängen Einkaufsnetze mit Lebensmitteln – der Kühlschrank der armen Leute, wie man es hier nennt.

Aljoscha öffnet die hölzerne Tür eines Verschlags, der sich knapp über dem Boden an einer der Hauswände befindet. Er verschwindet in dem dunklen Loch, und nur noch seine kurzen, etwas gedämpft klingenden Rufe sind zu vernehmen: »Hallo, ist da jemand?« Nach kurzer Zeit taucht er wieder auf, kopfschüttelnd, allein.

An der gegenüberliegenden Hauswand, an die über einen großen Penis mit schwarzer Farbe der Name »Sascha« gesprüht ist, gibt es einen ähnlichen Verschlag. Auch in ihm verschwindet Aljoscha, wir hören ihn wieder rufen. Nach einiger Zeit entsteht ein lautes Gepolter, dann ist Geschrei zu vernehmen: »Paß auf, du Trottel, du stehst auf meinem Fuß!« Aljoscha hat offenbar den ersten seiner Kumpels gefunden. Wir klettern ihm nach und kommen gerade dazu, als ein Streichholz aufflammt und eine dünne Kerze angezündet wird. Wir erkennen einen großen Metallkessel und ein Gewirr von Rohren. Offenbar sind wir in einen Heizungskeller geraten. Mit dem Rücken am Kessel lehnt ein kleiner, schmächtiger Junge. Auf dem Kopf eine dicke Strickmütze, das Gesicht verschlafen. Unwirsch blinzelt er ins Licht der Kerze und kratzt sich dabei unter den Achselhöhlen.

»Das ist Dima«, stellt ihn Aljoscha vor, »unser Kleinster.«

Dima ist zehn Jahre alt und hat hier im Kellerloch übernachtet. Als wir in Begleitung der beiden wieder oben im Hof angelangt sind, stellen wir fest, daß Dima eine Jacke mit viel zu langen Ärmeln trägt und große, schwere Männerstiefel. Die sind von seinem Vater, wie er stolz erklärt, der habe nämlich keine Arbeit und hocke sowieso den ganzen Tag in der Küche herum.

Dimas zartes Kindergesicht steht in seltsamem Kontrast zu dieser Erwachsenenkleidung. Doch der Kleine fühlt sich offenbar wohl darin. Wenn er geht, so scheint es, versucht er den Gang John Waynes nachzuahmen: Die Arme verschwinden bis zu den Ellenbogen in den Jackentaschen, er macht große Schritte und wiegt sich in den Schultern. Dabei schlurfen die genagelten Stiefel mit einem Geräusch über das Pflaster, das einem durch Mark und Bein geht.

Der Heizungskeller, so erzählen uns die beiden, ist im Winter ihr »Hauptquartier«. Hier sei es immer schön warm, richtig gemütlich, und niemand störe sie.

Auch Dima geht nur zu Schule, wenn er gerade Lust hat. Und die hat er – wie Aljoscha – nur selten. Dima übernachtet besonders häufig in diesem Keller, denn mit den Eltern, so sagt er, hat er fast jeden Tag Zoff.

Die erste Frage, die er uns stellt, nachdem ihm Aljoscha erklärt hat, was wir wollen, ist knapp und unmißverständlich: »Habt ihr Zigaretten?«

Wir bejahen, erklären aber, daß wir darüber erst nach der »Arbeit« reden wollen.

»Scheiße!« meint Dima, spuckt kräftig auf den Boden und kramt aus einer der Jackentaschen eine Kippe hervor. »Aber Feuer könnt ihr mir doch wenigstens geben.«

Wir tun es. Auch Aljoscha holt nun eine Kippe hervor. Er hat überdies Streichhölzer dabei.

Dima findet die Idee mit dem Film prima. Wo die übrigen Kumpels sind, weiß allerdings auch er nicht genau. Weit weg aber, da ist er sicher, können sie nicht sein. Vielleicht auf dem Dachboden, der im Sommer ihr »Hauptquartier« ist.

Er führt uns durch ein dunkles, mit Abfällen übersätes Treppenhaus, sechs Stockwerke hinauf über eine ächzende Holztreppe, in der hin und wieder eine Stufe fehlt. Das eiserne Geländer ist an einigen Stellen bedrohlich locker, auf dem obersten Treppenabsatz fehlt es ganz.

Die Tür zum Dachboden steht offen. Durch ein Oberlicht fällt die gleißende Wintersonne auf mit dickem Staub bedecktes Gerümpel aller Art. Dima, offenbar erschöpft vom Treppensteigen in den schweren Männerstiefeln, hockt sich im Schneidersitz auf den Fußboden.

»Wenigstens jetzt könnt ihr eine Zigarette herausrücken.«

Sergej, der Kameramann, holt eine Packung Papirossy heraus, Marke »Belormorkanal« – zu deutsch: Weißmeerkanal. Dima macht fachmännisch zwei Kniffe in das Mundstück aus Pappe und nimmt einen tiefen Zug.

Wer denn noch alles zur Truppe gehöre, wollen wir wissen.

Meistens so drei oder vier, meint Dima; aber einer sei gerade weg, im Kinderknast, einer sogenannten »Spezialschule«, wie es offiziell heißt. Das sei Nikolaj, der Älteste und der Chef; er sei 14 Jahre alt. Man hat ihn beim Dealen mit Haschisch erwischt, und er habe Ärger mit einem Polizisten gehabt. Und dann, so ergänzt Aljoscha, gäbe es auch noch einen Erwachsenen. Der sei 18 Jahre alt und sitze gerade im richtigen Gefängnis. Auf die Frage, warum, zuckt Aljoscha mit den Achseln.

»Wegen nichts. Er ist bloß mit einem Messer auf jemanden losgegangen.«

Da auch auf dem Dachboden keiner der übrigen Kumpel ist, ziehen wir weiter, durch einen Hinterausgang auf die Straße. Schon nach wenigen Metern kommen uns mit lautem Gebrüll zwei Jungen entgegengerannt: Sergej und Maxim, elf und zwölf Jahre alt. Der Trupp ist komplett.

Wie denn ein normaler Tag so bei ihnen ablaufe, fragen wir.

»Ach«, meint Maxim und verzieht ein wenig den Mund, »es ist fast immer dasselbe.« Als erstes müßten sie in die Kirche. Verblüfft und ein wenig ratlos schauen wir sie an. Wegen der Kerzen, klärt uns Aljoscha auf. Schließlich brauchten sie doch Licht im Heizungskeller, und wenn man Hunger habe, könne man Kerzen auch essen. Heute sei man allerdings etwas spät dran, da Aljoscha so lange bei der Polizei gesessen habe, und deshalb müßten sie jetzt erst mal auf den Markt. Schließlich hätte keiner von ihnen richtig gefrühstückt. Es sei nicht weit, und durch die Hinterhöfe könne man den Weg abkürzen.

Auf dem Platz vor der Markthalle stehen einige Bretterbuden, alle vernagelt. Hier, so Dima, werden im Sommer vor allem Klamotten verkauft. »Und wenn wir mal etwas gefunden haben« – beim Wort »gefunden« lächelt er verschmitzt –, »werden wir es hier los.«

Im Inneren der Markthalle finden wir all das, was wir in den staatlichen Läden vergebens gesucht haben. Es gibt Stände mit Obst und Gemüse, Südfrüchten, Fleisch, Wurst, Käse und Milch. Die meisten Verkäufer sind dunkelhäutige Männer, entweder aus dem Kaukasus oder – erkennbar an den mongolischen Gesichtszügen – aus Mittelasien. Sie stehen gelangweilt hinter ihren aufgetürmten Waren. Es gibt nur wenige Kunden. Die astronomisch hohen Preise halten viele bereits vom Betreten der Halle ab.

Vor einem Stand mit Äpfeln beobachten wir eine alte, ärmlich gekleidete Frau mit einem Krückstock. Tief nach vorn gebeugt, betrachtet sie lange die Preisschilder. Dann wendet sie sich an den Verkäufer. Einen dicken, gutmütig aussehenden Georgier mit schwarzem Schnauzbart und einer hohen Pelzmütze. Was sie sagt, können wir nicht verstehen. Aber wir sehen, wie der Mann mit zwei Fingern einen Apfel von der Spitze der Pyramide herunternimmt und ihn der Frau über den Tisch reicht. Sie nimmt ihn und schlägt mit dem Apfel in der Hand ein Kreuz, dreimal, wobei sie sich jedesmal tief verbeugt.

Uns ist unbehaglich, denn wir wissen, was die Jungen vorhaben. Doch wir wissen auch, daß wir sie nicht davon abhalten können. Sie kommen jeden Tag hierher und werden ihre Lebensgewohnheiten unseretwegen bestimmt nicht ändern.

An manchen Ständen werden sie mit einem Schwall von Schimpfworten und drohenden Gesten empfangen. Sie sind hier bekannt, gehören dazu wie die Katzen, die um die Stände mit Fleisch und Wurst herumstreichen. Eine Frau in einem vornehmen Pelzmantel fragt beinahe vorwurfsvoll: »Bekommt ihr denn zu Hause nichts zu essen?«

»Hau ab, Alte, natürlich kriegen wir was zu fressen!« brüllt Dima sie an.

Wir halten uns in einiger Entfernung von dem Trupp und beobachten die Szene. Vor einem Stand mit Apfelsinen verwickelt Maxim die Verkäuferin in ein Gespräch, kaspert herum, tut, als ob er in seinen Taschen nach Geld suche. Währenddessen greifen Aljoscha und Sergej am anderen Ende des Tisches blitzschnell zu. Noch ehe die Verkäuferin etwas bemerkt, verschwinden ein paar Apfelsinen in den Jackentaschen. Ähnlich spielt sich die Sache an einem Stand mit Äpfeln ab.

Dima, der Kleinste, ist inzwischen zu einem Tisch gegangen, an dem eine alte Bäuerin Milch, Kefir und Weichkäse verkauft. Wir haben den Eindruck, die beiden kennen sich. Wortlos zeigt Dima auf ein Stück Käse. Die Frau nimmt ein großes Messer und schneidet eine dicke Scheibe ab. Lächelnd hält sie Dima das Messer mit dem Käse hin. Dima greift zu, nickt kurz und geht.

Nach einiger Zeit finden sich die Jungen wieder vor unserer Kamera ein. Maxim kaut mit dicken Backen einen Apfel, Sergej reißt mit den Zähnen die Schale von einer Apfelsine. Stolz erklären sie uns, daß sie nicht nur klauen, wenn sie Hunger haben. Vieles, das sie hier mitnehmen, verscheuern sie, wie sie sagen. Für Zigaretten und Sprit, gemeint ist Alkohol.

Angst vor der Polizei haben sie nicht. Solange sie unter 14 Jahren sind, können sie nicht bestraft werden. Und schon gar nicht wegen solcher Kleinigkeiten wie hier auf dem Markt. Manchmal allerdings müssen sie schnell wegrennen, vor erbosten Verkäufern. Manchmal gibt's auch Prügel. »Aber meistens«, so Aljoscha lächelnd, »sind wir die Schlaueren.« Er knackt mit den Zähnen einen von den Sonnenblumenkernen, die er im Vorbeigehen irgendwo mitgenommen hat, und spuckt die Schalen auf den Boden. Es ist Zeit für die Kirche.

Auch der Weg dorthin führt durch ein schier endloses Labyrinth von Hinterhöfen, durch dunkle Torbogen, vorbei an Abfallhaufen und Bergen zerbrochener Flaschen. Die Jungen sind bester Laune. Grölen, treten mit den Füßen gegen eiserne Kellertüren, daß es nur so kracht. Wenn sie eine leere Flasche finden oder eine weggeworfene Glühbirne, schleudern sie sie mit aller Kraft gegen die Hauswand. Es knallt, als würde geschossen.

Auf einem Spielplatz machen sie Rast. Zünden sich eine Zigarette an und beobachten, wie Kinder auf kleinen Pappstückchen eine eiserne Rutsche herunterrodeln. Nachdem sie zu Ende geraucht und die Kippen geräuschvoll auf den Boden gespuckt haben, klettern auch sie auf die Rutsche. Die anderen Kinder treten ängstlich zur Seite. Unsanft reißen ihnen Aljoscha und seine Gefährten die Pappen weg, legen sich drauf und rutschen, mit dem Kopf voran, die Schräge hinunter. Unten angekommen, werfen sie die Pappstücke im hohen Bogen ins nahe Gebüsch.

»Wenn ihr wollt, könnt ihr sie euch wiederholen«, rufen sie den Kindern zu. Doch niemand rührt sich. Erst als die Truppe weitergezogen ist, wagen die Kinder, sich ihre Rodelpappen wiederzuholen.

Die Kirche ist frisch renoviert. An der Stirnseite steht noch ein Baugerüst. Maler, Papierschiffchen auf dem Kopf, tragen mit großen Quasten zartes Blau auf die Wand auf. Die Kreuze auf den Zwiebeltürmen blinken in neuem Blattgold. Durch die schwere Kirchentür dringt gedämpfter Gesang. Der kleine Dima hat alle Mühe, die Tür zu öffnen. Schließlich hängt er sich einfach an die gußeiserne Klinke.

In der Kirche ist es dämmrig. Vor dem Altar erkennen wir – mit dem Rücken zu uns – ein Brautpaar. Vor ihm steht der Priester in reichbesticktem Gewand aus Brokat, auf dem Kopf die helmartige, goldene Krone, deren Spitze ein kleines Kruzifix ziert. Der Altar ist flankiert von zwei großen Kerzenständern mit einer Vielzahl dünner, kleiner Lichter.

Aljoscha und seine Freunde halten sich zunächst in respektvoller Entfernung vom Altar. Außer dem Brautpaar, dem Priester und den Trauzeugen sind nur noch wenige Besucher in der Kirche. Etwas verlegen halten die Jungen ihre Mützen in den Händen, die verschwitzten Haare hängen strubbelig um die Köpfe. Allmählich pirschen sie sich näher. Dabei kichern sie und rempeln sich gegenseitig an. Sobald sie sich beobachtet fühlen, bleiben sie stehen und schauen andächtig zur Decke. Während vor dem Altar die Trauzeremonie weitergeht, erreichen sie langsam ihr Ziel, das Tableau mit den Kerzen links vom Altar. Der Kerzenständer auf der rechten Seite des Altars ist für ihre Zwecke offenbar nicht so geeignet, da in seiner Nähe die beiden Ministranten stehen.

Die Bewegungen, mit denen die Jungen die kleinen Lichter aus den Halterungen ziehen, sind so flink, daß wir sie kaum bemerken. Sie blasen die Kerzen aus und lassen sie blitzschnell in ihren Taschen verschwinden. Aber eine alte Frau hat beobachtet, was die Kinder treiben, und stellt sie empört zur Rede. Doch die Jungen legen nur die Zeigefinger auf die Lippen und bedeuten ihr zischend, ruhig zu bleiben. Hilfesuchend wendet sie den Blick zum Priester, doch der erteilt gerade den Segen.

Bei Trauungen, so hat uns Aljoscha vorher erzählt, kommen sie besonders gern in die Kirche, denn dann würden die meisten Kerzen brennen, und alles sei so feierlich, daß kaum jemand auf die Kinder achte. Einen Skandal würde sowieso keiner machen. Und vor einer alten Oma, die sich vielleicht aufregt, hätten sie keine Angst. Der Priester kenne sie ohnehin. Aber der könne ja schließlich seine Trauung nicht unterbrechen.

Nachdem sie ihre Taschen mit Kerzen vollgestopft haben, gehen sie zur Ikone der heiligen Muttergottes an der hinteren Wand des Altarraums. Sie bekreuzigen sich dreimal, verneigen sich tief und küssen das Glas der Ikone. Dima muß sich dabei auf die Zehenspitzen stellen.

Am Nachmittag treffen wir uns alle in der Wohnung von Maxims Eltern. Hier versammeln sich die Kinder regelmäßig, um im Fernsehen Comics zu sehen.

Maxims Vater hatten wir schon am Vormittag kennengelernt. Er war uns auf einem der Hinterhöfe begegnet, mit einem Einkaufsnetz voll leerer Flaschen und einer kräftigen Wodkafahne, die an der Art seines Frühstücks keinen Zweifel ließ.

Daß Maxim nicht zur Schule gehe, meint er, sei zwar schade, aber ändern könne er es auch nicht. Er habe ihn schon so oft verprügelt, gebessert habe sich der Bengel freilich um keinen Deut. Dabei sei er durchaus intelligent, nur eben ein wenig faul. Und er sei in schlechter Gesellschaft. Aber das seien hier ja viele. Wenn wir wollten, könnten wir uns ruhig einmal ihre Wohnung anschauen, damit wir sähen, daß es der Junge eigentlich gut habe. Nur ihn und Maxims Mutter sollten wir am Nachmittag nicht filmen, denn da seien sie meist schon etwas müde.

Zu unserer Überraschung sitzt in Maxims Wohnung auch der »Anführer«, Nikolaj, vor dem Fernsehapparat. Deutlich nicht zum ersten Mal erzählt er, wie er heute mittag aus der geschlossenen Anstalt, der »Spezialschule«, abgehauen sei. Mit einem abgebrochenen Löffel habe er die Tür aufgemacht; jetzt hoffe er nur, daß man ihn in Ruhe lasse, denn das Leben in diesem Kinderknast sei richtig mies. Daß sie dort lesen und schreiben lernen müßten, sei ja nicht so übel, denn das könne man immer gebrauchen. Aber daß man nicht raus könne, von den Aufsehern ständig verprügelt würde und das Essen ein Fraß sei, wäre schlimm. Und noch schlimmer sei das Verhältnis der Jungen untereinander. Jeder beklaut jeden, jeder prügelt sich mit jedem. Und dann diese heimlichen Glücksspiele. Mit selbstgemachten Karten und Würfeln. Wer verliert, muß sich von den anderen mit einem Messer stechen lassen.

Was an Nikolajs Erzählungen wirklich stimmt, wissen wir nicht. Sicher will er sich vor den anderen Jungen aufspielen. Schließlich ist er der Anführer. Doch ebenso sicher ist wohl, daß er sich nicht alles ausgedacht hat. Die Geschichten von den Glücksspielen, bei denen die Verlierer mit Messern traktiert werden, kennen wir aus authentischen Berichten über das Leben in russischen Straflagern. Nur – dort geht es wirklich um Leben und Tod.

Die Wohnung ist in erbärmlichem Zustand. Der einzige Luxus scheint der Farbfernseher zu sein, vor dem die Kinder hokken. Das Zimmer ist Wohn- und Schlafraum zugleich. In einer Ecke liegt eine große schmuddelige Matratze auf dem Boden, aus deren unterem Ende Roßhaar quillt. Aus einem großen Loch in der Wand rieselt Kalk. Ein alter Kalender von »Olympic Airways« verdeckt es nur notdürftig.

Im Flur, der zur Küche führt, sehen wir eine verrostete Spüle, darunter einen wackeligen, dreibeinigen Schemel und über der Spüle einen Bretterverschlag, die Speisekammer, wie Maxim erläutert.

In der Küche liegt auf einer Holzbank Maxims Mutter und schläft. Auf dem Gasherd daneben steht ein verkrusteter Topf mit übergelaufener Suppe und auf dem Küchentisch eine geöffnete Dose Erbsen; ein paar vertrocknete Scheiben Schwarzbrot auf einem schartigen Porzellanteller. Unübersehbar die zwei leeren Halbliterflaschen Wodka auf dem Boden neben der Bank.

Maxims Vater sitzt auf einem Stuhl neben dem Herd. Als wir die Tür öffnen, sagt er nur »Hallo!« und macht die müde Andeutung eines Grußes.

Stolz erklärt uns Maxim, daß es hinter der Küche noch ein Badezimmer gibt. Außer einem zerbeulten Blecheimer und einer umgestürzten Wanne, über der einige Strümpfe und Unterhemden zum Trocknen hängen, können wir aber wenig erkennen. In der Lampe, die von der Decke baumelt, fehlt die Glühbirne.

Heute, so Maxim, sei ein besonderer Tag, denn aus irgendeinem Grund sei sein Vater ganz friedlich. Sonst randaliere er schon mal um diese Zeit oder streite sich mit seiner Mutter. Aber vielleicht liegt das daran, daß heute Besuch da ist. Und im übrigen, das verstehe er, sei das Leben für die Eltern ja auch langweilig. Eine richtige Arbeit hätten sie nicht, hin und wieder mal irgendwo Kohlen schippen – aber ansonsten jeden Tag dasselbe. Wodka oder Portwein vom frühen Morgen an.

Der Comic-Film im Fernsehen ist zu Ende. Die Jungen suchen ihre Sachen zusammen und machen sich auf den Weg ins Hauptquartier, den Heizungskeller im Hinterhof. Maxims Vater hatte am Vormittag noch ein paar Kartoffeln gekauft, die stecken sie jetzt in die Jackentaschen; zu den Kerzen, Streichhölzern und Zigaretten, die Vorräte für den Abend und die Nacht.

Im Heizungskeller ist es angenehm warm. Die Kerzen, die sie auf die Rohre an den Wänden und auf den Kessel gestellt haben, verbreiten ein heimeliges Licht. Auf den Rohren kann man bequem sitzen, sogar liegen. Die Stimmung ist ausgelassen.

Eigentlich fehle nur noch etwas zu trinken, meint Aljoscha und schaut uns erwartungsvoll an. Was sie denn so trinken, wenn sie allein sind, fragen wir.

»Keinen Alkohol«, versichert Aljoscha mit Nachdruck. »Nur Wein.«

Und Nikolaj ergänzt: »Manchmal auch Cognac. Den armenischen, mit den drei Sternen.«

Wir erklären, daß wir keinen Schnaps dabeihaben, schließlich seien wir bei der Arbeit; und wir beabsichtigten auch nicht, welchen zu besorgen.

»Dann rück wenigstens deine Havannas heraus«, mault Aljoscha und streckt mir die Hand hin.

Er hat beobachtet, daß ich dunkle Zigarillos rauche, und immer mal wieder begehrlich auf meine Schachtel geschaut. Woher er denn wisse, daß es Havannas seien, frage ich einigermaßen erstaunt. Schließlich sei er kein Kind mehr, antwortet Aljoscha, und natürlich habe er diese Dinger auch schon mal geraucht. Ob ich ihm glaube oder nicht, sei ihm egal. Ich solle gefälligst eine rausrücken. Nun werden auch die vier Kumpel munter, die bisher eher gelangweilt unser Gespräch verfolgt haben.

»Entweder für jeden eine oder gar keine«, fordert Dima, der Kleinste, und baut sich vor mir auf.

Schließlich einigen wir uns: eine für alle. Wenn wir mit der Arbeit fertig seien, versichere ich, könnten wir noch mal darüber reden. Der Zigarillo macht die Runde. Niemand hustet. Sie spucken nur etwas kräftiger aus als sonst.

Waren die Jungen tagsüber zuweilen etwas maulfaul, beginnen sie nun, bereitwillig zu reden. Zunächst aber wollen sie genau wissen, wo der Film eigentlich gezeigt werden soll.

»In Deutschland«, sage ich, etwas unsicher, wie sie reagieren werden.

In der Tat werden ihre Blicke mißtrauisch.

»Wieso in Deutschland? Ihr seht doch aus wie Russen – oder seid ihr etwa keine?«

Wir beruhigen sie: Sergej, der Kameramann, und Slawa seien richtige Russen, geborene Leningrader. Ich sei ein richtiger Deutscher, und zusammen seien wir ein Team. So sei das nun mal beim Film. Da spiele keine Rolle, woher einer kommt.

Das leuchtet ihnen offenbar ein. Doch Maxim läßt nicht lokker. Wenn wir schon ein Team seien, dann könnte unser Film doch auch in Petersburg gezeigt werden? Schon möglich, meinen wir, doch das hänge nicht nur von uns ab.

Ob es in ihrem Bezirk denn viele Kinder gäbe, die nicht zur Schule gingen, sich auf der Straße herumtrieben, in Kellerlöchern hausten? Allein in ihrem Revier, so Aljoscha, gebe es vier oder fünf solcher »Banden«. Mit denen habe man ständig zu tun, und gelegentlich müsse man sich auch mit ihnen prügeln. Aber richtige Prügeleien seien das eigentlich nicht, denn dazu brauche man feststehende Messer; und so was habe bei ihnen außer Nikolaj, ihrem Anführer, noch niemand.

Die Gründe, warum sie so leben, sind bei allen gleich.

»Die Eltern streiten, es ist kein Geld da. Der Vater säuft, prügelt, und zu fressen gibt es auch nichts Vernünftiges. Da muß man doch einfach abhauen.«

Beifallheischend schaut Nikolaj in die Runde, und die anderen nicken.

Im übrigen aber, so Aljoscha, sei es ja nicht so, daß sie überhaupt nicht zur Schule gingen; bis auf Nikolaj, der sei schon seit zwei Jahren nicht mehr dagewesen. Aber die übrigen würden schon noch gehen, hin und wieder. Nur meistens gebe es Ärger mit den anderen Schülern und den Lehrern; und da sei es einfach besser, wenn man überhaupt nicht hingehe. Ab dem zwölften Lebensjahr müsse man aufpassen, da könne man in eine Spezialschule, besagten Kinderknast, gesteckt werden. Aber auch nur, wenn man ein ganz dickes Ding drehe. So wie Nikolaj, den sie beim Dealen erwischt hätten.

Ob sie denn die Leute hier verstünden, die zu ihnen »kleine Gangster« sagen, »malenkije gangstery«?

Dima kratzt sich am Kopf, lächelt. »So unrecht haben die nicht, oder?«

Es entsteht ein kurzer Streit, was denn ein »richtiger Gangster« sei. Doch dann sind sie sich einig: »Klauen allein macht noch keinen Gangster.«

»Aber findet ihr es denn richtig, daß ihr klaut?«

»Natürlich ist das schlecht«, sagt Sergej, und niemand widerspricht. »Aber was sollen wir denn machen? Wenn du kein Geld hast und wenn es nichts zu kaufen gibt, dann mußt du eben klauen.«

»Und wer ist eurer Meinung nach schuld?«

»Schuld ist an allem die Regierung. Wenn es genug gäbe, würden wir ruhig und friedlich zu Hause sitzen. Aber wenn du überleben willst, mußt du klauen. Das ist das Gesetz in Leningrad.« Geräuschvoll zieht Nikolaj die Nase hoch, räuspert sich und spuckt auf den Boden. Dann verbessert er sich. »Leningrad gibt's ja nicht mehr. Das heißt jetzt St. Petersburg. Aber im Grunde ist alles das gleiche.«

Nun mischt sich Dima ein, der Kleinste. Während er spricht, hängt ihm seine Papirossa im Mundwinkel. »Meine Mutter hat gesagt, ich solle auf den Bahnhof gehen, Zeitungen verkaufen. Das habe ich auch versucht, aber die haben mich weggejagt. Mit einem wie mir, haben sie gesagt, wollen sie nichts zu tun haben.«

Als wir fragen: »Sagt mal, kennt ihr das Wort Perestrojka?«, ernten wir erst einmal höhnisches Gejohle. Als sich alle wieder etwas beruhigt haben, legt Maxim die Stirn in Falten. Er tut, als ob er angestrengt nachdenke. Und dann sagt er, Wort für Wort sorgsam formulierend:

»Perestrojka ist, daß es alles, was es früher gab, jetzt nicht mehr gibt. Und das bißchen, das es noch gibt, immer teurer wird. Und das Geld immer weniger wert ist. Den Arsch kannst du dir damit wischen.« Die Handbewegung, die er dazu macht, verleiht der Aussage unmißverständlich Nachdruck.

»Aljoscha, du bist elf Jahre alt. Was glaubst du, wie dein Leben weitergeht?«

Aljoscha stützt das Kinn in die Hand, denkt ein wenig nach. Dann entblößt er seine schönen großen Zähne, lächelt:

»Schlecht. Es wird ein schlechtes Leben. Es gibt nichts zu essen, also werde ich weiter klauen. Dann werde ich ins Gefängnis kommen, und wenn du aus dem Knast rauskommst, bist du völlig versaut.«

Aljoscha lächelt noch immer.

»So wird dein Leben ablaufen?«

»Ich glaube, ja.«

Nach einer Pause frage ich: »Aljoscha, wenn jetzt eine gute Fee aus dem Märchen käme und zu dir sagen würde, du hast drei Wünsche frei – was würdest du dir wünschen?«

»Eine gute Fee?« vergewissert sich Aljoscha.

»Eine gute«, bekräftige ich.

»Also dann«, so Aljoscha, »als erstes: klug sein. Klug!«

»Und zweitens?«

»Glücklich sein, das ganze Leben lang.«

»Und drittens?«

»Daß alle frei leben können.«

Als wir spät am Abend mit unserem Gespräch im Heizungskeller fertig sind, verteilen wir an die Kinder Schokolade und Kekse. Im Hinausgehen hören wir sie beratschlagen, wo sie um die Uhrzeit dafür am besten Wodka und Zigaretten eintauschen können.

Galja und das kommunistische Erbe

Galja ist Polizistin, der einzige weibliche Polizeioffizier in St. Petersburg, und sogar im Rang eines Majors. Slawa hat uns mit ihr zusammengebracht. Er kennt sie noch aus seiner Zeit als Polizeireporter beim Leningrader Fernsehen.

Wir sitzen in einem jener neueröffneten privaten Restaurants, »Kooperativen« genannt, die seit einiger Zeit wie Pilze aus dem Boden schießen – in St. Petersburg wie in allen anderen russischen Städten. Das Restaurant heißt »Kaukasus« und wird von Georgiern betrieben. Es gibt ausschließlich georgische Speisen, allerdings in nicht gerade üppiger Auswahl. Chartscho, eine fettige, weißliche Fleischsuppe, plattgedrücktes, gebratenes Hühnchen (»Tabaka«) sowie Schaschlik. Dazu warmes georgisches Fladenbrot, kaukasische Kräuter, »Grünzeug« genannt, und Wodka. Georgischer Wein und georgischer Cognac stehen aus unerfindlichen Gründen nicht auf der Speisekarte. Als einziges nichtalkoholisches Getränk gibt es schwarzen Moosbeerensaft.

Galja ist etwa 40 Jahre alt, eine, wie Slawa angekündigt hatte, sehr attraktive Frau. Das etwas blasse, offene Gesicht mit großen, dunklen Augen und vollen, mit kräftigem Rot nachgezeichneten Lippen ist umgeben von schwarzem, gewelltem Haar, das ihr bis auf die Schultern fällt. Sie ist in Zivil gekommen. Ihr blaues Kostüm mit weißem Kragen betont geschickt ihre gute Figur. Mit Slawa verbindet sie ein kameradschaftliches, herzliches Verhältnis. Man kennt sich von langjähriger gemeinsamer Arbeit und gehört ja schließlich zur gleichen »Firma«, den Sicherheitsorganen. Auch wenn Slawa behauptet, mit dem KGB nichts mehr zu tun zu haben. Der Kampf gegen das Verbrechen vereint sie noch immer, meint Galja. Sie kämpfe mit polizeilichen Mitteln, Slawa nunmehr mit journalistischen.

Mit großer Offenheit erzählt Galja von ihrer Arbeit, ihrer Ausbildung, ihrer Jugend und Kindheit. Gleich als erstes erklärt sie, wie bedauerlich sie es finde, daß das Sowjetsystem zusammengebrochen sei. Sie sei ein Kind dieses Systems, habe ihm alles zu verdanken und fühle sich noch immer als überzeugte Kommunistin.

»Ich kann doch nicht meine Weltanschauung von einem Tag auf den anderen wechseln wie ein Hemd«, meint sie ohne jedes Pathos in der Stimme. Und fügt hinzu: »Bei euch in Westdeutschland hätte ich nie das werden können, was ich bin, hätte ich nie diese Ausbildung bekommen, die ich hier vom Staat erhalten habe.«

Galja ist als Vollwaise aufgewachsen. Ihre Eltern, so erzählt sie, sind in einem sibirischen Lager umgekommen, sie wisse nicht einmal genau, in welchem. Von klein auf hat sie in Heimen gelebt. Erst in Waisenhäusern, dann in verschiedenen Kinder- und Jugendheimen. Da sie eine gute Schülerin war, wurde man früh auf sie aufmerksam, förderte sie und verschaffte ihr schließlich einen Studienplatz an der Hochschule. Wir fragen nicht, an welcher Hochschule, vermutlich an einer Polizeiakademie oder einer der vielen Hochschulen des KGB.

Galja ist stolz auf das, was sie im Leben erreicht hat. »In keinem anderen Land hätte ich solche Chancen gehabt. Ohne Eltern, ohne Geld, wer hätte mir da ein Studium finanziert?«

Unseren vorsichtigen Einwand, daß es doch das von ihr so bewunderte System gewesen sei, das ihr die Eltern genommen, sie zur Waise gemacht habe, läßt sie völlig ungerührt. Das seien andere Zeiten gewesen, eine Pervertierung des Systems, die Folgen des Stalinschen Personenkults, den man ja aber später zum Glück überwunden habe. Mir läuft es schaudernd über den Rükken. Aber jeder Satz, den Galja formuliert, entspricht offenbar ihrer tiefen Überzeugung.

An einem Punkt allerdings wird sie etwas nachdenklich. Als wir ihr zu erklären versuchen, daß auch in der Bundesrepublik Kinder, die als Waisen aufwachsen, eine Chance haben können. Und daß man, sicher nicht ohne Schwierigkeiten, auch dann studieren könne, wenn die Eltern arm seien. Zweifellos hätten Kinder aus gutsituierten Familien die besseren Lebenschancen, doch auch bei uns könnten begabte Kinder aus den sogenannten »unteren Schichten« Stipendien für die Hochschulen erhalten.

Davon, meint Galja überrascht, habe sie noch nie etwas gehört. Sie hätte gelernt, daß im Westen nur die Reichen studieren können. Aber, so fügt sie hinzu, sie habe in letzter Zeit eine ganze Menge erfahren, von dem sie früher keine Ahnung gehabt hätte. Und es stimme, daß man ihnen auch Falsches beigebracht habe. Das mit den Studienmöglichkeiten im Westen gehöre dann wohl dazu.

Aber, so Galja, wir wären ja sicher hier, um etwas über St. Petersburg zu erfahren, und da kenne sie sich wirklich aus. Mehr als zehn Jahre habe sie sich mit »kriminellen Kindern« befaßt. Jetzt sei sie ins Rauschgiftdezernat gewechselt und werde außerdem bei der Bekämpfung der Prostitution eingesetzt. Aber letzteres sei eher eine Formsache. Denn bei den Verhältnissen, wie sie zur Zeit im Lande herrschten, sei kein Kraut gegen die Prostitution gewachsen. Offiziell gebe es in St. Petersburg inzwischen 10000 Prostituierte. Die jüngsten, die sie kenne, seien zwölf Jahre alt. Sie wisse genau, welches die Preise in den Ausländerhotels seien (100 Dollar für eine Nacht), auf dem Straßenstrich entlang des Newskij (20 Dollar oder 2000 Rubel) und in den Kaschemmen der Vororte (1 Dollar oder 100 Rubel). Präservative gebe es praktisch nicht, fast alle Mädchen seien geschlechtskrank. Immer häufiger würden auch Fälle von AIDS registriert, das im Russischen SPID heißt.

In gewisser Weise, so Galja, könne sie die Mädchen verstehen. Eine Textilarbeiterin in St. Petersburg verdiene im Schnitt 400 Rubel im Monat. Wenn sie es schafft, sich als Prostituierte bis in ein Ausländerhotel »hochzuarbeiten«, verdient sie in einer Nacht mit einem Freier soviel wie in der Fabrik in zwei Jahren. Wenn das kein Geschäft sei...

Bei einer kürzlich durchgeführten anonymen Meinungsumfrage an St. Petersburger Schulen, so Galja, hätten mehr als 30 Prozent der Mädchen auf die Frage nach ihrem Traumberuf geantwortet: Prostituierte.

Auch der Kampf gegen den Rauschgifthandel sei letztlich aussichtslos. St. Petersburg sei eine Drehscheibe des Handels mit Heroin, Haschisch und Marihuana. Der Stoff komme meist aus den ehemaligen Sowjetrepubliken in Mittelasien oder aus Afghanistan. Zu Lande, Luft und Wasser gehe er von St. Petersburg vor allem in Richtung Skandinavien. Aber auch der Eigenbedarf, vor allem unter der St. Petersburger Jugend, werde immer größer.

Die Rauschgiftbanden seien bestens organisiert. Mit modernen westlichen Autos, Funkgeräten und allem, was dazugehört. Sie mit ihren klapprigen Ladas und ihren Feldtelefonen, die noch aus dem Zweiten Weltkrieg stammen, hätte kaum eine Chance. Und seit das Sowjetsystem zusammengebrochen sei, stehe auch die Polizei vor dem Kollaps. Viele der Kollegen, darunter einige der tüchtigsten, hätten gekündigt. Von dem geringen Gehalt, das sie bei der Polizei beziehen, können sie keine Familie ernähren. Es gebe Hinweise, so Galja, daß manche von ihnen jetzt auf der anderen Seite arbeiten. Bei der Mafia, beim organisierten Verbrechen. Als Zuhälter, als Rauschgifthändler.

Um deutlich zu machen, wie die Infrastruktur der Sicherheitsbehörden zusammenbricht, holt sie eine kleine silberne Damenpistole aus ihrer Handtasche. Diese Dienstpistole habe ihr nicht nur einmal das Leben gerettet und sei ihr ganzer Stolz. Doch in Zukunft werde sie ihr nichts mehr nützen. Die Munitionsfabrik hat die Produktion eingestellt. Genau sechs Schuß habe sie noch, dann könne sie ihr Schmuckstück im Museum abgeben.

Die Straßenkinder, die wir gefilmt haben, kennt Galja alle persönlich. Seit Jahren hat sie mit ihnen Kontakt, hat versucht, sich um sie zu kümmern, ihre häuslichen Verhältnisse ein wenig zu ordnen. Doch jetzt hat sie resigniert, sieht kaum noch eine Möglichkeit, zu helfen.

»Die Zahl dieser Kinder«, sagt sie, »ist in den vergangenen Jahren geradezu dramatisch angewachsen.«

Wie viele es in St. Petersburg inzwischen gibt, weiß sie nicht genau, aber einige hundert seien es mit Sicherheit. Und es würden täglich mehr. Natürlich hänge das aufs engste mit den sozialen Problemen zusammen. Den politischen Verhältnissen, dem sittlich-moralischen Verfall der ganzen Gesellschaft.

»Es ist nicht einmal so sehr ein materielles Problem als ein Problem des gesellschaftlichen Niedergangs. Dieses Verfalls, der ganz Rußland erfaßt hat.«

Alle diese Kinder, die sie in den zehn Jahren kennengelernt habe, so Galja, beschäftigen sich mit kleineren oder größeren Diebstählen: »Das resultiert nicht zuletzt daraus, daß es in ihren Elternhäusern fast keinerlei materiellen Besitz gibt und die Kinder daher auch kein Verhältnis zu dem entwickeln, was Eigentum ist. Wer selbst nichts besitzt, achtet auch kein fremdes Eigentum.«

Warum etwa, so fragt Galja, könne man in St. Petersburg keinen Telefonautomaten auf der Straße benutzen? »Weil alle Telefone herausgerissen sind. Sie brauchen sie nicht, können sie nicht einmal verkaufen. Sie reißen sie einfach heraus, machen sie kaputt. Der pure Vandalismus. Und deshalb«, so Galja, »werde es auch – vorsichtig ausgedrückt – schwierig sein, mit solchen Heranwachsenden, die keinerlei Beziehung zum Eigentum haben, irgendeine neue Gesellschaft, eine neue ökonomische Struktur aufzubauen.«

Worin sie denn die Gründe für den gesellschaftlichen Niedergang, diesen allgemeinen Verfall sehe, fragen wir Galja.

»Ich glaube, die Menschen bei uns haben keine besondere Lust zu arbeiten. Alle hoffen auf irgendeine Unterstützung, eine Hilfe von außen. Ein Wunder. Sie hoffen einfach darauf, etwas zu bekommen. Und wenn dies nicht geschieht, klauen sie eben. Aber selbst etwas tun, arbeiten – das kommt vielen gar nicht in den Sinn. Und das färbt natürlich von den Eltern auf die Kinder ab. Sie sehen doch, wie ihre Eltern leben. Und das vererbt sich dann von Generation zu Generation.«

»Und was wird, Ihrer Erfahrung nach, aus diesen Kindern, wie sieht deren Zukunft aus?«

»Von denen, die ich kenne, werden vielleicht 10 oder 20 Prozent etwas Vernünftiges. Vielleicht. Die anderen sind schon jetzt potentielle Verbrecher. Früher oder später werden sie im Gefängnis landen.«

Ob man diesen Kindern denn nicht in irgendeiner Weise helfen könne, mit Geld oder etwas anderem?

»Mit Geld auf keinen Fall«, meint Galja, und ihre Stimme bekommt einen bitteren Unterton. »Sie werden es für Alkohol ausgeben, für Zigaretten, für Haschisch.« Natürlich sei die Frage, wie man helfen könne, ein riesiges Problem. Und man habe ja auch immer wieder Überlegungen angestellt. Man bräuchte Sozialarbeiter, Kinderpsychologen. Aber zum einen gebe es die in Rußland nicht, und zum anderen könnten auch die nichts Grundsätzliches ausrichten.

»Ich bin kein Politiker. Aber ich glaube, erst wenn das Land gesundet, wenn es ein Minimum an Wohlstand gibt, hätten die Kinder eine Chance. Aber nur dann.«

Wäre es nicht eine gewisse Hilfe, wenn man die Kinder mit anständiger Kleidung versorgen würde, Winterschuhen, Mänteln, Hosen?

»Glauben Sie, daß neue Hosen die Kinder retten würden? Vielleicht wird sie der eine oder andere tragen. Aber die meisten werden sie verkaufen oder eintauschen. Und gewiß nicht gegen Brot. Nein«, sagt Galja, und es klingt fast beschwörend, »ich habe nichts gegen irgendwelche Hilfe, gegen irgendwelche Versuche, etwas zu tun. Aber ich bin Realist. Solange sich die Verhältnisse nicht grundsätzlich ändern, kann auch den Kindern nicht wirklich geholfen werden. Sie werden ihrerseits Kinder bekommen und ihnen das gleiche beibringen, was sie gelernt haben – zu klauen, Verbrechen zu begehen. Unser Land ist krank. Und solange diese Krankheit andauert – und das wird noch viele Jahre sein –, haben diese Kinder keine Chance. Sie sind schon heute eine verlorene Generation.«

Galja packt ihre silberne Pistole wieder in die Handtasche. Wir lassen die Rechnung kommen. Viermal Schaschlik, viermal Suppe, ein Krug Moosbeerensaft – 400 Rubel. Der Monatslohn einer Textilarbeiterin.

Übungen in Demokratie

IM SAAL

13. April 1992

Neun Tage dauert der Machtkampf nun schon. Boris Jelzin und seine Regierungsmannschaft liegen im Clinch mit dem »Kongreß der russischen Volksdeputierten«, dem obersten gesetzgebenden Organ. Vor dem Kreml müssen die Abgeordneten Spießruten laufen. Im Spalier der Demonstranten stehen links die Anhänger Jelzins, rechts die Gegner. Mühsam auseinandergehalten durch Sperrgitter und zwei Reihen von Milizionären. »Nieder mit Jelzin, nieder mit Jelzin!« tönt es auf der einen Seite. »Jelzin ruiniert Rußland!« – »Jelzin verkauft uns an den Westen!« – »Jelzin ist unser Untergang!« Über den Köpfen schaukeln Plakate; sie zeigen Karikaturen Jelzins und Gorbatschows und die Losung »Jelzin und Gorbatschow = Kapitalismus und Faschismus«. Auf einem anderen Plakat ist die Landkarte Rußlands zu sehen, aus deren Rändern Blut tropft. Daneben Jelzin und Gorbatschow mit einem Messer in der Hand. Über den Köpfen wehen rote Fahnen mit Hammer und Sichel, und aus einem tragbaren Lautsprecher ertönt die Hymne des Großen Vaterländischen Krieges, des Krieges gegen das faschistische Hitlerdeutschland: »Es ist Krieg, heiliger Krieg. Steh auf, du großes Land, steh auf zum letzten Kampf!« Die Musik klingt blechern, die Stimmen derer, die mitsingen, sind dünn. Doch die trotzig in die Luft gereckten Fäuste lassen keinen Zweifel – man meint es ernst. Es sind nicht nur alte Leute, die hier die rote Fahne hochhalten, sondern auch auffallend viele jüngere, vor allem Frauen.

Auf der Gegenseite ist eine Gruppe von Bergleuten aus dem sibirischen Kusbas-Gebiet aufgezogen, in traditioneller Tracht, mit Helm und Grubenlampe. Auf ihren Plakaten ist zu lesen »Jelzin, wir vertrauen dir!« – »Jelzin, du bist unsere Hoffnung!« – »Nieder mit dem roten Gesindel!«

Als sich eine Anhängerin Jelzins, eine etwa 60jährige, ärmlich gekleidete Frau auf die Seite der Gegendemonstranten verirrt und immer wieder ruft: »Ich bin für Jelzin! Ich bin für Jelzin!« stürzen sich einige andere Frauen auf sie und schlagen sie. Mit Handtaschen und Fäusten.

Im großen Sitzungssaal des Kreml ist die Stimmung auch nicht gerade für Boris Jelzin. Fast zwei Drittel der rund tausend Abgeordneten sind Vertreter des alten Staats-, Partei- und Wirtschaftsapparats, gemäß der früheren sowjetischen Wahlordnung entsandt als Vertreter ihrer Betriebe, Behörden, gesellschaftlichen Organisationen. Nur etwa ein Drittel gehört zu den demokratischen Reformern.

Doch auch unter ihnen wird schon vor Kongreßbeginn Kritik an Jelzin und seiner Mannschaft laut. »Ich glaube«, so meint eine Ärztin aus Kasan an der Wolga, »Jelzin hört zuviel auf unqualifizierte Berater und Helfer. Er widmet sich zuwenig den Problemen, die das Land wirklich bewegen. Als Präsident müßte er sich viel mehr um die Menschen kümmern. Nicht nur um die Fragen des Marktes, sondern vor allem um die sozialen Probleme.«

Auf Kritik stößt bei vielen Anhängern Jelzins auch die Machtfülle, die der russische Präsident inzwischen auf sich vereinigt hat. Er ist nicht nur das Staatsoberhaupt, sondern auch Ministerpräsident und Verteidigungsminister. Und er hat das Recht, überall im Land Leute seines Vertrauens als Verwaltungschefs einzusetzen. Einfach per Ukas, durch Präsidentenbefehl. So, wie einst der Zar seine Gouverneure.

Für die Journalisten ist die Arbeit im Kreml im Gegensatz zu früher das reinste Vergnügen. Ein einfacher Presseausweis genügt, und man erhält Zugang zum Sitzungssaal und zu allen angrenzenden Räumen. Man kann sich, auch mit Kameras, völlig frei bewegen, die Abgeordneten und Minister ansprechen, wo immer man ihnen begegnet. Kaum einer, der ein Interview abschlägt. Kaum einer, der fragt, für wen man berichtet und ob man das Interview kürzt, in voller Länge oder überhaupt nicht sendet.

Als einer der Arbeitsräume für die Abgeordneten dient, unmittelbar neben dem großen Sitzungssaal, der wohl kostbarste und eindrucksvollste weltliche Raum des Kreml, die Facettenkammer. Zum erstenmal seit der Oktoberrevolution ist er der Öffentlichkeit wieder zugänglich. Der niedrige, viereckige Saal, dessen Mitte eine mächtige, das Kreuzgewölbe tragende Säule einnimmt, ist bis auf den letzten Zentimeter mit ikonenartigen Wandmalereien und Fresken verziert. Bilder aus der biblischen Geschichte und der Geschichte Rußlands. In diesem Raum hat Iwan der Schreckliche die Einnahme Kasans gefeiert und Peter der Große den Sieg über die Schweden bei Poltawa. Auch Stalin veranstaltete hier seine Trinkgelage. Ob Boris Jelzin nach dem Kongreß Grund zum Feiern haben wird, ist ungewiß.

Um die Probleme Rußlands zu lösen, so einer der Abgeordneten, müßte er die Weisheit König Salomos haben. Auch er ist auf einer der Wandmalereien in der Facettenkammer dargestellt. Doch ein anderes Bild dürfte Boris Jelzin im Augenblick lieber sein. Es trägt den Titel »Zar Iwan der Schreckliche bricht die Macht der Bojaren«. Um nichts anderes geht es letztlich auf diesem Kongreß. Wird Zar Boris, wie Jelzin im Volksmund genannt wird, die Macht der Bojaren, sprich Apparatschiks, brechen können oder nicht?

Noch bevor die Rednerliste eröffnet wird, stellt ein Abgeordneter eine Frage zur Geschäftsordnung. Warum denn von der Stirnwand des großen Sitzungssaals das Leninbild und die Rote Fahne entfernt worden seien, obwohl das Plenum noch gar nicht darüber abgestimmt hätte?

Die Zeiten, so die kühle Replik des Parlamentspräsidenten Ruslan Chasbulatow, hätten sich eben geändert. Es seien andere Zeiten, da hätten diese Dinge keinen Platz mehr.

Dann tritt als erster Redner Boris Jelzin ans Pult. Ursprünglich wollte er seinen Stellvertreter Jegor Gajdar vorschicken, um den Rechenschaftsbericht der Regierung vorzutragen. Doch die Abgeordneten entschieden anders: Der Regierungschef selbst hätte ihn dem Kongreß vorzutragen.

Knapp eineinhalb Stunden dauert die Rede Jelzins; der weitaus größte Teil ist den Wirtschaftsproblemen Rußlands gewidmet. Doch anstatt ein realistisches Bild der Situation zu schildern, betreibt Jelzin Schönfärberei. Natürlich gebe es noch viele

Probleme. Dies sei nach den Jahrzehnten der Mißwirtschaft auch nicht verwunderlich. Doch das eingeleitete Reformprogramm, so schmerzlich es für große Teile der Bevölkerung auch sein möge, zeige erste Erfolge. Im Saal allgemeine Verblüffung, vereinzeltes Gelächter. Dann kommt Jelzin in Fahrt und versteigt sich zu der Behauptung, inzwischen gewinne der Rubel sogar gegenüber dem Dollar an Boden. Die Abgeordneten, die aus eigener Erfahrung anderes wissen, vernehmen es mit fassungslosem Staunen. Dann bricht ein Sturm der Entrüstung los. Nur mit Mühe kann der Parlamentspräsident die Ruhe im Saal wiederherstellen. Und als Jelzin schließlich erklärt, bis Ende des Jahres würden die größten wirtschaftlichen Schwierigkeiten überwunden sein, hört kaum noch jemand zu.

In der anschließenden Diskussion macht Jelzin zwar wieder einige Punkte gut, gesteht zu, daß man vieles durchaus noch nicht im Griff habe, weder die Inflation noch die Korruption noch die wachsende Verelendung breiter Massen. Doch der verheerende Eindruck der Rede bleibt. Selbst Jelzins Anhänger sind enttäuscht. Die Rede des Präsidenten sei viel zu akademisch gewesen, heißt es. Für die kleinen Leute seien solche Phrasen kaum verständlich. Boris Jelzin hätte die Fehler, die bei den Reformen gemacht werden, offen bekennen und Orientierungspunkte setzen müssen. Er habe viel zuviel über die Vergangenheit gesprochen und kaum über die Zukunft; so jedenfalls könne er den Kongreß nicht für sich einnehmen. Und die Soziologieprofessorin Marina Saliere aus St. Petersburg, eine der radikalsten Vertreterinnen des Reformflügels, kommt zu dem Schluß: »Es gab viele positive Aspekte, beispielsweise die Einsicht in die Notwendigkeit, die Wirtschaftspolitik zu korrigieren. Aber von Erfolgen zu sprechen, die es vielleicht gibt, aber niemand sieht, ist psychologisch nicht sehr geschickt.«

In den folgenden Tagen wird die Situation Jelzins nicht besser. Es zeigt sich, daß vor allem die Kommunisten, denen die ganze Richtung nicht paßt, hervorragend vorbereitet sind, während Jelzins Regierungsmannschaft einen eher unbeholfenen Eindruck macht. Der kommunistische Abgeordnete Walerij Woronzow wirft Jelzin vor, das Volk ins Elend gestoßen zu haben:

»Die Reformer, die die Schocktherapie eingeleitet haben, müssen nun zwei neue Ausdrücke lernen: Erste Hilfe und Wiederbelebung!«

Mehrere Abgeordnete fordern Jelzin auf, sein Amt als Ministerpräsident, das er nach eigenen Angaben nur vorübergehend übernommen habe, niederzulegen. Sie kündigen Schritte an, seine Sondervollmachten, wie das Recht, per Dekret Wirtschaftsreformen zu erlassen und Minister ohne Zustimmung des Parlaments zu ernennen, zu beschneiden. Falls der Präsident wolle, daß seine Reformen zum Erfolg führen, müsse er Korrekturen an der Wirtschaftspolitik vornehmen und das Kabinett umbilden.

Die Taktik der Kommunisten ist geschickt. Sie beteuern offiziell, daß auch sie für Reformen sind; die von ihnen erhobenen Forderungen laufen jedoch in der Praxis darauf hinaus, Jelzin als Ministerpräsidenten zu entmachten, eine Regierung nach dem Willen der orthodoxen Mehrheit des Parlaments zu etablieren und die Wirtschaftsreformen zu sabotieren, zumindest deren Tempo drastisch zu reduzieren.

Jelzin erklärt seine Bereitschaft, das Kabinett umzubilden und vor allem durch Wirtschaftsführer aus den großen Industrieunternehmen zu verstärken. Das jedoch ist der Mehrheit der Abgeordneten nicht genug. In mehr als 300 Einzelanträgen beschließen sie »Korrekturen« am Programm der Wirtschaftsreformen. Die im Umlauf befindliche Geldmenge soll weiter erhöht werden, die Löhne und Gehälter der im Gesundheits- und Bildungswesen Beschäftigten sollen auf das Niveau der Industriearbeiter angehoben werden. Zugleich wird Jelzin das Recht entzogen, seine Minister ohne Zustimmung des Parlaments zu ernennen. Der Eklat ist da.

Die Beschlüsse des Kongresses, so stellt Vizepremier Gajdar fest, »blockieren die Möglichkeit einer Fortsetzung des eingeschlagenen Kurses«. Eine Fortsetzung der wirtschaftlichen Umgestaltung sei unmöglich geworden. Sollte der Kongreß seine Beschlüsse nicht revidieren, bliebe der Regierung keine andere Möglichkeit, als dem Präsidenten ihren Rücktritt anzubieten.

In der Nacht verbreitet das russische Fernsehen dramatische

Zahlen aus einem vertraulichen Untersuchungsbericht der Regierung. Sollten die vom Kongreß beschlossenen Maßnahmen in die Realität umgesetzt werden, würde die Inflation bis Ende des Jahres um 300 bis 400 Prozent steigen. 30 bis 40 Prozent der Löhne und Gehälter könnten nicht ausgezahlt werden – aus »technischen Gründen«. Das heißt, wie der Präsident der Nationalbank erläutert, daß die Notenpressen ganz einfach mit dem Drucken neuer Rubel nicht mehr nachkämen. Schon im Februar und März waren Löhne, Gehälter und Renten nur zu etwa 80 Prozent ausgezahlt worden, aus Mangel an Rubelscheinen.

Am nächsten Tag reicht die Regierung bei Präsident Jelzin ihr Rücktrittsgesuch ein. Doch dieser hüllt sich in Schweigen. Er bittet die Regierung lediglich, noch bis zum Ende des Kongresses im Amt zu bleiben.

Aus Washington kommt inzwischen die Drohung des Sicherheitsberaters des amerikanischen Präsidenten, Brent Scowcroft, die in Aussicht gestellte westliche Finanzhilfe in Höhe von 24 Milliarden US-Dollar zu streichen, sollte das Reformprogramm der russischen Regierung nicht wie vorgesehen verwirklicht werden. Die Drohung zeigt Wirkung. Noch in der Nacht beginnen hektische Gespräche zwischen den Spitzen der Fraktionen und der Regierung. Das Ergebnis: ein Kompromißpapier, das die Beschlüsse des Kongresses weitgehend zurücknimmt und Boris Jelzin und seiner Regierung, falls sie auf einigen Posten umbesetzt wird, ermöglicht, bis zum Ende des Jahres im Amt zu bleiben.

Präsident Jelzin ist seit drei Tagen von der Bildfläche verschwunden. Er ist weder auf dem Kongreß anwesend, noch hat er den in Moskau weilenden amerikanischen Finanzminister Brady empfangen, noch traditionsgemäß die deutsch-sowjetische Kosmonautenmannschaft begrüßt, die gerade aus dem Weltall zurückgekehrt ist.

Die Öffentlichkeit hat sich an derartige »Ausfallzeiten« des mächtigsten Mannes Rußlands inzwischen gewöhnt. »Er denkt nach«, sagen die Russen dann verständnisvoll; ein Mann aus dem Volk, ein richtiger Russe eben.

Doch diesmal scheint er nicht »nachzudenken«, sondern

schlicht abzuwarten, wie sich die Dinge im Kongreß entwickeln. Angenommen ist das Kompromißpapier nämlich noch nicht. Und Boris Jelzin tut gut daran, dem Kongreß vorerst fernzubleiben. Denn was sich in den nächsten Tagen abspielt, ist absurdes Theater. So jedenfalls formulieren es die Kollegen vom russischen Fernsehen, und genauso empfinden auch wir es.

In der ersten Fassung wird das Kompromißpapier abgelehnt, in der eiligst erstellten zweiten Version dann ganz plötzlich angenommen. Es geht so schnell, daß einige Abgeordnete hinterher öffentlich erklären, sie hätten zwar dafür gestimmt, wüßten aber eigentlich gar nicht, was in ihm steht. Doch das ist letztlich auch unerheblich. Denn der Text der Erklärung ist vage und kann je nach Belieben ausgelegt werden. Er sagt lediglich, daß die Reformen fortgeführt und die sozialen Härten abgemildert werden sollen.

Sichtlich verwirrt fragt einer der Abgeordneten, ob denn das nun bedeute, daß alles, was der Kongreß vor vier Tagen beschlossen habe, hinfällig geworden sei. Daraufhin erklärt Parlamentspräsident Chasbulatow seelenruhig, daß dies keinesweg der Fall sei. Diese Beschlüsse des Kongresses seien juristisch verbindlich, das Kompromißpapier sei lediglich eine »Deklaration«, das heißt eine Absichtserklärung. Es bleibt also dabei: Die umlaufende Geldmenge wird erhöht, die Löhne und Gehälter im Bildungs- und Gesundheitswesen werden angehoben, und der Regierungschef muß seine Minister demnächst vom Kongreß bestätigen lassen. Also ein Peitschenhieb für die Inflation, die nun noch schneller galoppieren wird – und eine partielle Machteinbuße für Boris Jelzin. Die Erklärung, so ein kundiger russischer Beobachter, sei vor allem zur Beruhigung des Auslands gedacht. Schließlich stünden ja 24 Milliarden Dollar auf dem Spiel.

Einige westliche Nachrichtenagenturen feiern den »Kompromiß« auch prompt als »Sieg Jelzins«. Immerhin, Regierung und Kongreß haben ihr Gesicht gewahrt, und ein Sprecher Jelzins kann nun unwidersprochen erklären, daß der Regierungschef und seine Mannschaft, mit einigen Veränderungen, noch bis mindestens zum 1. Dezember 1992 im Amt bleiben wollen.

Was dies für die Reformpolitik konkret bedeutet, weiß niemand. Zumal sich die konservative Mehrheit des Kongresses bei den beiden nächsten Tagesordnungspunkten gleich wieder querlegt. Sie lehnt eine Verfassungsänderung über den freien Kauf und Verkauf von Grund und Boden ab und ist auch nicht damit einverstanden, daß Rußland die Verantwortung für die internationalen Verträge der Sowjetunion übernimmt. Begrüßt hingegen wird der Passus über die Schaffung einer eigenen russischen Armee.

Am nächsten Tag wird der Kongreß vollends zur Farce. Es geht um die Frage, welchen Namen das Land in Zukunft tragen soll. Sieben Vorschläge stehen zur Debatte. Nach nur kurzer Diskussion beschließt die Mehrheit des Kongresses, das Land solle zu seinem historischen Namen zurückkehren und schlicht »Rußland« heißen. Unter den russischen Delegierten bricht lauter Jubel aus. Einer beantragt sofort, »aus Anlaß dieser Entscheidung den heutigen Tag zum Nationalfeiertag zu erklären«. Und Parlamentspräsident Chasbulatow, der dem kaukasischen Bergvolk der Tschetschenen angehört, meint auf die Frage, ob ihm diese Entscheidung – als Nichtrusse – denn nicht weh tue, das Gegenteil sei der Fall. Natürlich habe jeder seine Heimat, sein Haus, seinen Garten, dem er sich verbunden fühle. Aber schließlich seien doch »wir alle Russen«, auch wenn man einem anderen Volksstamm angehöre. Rußland sei die gemeinsame Heimat, und er sei stolz auf diesen Namen.

Unter den Abgeordneten der anderen autonomen Republiken, die auf dem Territorium Rußlands liegen, bricht jedoch ein Sturm des Protestes los. Abgeordnete aus Jakutien, Tatarstan, der Komi-Republik und vielen anderen der insgesamt 24 autonomen Gebiete machen vor Mikrofonen und Fernsehkameras ihrem Unmut, ihrem Zorn und ihrer Verbitterung Luft. Diese Entscheidung sei nichts anderes als eine Rückkehr zum alten Großmachtgehabe der Russen, ein neuer Triumph des russischen Imperialismus. Die Bezeichnung »Rußland« spiegele nicht den föderativen Charakter des Staates wider und entspreche auch nicht dem Geist und Buchstaben des erst vor kurzem zwischen Rußland und den auf seinem Territorium gelegenen autonomen Republiken geschlossenen Föderationsvertrages.

Boris Jelzin erkennt die Gefahr. Am Abend läßt er durch seinen Sprecher erklären, er sei nicht mit dem Namen »Rußland« einverstanden und werde schriftlich einen neuen Vorschlag unterbreiten. Nun erklärt auch Parlamentspräsident Chasbulatow, die Abstimmung sei »unbedacht und emotional« gewesen, und man solle morgen noch einmal in Ruhe abstimmen.

Die Wiederholung der Abstimmung am nächsten Tag ergibt eine überwältigende Mehrheit für den Vorschlag Jelzins. Nun, so wird beschlossen, soll der neue Staat einen Doppelnamen erhalten: »Russische Föderation Rußland«. Gefragt, wie er denn diesen Namen finde, antwortet Chasbulatow jetzt, er sei »glücklich« darüber. Dies sei genau der Name, den er immer gewollt habe.

Die in Moskau erscheinende Jugendzeitung »Komsomolskaja Prawda«, die reformfreudigste und aufmüpfigste aller russischen Zeitungen, erscheint am nächsten Tag mit der Schlagzeile: »Eine Mutter hatte drei Söhne. Zwei kluge und einen Abgeordneten.« Die Schlagzeile – in Anlehnung an ein altes russisches Märchen – wird in Moskau zum geflügelten Wort.

AUF DER STRASSE
19. April 1992

Der Kongreß der Volksdeputierten hat sich vertagt. Für den sitzungsfreien Tag hat die »Union der Verteidiger des Weißen Hauses« zu einer Demonstration für Boris Jelzin aufgerufen.

Etwa 10000 Moskauer versammeln sich vor dem Regierungssitz Jelzins, jenem schon legendären »Weißen Haus« am rechten Ufer der Moskwa. Hier waren während des Putsches vom August 1991 Barrikaden errichtet worden; hier waren Tausende Moskauer zusammengeströmt, um einen lebenden Wall zum Schutz des Präsidenten zu bilden; hier hielt Boris Jelzin vom Panzer herab seine flammenden Appelle an das russische Volk und die Weltöffentlichkeit.

Die Panzer sind verschwunden, doch Reste der Barrikaden sind noch immer zu sehen. Herausgerissene Pflastersteine, Eisenträger, Bretter und Bohlen von Baustellen, aber auch eiserne Bettgestelle und zerbeulte Autofelgen. Auf ihnen, den Reliquien der jungen Demokratie, stehen nun die Massen und diskutieren. Über der Menge wehen Rußlands weiß-blau-rote Fahnen, schwanken handgemalte Plakate und Spruchbänder. »Boris Jelzin, du bist unsere Hoffnung!« steht da in ungelenker Schrift, aber auch: »Jelzin, mach Schluß mit der kommunistischen Bande im Kongreß!« – »Für eine Präsidentendemokratie!« – »Verteidigen wir Rußland vor Faschismus und Bolschewismus!« und »Boris, halt das Steuer der Reform fest!«

Es herrscht Volksfeststimmung. Viele Demonstranten tragen bunte Anstecknadeln mit dem Bild Boris Jelzins oder halten weiß-blau-rote Papierfähnchen in der Hand. Eine grauschwarze Promenadenmischung, die aus der Jackettasche eines Jungen hervorlugt, wird mit den Worten begrüßt: »Sieh an, jetzt haben wir sogar ein demokratisches Hündchen.«

Überall wird heftig diskutiert – vor allem über den gerade stattfindenden Kongreß. Auseinanderjagen sollte man diese Quatschbude, da sitzen doch nur alte Kommunisten. Den Vorsitzenden des Kongresses, Chasbulatow, sollte man endlich in die Wüste schicken, zurück in den Kaukasus, wo er herkommt. Was haben diese ganzen hergelaufenen Völker eigentlich in unserem russischen Parlament zu suchen?

Ein jüngerer Mann mit blauer Pudelmütze und langem schwarzem Bart trägt ein Gedicht zu Ehren Jelzins vor, und in einer anderen Gruppe geht es um den KGB und die Kirche. Diese ganzen Brüder, gemeint sind die Priester, hätten ja doch nur für die »Organe« gearbeitet. Jetzt machen sie sich überall dicke. Gleich nach dem Putsch seien sie überall aufgetaucht. Jede neue Fabrik, die das Fernsehen zeigt, wird von einem Popen gesegnet. Und die besten Geschäfte mit dem Ausland und der humanitären Hilfe mache doch auch die Kirche.

Eine alte Frau, die bislang schweigend dabeigestanden hatte, mischt sich ein. Ihr Großvater sei Pope in einem kleinen Ort gewesen. Außer ihm habe es dort noch drei andere Geistliche gegeben. Nach der Revolution sei die Geheimpolizei, die damals noch GPU hieß, gekommen und hätte die Priester zur Mitarbeit aufgefordert. Drei Popen hätten sich bereit erklärt, ihr Großvater habe abgelehnt. Er wurde erschossen. »Muß man denn mit denen, die mitmachten, kein Mitleid haben?«

Ein jüngerer und ein älterer Mann diskutieren über die Armee. Vor allem über deren Privilegien. »Jeder Offizier hat einen Fahrer, einen Burschen. Er kann in Spezialgeschäften einkaufen und in der schicken Offizierskantine essen.« – »Aber die Armee«, so wirft der Ältere ein, »schützt doch das Volk!« – »In Ordnung«, antwortet der junge Mann. »Aber müssen es denn so viele sein?«

Dann setzt sich die Versammlung – etwa 30000 Menschen sind es inzwischen geworden – in Bewegung, formiert sich zu einem Zug. Über den Kalininprospekt, jene häßliche Prachtstraße, die Nikita Chruschtschow durch das alte Moskau schlagen ließ und die nun wieder den historischen Namen »Neuer Arbat« trägt, geht die Demonstration Richtung Manege-Platz, unmittelbar vor dem Kreml. Dort wird die Menge von einer Gruppe Altkommunisten erwartet – etwa 5000 an der Zahl, mit roten Fahnen und Jelzin-feindlichen Parolen.

Die Miliz hält die Kontrahenten mit Doppelreihen und Sperrgittern auseinander. Es fliegen lediglich Schimpfwörter hinüber und herüber, Mutterflüche; hin und wieder spuckt man verächtlich aus oder reckt die geballte Faust in die Höhe. Doch der Polizeibericht wird später keinerlei Zusammenstöße melden.

Als Redner der demokratischen Bewegung tritt zunächst Pater Gleb Jakunin auf, in vollem Ornat und mit einem großen goldenen Kreuz auf der Brust. Er ist russisch-orthodoxer Priester und hat unter der Sowjetherrschaft viele Jahre im Lager gesessen. Boris Jelzin, so Jakunin, führe das Volk auf den richtigen Weg. »Gott hat dieses Land und uns alle gestraft, aber es gibt eine Hoffnung, und wir werden Rußland wieder zu neuem Glanz verhelfen.«

Ilja Saslawskij, Abgeordneter und wie Jakunin führendes Mitglied der Demokratischen Bewegung, wirft dem Volkskongreß vor, er versuche die Arbeit Jelzins zu sabotieren: Man wolle die Vollmachten des Präsidenten beschneiden, die Regierung stürzen, um die Reformen aufzuhalten. Und teilweise, so Saslawskij, sei dies dem Kongreß auch bereits gelungen. Nun gelte es, Jelzin den Rücken zu stärken, und zwar durch ein Referendum, eine Volksabstimmung über die Reformen.

Die Menge greift das Wort auf und skandiert lautstark und immer wieder: »Re-fe-ren-dum! Re-fe-ren-dum! Refe-ren-dum!« Und danach »Jel-zin! Jel-zin! Jel-zin!«

Eine alte Frau, die mit mir die Szene beobachtet, meint, eine solche Atmosphäre habe es in Rußland zuletzt wohl bei den Massenkundgebungen des Jahres 1917 gegeben, vor der Oktoberrevolution.

Am Abend veröffentlicht ein unabhängiges Moskauer Meinungsforschungsinstitut das Ergebnis einer – im Auftrag der russischen Nationalbank durchgeführten – Umfrage. Danach sind 56 Prozent der Russen dafür, daß Präsident Jelzin seine außerordentlichen Vollmachten behält. Und 57 Prozent bezeichnen den Volkskongreß als »Quasselbude«.

FINALE
21. April 1992

Der Kongreß der Volksdeputierten schleppt sich hin. Es ist schon der 13. Sitzungstag, und noch immer hat sich nichts Entscheidendes getan. Das russische Fernsehen hat errechnet, daß der Kongreß pro Tag eine Million Rubel kostet, eine für russische Normalbürger unvorstellbare Summe. Der öffentliche Unmut über die Veranstaltung wächst.

Heute wird vor allem darüber gestritten, ob die Krim wieder zu Rußland zurückkehren soll oder nicht. Seit Katharina die Große 1783 die Krim für das Zarenreich eroberte, befinden sich auf dieser wunderschönen subtropischen Halbinsel am Schwarzen Meer Rußlands beliebteste Kurorte. Sie ist zugleich ein bedeutender Flottenstützpunkt. Im Hafen und auf der Reede vor Sewastopol dümpelt die mächtige Schwarzmeerflotte, um die schon seit längerem ein heftiger Streit zwischen Rußland und der Ukraine entbrannt ist. Nun geht es jedoch um mehr, um die ganze Krim!

Nikita Chruschtschow, geboren in einem ukrainischen Dorf,

hatte die Krim 1954 mit einem Federstrich an seine Heimatrepublik Ukraine verschenkt. Zum Entsetzen der Russen. Noch heute sind rund 1,7 Millionen der 2,5 Millionen Krimbewohner russischer Herkunft. Sie fordern immer heftiger den Wiederanschluß der Krim an Rußland, zumindest aber Autonomie. Unter der alten Seekriegsfahne des Zaren, dem blauen diagonalen Andreas-Kreuz auf weißem Grund, demonstrieren sie seit Tagen in Sewastopol und anderen Städten der Krim für ihre Heimkehr ins Russische Reich. Auf ihren Transparenten steht als Losung: »Rußland und die Schwarzmeerflotte sind untrennbar verbunden« und »Sewastopol – Stolz und Ruhm Rußlands«.

Die Gruppen der konservativen und nationalistischen Abgeordneten, die sich dieser Forderung anschließen, kommen auf dem Kongreß nicht durch. In einer eindrücklichen Rede warnt Außenminister Kosyrew vor einem immer heftiger werdenden russischen Nationalismus und beschwört die Abgeordneten, vor allem im Verhältnis zur Ukraine alles zu vermeiden, was dort zu einer neuen »Rußland-Phobie« führen könnte.

Die Frage der Krim wird vorläufig von der Tagesordnung gestrichen; doch sie bleibt, wie einer der Redner feststellt, ein »äußerst gefährliches Problem«.

Auch in der Frage einer neuen Verfassung kommt der Kongreß keinen Schritt voran. Noch ist die alte Sowjetverfassung in Kraft, und die Mehrheit der kommunistisch-orthodoxen Abgeordneten blockiert die meisten von der Regierung Boris Jelzins vorgetragenen Änderungswünsche.

Am 14. und letzten Tag versinkt der Kongreß vollends im Chaos. Die Abgeordneten fallen einander ins Wort, bezichtigen sich gegenseitig der Unfähigkeit und beschimpfen die Regierung und die Presse, die wieder einmal nicht objektiv unterrichte. Rufe nach neuen »Regelungen« für die Presse werden laut, damit diese »keine Fehler« mehr mache. Meinen russischen Kollegen läuft es heiß und kalt über den Rücken.

Am Abend macht dann Boris Jelzin dem unwürdigen Spektakel ein Ende. In einer kämpferischen, aber maßvollen Abschlußrede verzichtet er auf alle Versuche, die Situation zu beschönigen, spricht endlich Klartext. Der Verlauf des Kongresses, so Jelzin, sei unbefriedigend gewesen. Zwar sei es der Opposition nicht gelungen, die Regierung zu stürzen und den Reformen den Todesstoß zu versetzen, doch viele wichtige Probleme seien ungelöst geblieben. Vor allem die Tatsache, daß noch immer kein Gesetz über das Privateigentum an Grund und Boden verabschiedet worden sei, werde den Fortgang der Landreform auf unbestimmte Zeit erschweren. Zwar sei der grundsätzliche Kurs der Reformen vom Kongreß bestätigt worden, doch für die konsequente Durchführung fehlten nach wie vor viele konkrete Voraussetzungen. Der Umstand, daß Rußland noch immer keine neue Verfassung habe, drohe das Land in eine chronische Staatskrise zu führen.

Eindringlich beschwört Boris Jelzin »alle politischen Kräfte«, den »Bürgerfrieden« zu wahren. Indirekt malt er sogar die Gefahr bewaffneter Auseinandersetzungen an die Wand. Gleichzeitig zeigt er sich bemüht, Frieden mit der Opposition zu schließen. Die Oppositionellen, also vor allem die Altkommunisten, Nationalisten und Rechtsradikalen, seien keine Feinde, Gegner oder gar Verbrecher. Man müsse konstruktiv zusammenarbeiten und die Auseinandersetzungen ausschließlich mit politischen Mitteln führen. Das Parlament allerdings dürfe nicht weiter versuchen, sich die Regierung zu unterstellen. »Diese Versuche zerstören das ganze staatliche Gebäude Rußlands.«

Er selbst sei bereit, Konzessionen zu machen. Zwar sei die Zeit der »Marionettenregierungen« in Rußland endgültig vorbei, doch habe er nichts dagegen, seine Minister vom Parlament bestätigen zu lassen. Auch müßten der Regierungsapparat verkleinert, die Arbeit der Regierung effektiver gestaltet und der Abbau der Privilegien der Nomenklatura entschiedener vorangetrieben werden.

Ausdrücklich bekennt sich Jelzin zur Pressefreiheit. »Was Zensur ist, das wissen wir. Wir wollen sie nicht noch einmal erleben.«

Im außenpolitischen Teil seiner Rede bekennt sich Jelzin ausdrücklich zur Öffnung Rußlands gegenüber dem Ausland, vor allem dem Westen. Einen Weg zurück in den Kalten Krieg dürfe es nicht mehr geben. Die Probleme innerhalb der GUS dürften nicht mit Gewalt und schon gar nicht mit militärischen Mitteln gelöst werden. Und er beschließt seine Ausführungen mit den Worten: »Rußland ist geweckt worden. Es hat sich auf den Weg gemacht in Richtung Marktwirtschaft und ein normales lebenswertes Leben. Wie schwer es auch immer sein mag und wie hoch die Hindernisse auf diesem Weg auch immer sind – der Gang der Geschichte ist nicht mehr aufzuhalten.«

Der Beifall am Ende der Rede ist dünn.

Auf einer Pressekonferenz gibt der Sprecher des oppositionellen Blocks »Russische Einheit«, Sergej Glotow, zu, das Hauptziel des Kongresses sei nicht erreicht worden der Rücktritt der Regierung. Dennoch ist er überzeugt, daß die Opposition gesiegt hat. Denn der Kurs des Präsidenten sei »etwas korrigiert« worden. Im übrigen sei die Opposition besser organisiert als die Regierungsmannschaft und gewinne täglich mehr Anhänger. Sollten der Präsident und die Regierung aus dem Verlauf des Kongresses nicht entscheidende Schlüsse ziehen, werde in anderthalb bis zwei Jahren die Opposition an die Macht kommen.

Die Moskauer Presse ist sich einig: Das Kräftemessen zwischen Regierung und Opposition ist unentschieden ausgegangen. Jelzin und seine Mannschaft haben eine Atempause gewonnen. Doch zugleich hat der Kongreß die ganze Unübersichtlichkeit der politischen Situation gezeigt, ist der Ausgang der Reformen unsicherer denn je.

Das bitterste Urteil fällt die Tageszeitung »Iswestija«. Der Kongreß, so schreibt sie, habe die herausragenden Untugenden der russischen Gesellschaft widergespiegelt: »Chaos und schlechte Organisation.«

Und lakonisch setzt sie hinzu: »Wir sind nicht in der Lage, uns über die einfachsten Fragen zu verständigen. Statt dessen aber sind wir fähig, eine Lappalie zu einem globalen Prinzip zu erheben.«

Mein russischer Kollege, der mir dieses Zitat zeigt, bekräftigt auf meinen fragenden Blick: »Glaub mir, so ist es!«

Ich will es dennoch nicht glauben.

In der Kaufmannsstadt Torschok

Mag die Sowjetunion auch untergegangen, die rote Fahne mit Hammer und Sichel auf dem Kreml eingezogen, das KGB aufgelöst, Stalin vom Sockel gestürzt und der rote Stern durch das goldene Kreuz ersetzt sein; mögen Demokratie und Kapitalismus zur offiziellen Staats- und Gesellschaftsdoktrin erklärt werden und die kommunistische Partei verboten sein; mag der Patriarch von Rußland wieder in der schönsten aller Moskauer Kirchen predigen und Michail Gorbatschow vor Geschäftsleuten in Japan, den USA oder anderswo – an den Reisemöglichkeiten für Ausländer in Rußland hat sich wenig geändert. Sie sind noch immer so beschränkt wie zu Zeiten des Zaren und der verblichenen Sowjetunion.

Dies gilt nicht nur für ausländische Touristen und Geschäftsleute, sondern auch für Journalisten, selbst für Korrespondenten, die offiziell in Moskau akkreditiert sind. Sie alle dürfen sich wie eh und je nur 40 Kilometer im Umkreis von Moskau, das heißt vom Zentrum, dem Roten Platz aus, frei bewegen. Alle Reisen über diesen Radius hinaus müssen 48 Stunden vorher beim Außenministerium angemeldet werden. Nur ist es nicht mehr das – inzwischen aufgelöste – Außenministerium der Sowjetunion, sondern das russische Außenministerium. Und noch etwas ist anders geworden: Kaum einer hält sich mehr an diese Vorschrift. Trotzdem, als Gipfel der Absurdität bestehen die Herren in der einstigen Behörde Andrej Gromykos sogar darauf, über Reisen in andere, freie und unabhängige Staaten des früheren Riesenreiches, etwa in die Ukraine, nach Georgien, Tadschikistan oder wohin auch immer, informiert zu werden... Imperiales Denken ist offenbar nicht so schnell aus der Welt zu schaffen wie Hammer und Sichel.

Solange man fliegen oder die Eisenbahn benutzen will, geht alles problemlos. Man kauft sich – und sei es auf dem Schwarzmarkt – ein Billett, und los geht's. Niemand kontrolliert, es sei denn an der Grenze zu den baltischen Staaten, die inzwischen eigene Zoll- und Paßkontrollen eingeführt haben.

Schwieriger wird es, wenn man mit dem Auto fahren will. Noch immer gilt nicht nur die 40-Kilometer-Grenze um Moskau, sondern auch die Vorschrift, daß Transitwege nicht verlassen werden dürfen, nicht einmal bei ganz dringenden Bedürfnissen. Und noch immer ist das gesamte Straßennetz mit einem dichten System von Kontrollposten überzogen. Den ersten passiert man am Stadtrand von Moskau; von da an findet sich einer fast an jeder größeren Kreuzung. Dazwischen lauern gelegentlich am Straßenrand versteckt Milizautos. Aber dabei geht es weniger ums Kontrollieren als ums Kassieren. Radarfallen werfen – wie anderswo – einiges ab für den Staat und wohl auch für den einen oder anderen Beamten.

Motorisierte Ausländer sind in der Regel schon von weitem erkennbar, daran haben auch acht Jahre »Perestrojka« nichts geändert. Sie tragen wie eh und je das Kainsmal besonderer Nummernschilder in auffälligem Gelb. Dazu einen Buchstaben, der sofort die Funktion des Besitzers verrät. Die Autos der ausländischen Korrespondenten sind mit dem Buchstaben »K« gekennzeichnet, die der fremden Diplomaten mit einem »D«. Und wer als Tourist oder Geschäftsmann einen Leihwagen nimmt – was inzwischen in großen Städten möglich ist –, wird durch den russischen Buchstaben »N« kenntlich gemacht. Was das »N« bedeutet, weiß keiner von uns.

Es ist inzwischen allerdings leicht geworden, das übernommene Kontrollsystem zu unterlaufen. Denn im Gegensatz zu einst hat heute kaum noch ein Russe Angst, in der Öffentlichkeit oder privat, Kontakt mit Ausländern zu haben. An das Gesetz, das einem Russen verbietet, einen Ausländer in seinem Bett schlafen zu lassen, hält sich im Bedarfsfall ohnehin niemand mehr. Und auch das Verbot, Ausländer im privaten Pkw mitzunehmen, schreckt heutzutage keinen. Auch nicht unseren Kameramann Sascha, der mir anbot, mich mit seinem Wagen ein wenig in der Provinz herumzukutschieren. Ohne Anmeldung, ohne Genehmigung, ohne Angst, von jedem Milizposten angehalten zu werden.

Die Straße, die von Moskau nach St. Petersburg führt, ist in erbärmlichem Zustand: Sie erinnert an eine Marterstrecke auf westlichen Testgeländen; der Asphalt ist stellenweise zentimeterhoch mit Sand bedeckt und von Längs- und Querrillen durchfurcht. Es gilt, Schlaglöchern in allen Größen auszuweichen. Manche haben die Ausmaße einer Baugrube – allerdings unmarkiert. Wer hier durchkommen will, muß die Qualitäten eines Slalomfahrers haben. Fahrbahnmarkierungen gibt es ohnehin nicht, und wenn einer der skandinavischen Riesenlaster auf der Gegenfahrbahn vorüberdonnert, wähnt man sich in einem Sandsturm mit Steinschlag. Zu Lebzeiten Leonid Breschnews war dies eine Prachtstraße – bis zum Kilometer 80. Dort nämlich befand sich seine Luxusdatscha. Breschnews etwas bescheidenere Nachfolger residieren nicht mehr hier, und so kümmert sich auch niemand mehr um die Straße, obwohl sie die beiden wichtigsten Städte des Landes verbindet – St. Petersburg und Moskau.

In den Dörfern am Straßenrand ducken sich die einstöckigen Holzhäuschen mit ihren kleinen Giebeln, als hätten sie den Kopf eingezogen. Manche sind trotz ihres Alters gut erhalten; an anderen nagt sichtbar der Zahn der Zeit. Durch die Ritzen in den Wänden und Dächern muß es im Winter, falls der Schnee nicht alles verklebt, fürchterlich ziehen.

Die Häuschen, liebevoll gestrichen in Hellblau, Ocker, Weiß, und mit schön geschnitzten Fensterrahmen, bilden einen auffälligen Kontrast zu den meist windschiefen Bretterzäunen, die die Vorgärten gegen die Straße abgrenzen. Die Dorfbrunnen, die zumeist noch in Betrieb sind, lassen darauf schließen, daß es weder fließendes Wasser noch Kanalisation gibt. Dafür steht auf fast jedem Dach eine Fernsehantenne – zumindest ein Versprechen Lenins hat sich offenbar erfüllt: Elektrizität für alle.

Immer wieder stehen winkende Menschen am Straßenrand. Sie winken nicht unbedingt aus Freundlichkeit, sondern weil sie mitgenommen werden wollen. In der Tat verkehrt in vielen Orten nur ein- oder zweimal am Tag ein Bus, und auch von ihm weiß man nicht genau, wann er kommt. »Geregelte Abfahrtzeiten gab es früher«, klagt ein altes Mütterchen, »heute fährt jeder, wie er will. Manchmal auch gar nicht.«

In den kleinen Städtchen, durch die wir kommen, fallen uns zwei Dinge auf. Überall gibt es noch Lenindenkmäler. In Gips, in Bronze, in Marmor, in Eisen. Und vor jedem Brotladen wartet eine Menschenschlange.

Nach etwa 250 Kilometern biegen wir in westlicher Richtung ab, vorbei an einem Kontrollposten der Miliz, der uns jedoch dank unserer russischen Autonummer unbehelligt läßt. Unser Ziel ist Torschok, eine der »ältesten russischen Städte«, so jedenfalls steht es auf der Tafel am Ortseingang. Torschok, das 1139 zum erstenmal urkundlich erwähnt wurde, war vor der Oktoberrevolution eine wohlhabende Kaufmannsstadt, berühmt durch ihre Goldstickereien und etwa 40 prächtige Kirchen samt einem mächtigen Kloster. Der Kaufmannsstand wurde von den Bolschewiki ausgerottet. Auch die meisten Priester wurden umgebracht oder nach Sibirien deportiert, ebenso die freien Bauern. Aus den Fabriken und Läden wurden Staatsbetriebe, aus den Bauernhöfen Kolchosen. Die Kirchen wurden abgerissen oder in Kulturhäuser verwandelt, Pferdeställe, Garagen, Möbellager, Agitprop-Punkte und »Museen des Atheismus«. Das Schicksal Torschoks war das Schicksal ganz Rußlands.

Heute leben in Torschok rund 70000 Menschen. Die meisten arbeiten im Fleisch- oder Milchkombinat, im polygraphischen Gewerbe oder bei einer Textilfabrik, in der vor allem Uniformen hergestellt werden. Die Tradition der Goldstickerei war nach der Revolution vor allem für die Herstellung von Rang- und Ehrenabzeichen wichtig. Für die glitzernden Balken, Winkel und Sterne an Uniformen und die golddurchwirkten Schriften auf Fahnen und Wimpeln. Etwa: »Vorwärts im Geiste Lenins«, »Der siegreichen Brigade im sozialistischen Wettbewerb«, »Ruhm und Ehre der Baltischen Seekriegsflotte«.

»Vorbei, alles vorbei«, sagt Sascha, der hier in der Nähe eine Datscha, ein kleines Sommerhaus, hat. »Auch Torschok ist am Ende.«

Seit die Sowjetarmee abrüstet und es auch keine Brigaden mehr gibt, die untereinander um das Banner im sozialistischen Wettbewerb kämpfen, sind die Aufträge für die Textilindustrie und die Goldstickmanufakturen in Torschok immer spärlicher geworden. Und nun stehen immer mehr Arbeiterinnen und Arbeiter auf der Straße.

Der Weg ins Zentrum von Torschok führt durch eine Stadtrandsiedlung mit vier- bis fünfstöckigen Wohnkasernen. Dem Baustil nach kaum älter als zwanzig Jahre, wirken sie schon jetzt abbruchreif. In den Fugen zwischen den Betonplatten sind faustdicke Löcher zu erkennen, manche Balkone hängen so schief, als würden sie demnächst herabfallen. Manche Fenster sind mit Pappe vernagelt – offenbar ist in dieser Gegend sogar Glas knapp.

Wir kommen an einer kleinen Fabrik vorbei, wohl um die Jahrhundertwende erbaut, aus deren eisernem Schornstein dichter schwarzer Ruß quillt. Auf dem Hof Haufen von Rohren, Blechfetzen und Maschinenteilen. Ob es ein Ersatzteillager ist oder Schrottplatz, können wir im Vorbeifahren nicht erkennen.

Die Stadt streckt sich an beiden Ufern der Twertza hin, einem Nebenfluß der Wolga. Auf der einen Seite die vielen mächtigen Kirchen mit ihren Zwiebelkuppeln, die glänzen, als wären sie frisch vergoldet, auf der andern die klassischen Fassaden der früheren Kaufmannshäuser in Holz und Stein, die Hauptstraße und der Marktplatz. Aber die alte Pracht ist nur noch zu erahnen. Der Putz ist abgewaschen, verfaulte Holzsparren sind mühsam mit Blech oder Pappe geflickt. Mal fehlen Fensterrahmen, mal die Eingangstür. In einem Haus führen Ofenrohre durchs Fenster ins Freie, im gegenüberliegenden ist der Balkon mit zwei Holzbalken abgestützt.

Die Geschäfte entlang der Hauptstraße, alles staatliche Läden, sind entweder geschlossen oder haben fast nichts anzubieten. Vor dem Brotladen steht eine Schlange.

Am Marktplatz, vor der riesigen Kirche mit ihrem zerfallenen Turm, drängt sich eine dichte Menschenmenge um Lastwagen, von denen herab Lebensmittel verkauft werden: Gurken, Äpfel, Kartoffeln, gefrorene Hühner, getrockneter Fisch, Zucker und Bier.

Wir packen unsere Kamera aus, beginnen zu drehen. Aus der Entfernung zunächst, weil wir nicht wissen, wie die Menschen auf uns reagieren werden. Manche betrachten uns neugierig,

Kinder kommen und fragen, in welchem Programm denn der Film gesendet werde. Mal sehen, sagen wir ausweichend.

Wir wollen die verfallenen Häuser zeigen, die mit Schlamm und Schmutz bedeckte Straße, die tiefen Pfützen auf den Bürgersteigen, die Menschen, die, mit Taschen, Kartons, Rucksäcken und Bündeln bepackt, geduldig an der Autobushaltestelle warten. Die meisten von ihnen tragen Gummistiefel oder Walenki, die typischen russischen Filzstiefel der Dorfbevölkerung. Fast alle sind einfach und ärmlich in ihrer Kleidung, aber dazwischen sehen wir auch Mädchen in modischen westlichen Jeans und Stiefeln, die ebenfalls mit Sicherheit nicht aus einheimischer Produktion stammen.

Früher kamen bei den Dreharbeiten in der Provinz meist aufgebrachte Sowjetbürger auf uns zu, um uns daran zu hindern. Sie protestierten, beschimpften uns und versuchten manchmal sogar, uns die Kameras zu entreißen. Man hatte den Verdacht, wir arbeiteten für den »Klassenfeind«, wollten mit diesen Bildern die sowjetische Wirklichkeit verleumden; man fragte, ob wir denn überhaupt eine Genehmigung hätten und warum wir nicht die schönen neuen Wohnviertel zeigten und das Denkmal zu Ehren der Helden des Großen Vaterländischen Krieges. Nichts dergleichen geschieht heute. Im Gegenteil. Ein Mann mit einer Pelzmütze geht auf uns zu und sagt, es wäre gut, daß wir gekommen seien und daß endlich gezeigt würde, wie es hier wirklich aussehe. Zu lange schon hätte man sie belogen, alles rosarot gemalt; doch diese Zeiten seien nun zum Glück vorbei, ihnen brauche niemand mehr etwas vorzumachen.

Doch dann faßt mich ein etwa 40jähriger Mann in Zivil an die Schulter. Höflich fragt er, ob ich mit ihm ein paar Schritte zur Seite gehen könne, er habe mich etwas zu fragen. Ich ahne, was nun folgen würde. Nachdem wir ein stilles Plätzchen gefunden haben, nimmt er Haltung an, tippt sich an die Mütze und stellt sich vor. Er sei der Chef der örtlichen Miliz, und die Jungens von der Sicherheit, von denen wir ja bestimmt wüßten, daß sie auch auf dem Markt seien, hätten ihm berichtet, daß hier Leute filmten. Ob wir uns denn irgendwie ausweisen könnten.

Meine alten Erfahrungen sagen mir, daß es nun zum Eklat

kommen muß. Ohne Drehgenehmigung, ohne offiziellen Begleiter, mit einer normalen russischen Autonummer – in Gedanken sehe ich mich schon im Moskauer Außenministerium, einen strengen Verweis oder gar eine Verwarnung entgegennehmend. Von wegen Vertrauensmißbrauch, Verstoß gegen geltende Gesetze, verleumderischer Berichterstattung, Untergrabung der Völkerfreundschaft usw., usw. Das mindeste, was zu erwarten steht, ist der Abtransport auf die Dienststelle der hiesigen Miliz und die Forderung nach Herausgabe des gedrehten Filmmaterials bzw. der Videokassette.

Doch Sascha und ich bleiben äußerlich völlig ruhig; versuchen es erst einmal auf die dumme Tour. Wir zeigen einfach unsere Akkreditierungskarten des russischen Außenministeriums. Der Milizchef studiert sie aufmerksam. Dann strafft sich seine Figur, er tippt mit zwei Fingern leicht an die Mütze und sagt: »In Ordnung, meine Herren.« Keine Frage nach der Drehgenehmigung, nach dem offiziellen Begleiter, nach den Autopapieren, nichts. Statt dessen bittet er um Entschuldigung für sein Eingreifen, aber man müsse verstehen, es sei doch seine Aufgabe zu wissen, was los sei... Und bevor er sich höflich verabschiedet, wünscht er uns noch: »Viel Glück!«

Etwas also, so schießt es mir durch den Kopf, hat sich doch verändert in diesem Land...!

Die Menschen, die sich auf dem Marktplatz um die heruntergelassenen Ladeklappen der Lkws drängen, erweisen sich bei näherem Hinsehen nur selten als Käufer. Die meisten sind Schaulustige, Neugierige. Man stellt sich in die Schlange, fragt – weil man das von unten schlecht sehen kann –, was es überhaupt gibt, beim Verkäufer auf dem Lastwagen nach dem Preis. Ein Blick auf die Gurken, ein Blick auf die Hühnchen, dann wenden sich die meisten ab. Kopfschüttelnd, achselzuckend. Resigniert die einen, empört die anderen. Wer, bitte schön, könne denn diese Preise bezahlen?

Wir brauchen gar keine Fragen zu stellen, uns um Interviews zu bemühen. Die erregten Menschen drängen ganz von selbst vor unsere Kamera, unser Mikrofon. Ein alter Mann, unrasiert, mit Hut und abgetragenem Mantel, bittet uns, seine Meinung sagen zu dürfen. Das, was er jetzt durchmache, könne man nicht mehr Leben nennen. Nicht nur deshalb, weil er Rentner sei. Bis 1985, da habe man gut gelebt.

Und was kam dann, fragen wir.

Aus dem Mann sprudelt es nur so heraus: die Perestrojka, dieser Gorbatschow. Statt das Haus zu renovieren, hat er es ganz zerstört, einfach kaputtgemacht. Und was tut er zur Zeit, fährt er mit erhobener Stimme fort. »Statt sich hier um das zu kümmern, was er angerichtet hat, reist er jetzt als Privatmann durch Japan, hält Vorträge, verdient viel Geld, läßt es sich gutgehen. Zur Verantwortung ziehen sollte man ihn und die ganze Bande.«

Eine Frau mit blauer Strickmütze, unter der graue Haare hervorstehen, fällt ihm ins Wort: »Seien Sie doch still. Sie haben bei jeder Maiparade die rote Fahne getragen. Sie waren doch immer ein strammer Kommunist.«

»Bürgerin, Sie verwechseln mich.«

»Ich und Sie verwechseln? Ich habe es selbst gesehen. Und ein Foto davon gab es sogar in der Zeitung. Warum leugnen Sie es denn jetzt?« Der Mann dreht sich um, geht. Wortlos.

Eine andere Frau zeigt mit ausgestrecktem Arm auf den Mann: »So sind sie alle. Früher haben sie ganz laut ›Hurra!‹ geschrien, und jetzt wollen sie es nicht gewesen sein. Schimpfen bloß herum.«

»Aber hören Sie mal«, fährt eine etwas jüngere Frau dazwischen und faßt die ältere am Arm, »uns geht's doch wirklich beschissen. Schauen Sie sich doch mal um! Die Läden sind leer, alles wird von Spekulanten aufgekauft. Und die verscheuern es auf der Straße oder hier auf dem Markt, gleich lastwagenweise. Und die Preise sind doch zum Verrücktwerden. Heute morgen kostete das Kilo Gurken noch 19 Rubel, heute mittag schon 21. Unser Geld wird mit jedem Tag weniger wert.«

Ein etwa 60jähriger Mann mit Brille und kurzgeschnittenem Schnauzbart versucht zu vermitteln. »Mädchen, regt euch nicht so auf. Ihr müßt doch zugeben, daß es heute wieder mehr gibt als früher. Auch Lebensmittel, sogar Wurst und Fleisch. Ihr müßt nur mal ein bißchen herumschauen, es gibt sogar wieder Zucker, für 90 Rubel das Kilo.«

»Ja, wer kann sich das denn kaufen«, keift eine bucklige Frau zurück. »Doch nur die Spekulanten. Ich habe 400 Rubel Rente im Monat. Wie soll ich mir denn da ein Kilo Zucker für 90 Rubel kaufen. Erklär mir das mal! Auf diesem Scheißkongreß in Moskau haben sie doch auch bloß wieder geredet. Hierher zu uns hätte man sie schicken müssen, auf die Kolchose, damit sie endlich mal arbeiten. Und Gorbatschow und Jelzin sollten sie aufhängen. Hier, an dem Laternenpfahl!« Mit einem kräftigen Kopfnicken spuckt sie aus. »Zum Teufel mit ihnen allen!« Und niemand protestiert.

Eine jüngere Frau, blaß, mit leuchtend rot geschminkten Lippen, die sich bislang ein wenig abseits gehalten hat, kommt etwas näher. »Ich verstehe das alles nicht«, sagt sie mit leiser Stimme und wählt sorgsam jedes Wort. »Früher waren wir doch ein so starker Staat. Angesehen in der ganzen Welt. Ich bin bloß eine einfache Arbeiterin hier in der Druckerei. Aber ich kann nicht sagen, daß es mir früher schlecht ging. Ich habe keinen Grund, mich über die Sowjetmacht zu beklagen. Warum haben sie denn bloß alles kaputtgemacht? Erst Gorbatschow und jetzt Jelzin? Wenn mein Kind früher krank war und nicht zur Schule gehen konnte, kam jeden Tag ein Lehrer ins Haus und hat es unterrichtet, drei Monate lang. Und ich habe dafür nicht eine Kopeke bezahlt. Und zur Operation habe ich mein Kind ins Krankenhaus gebracht. Dort ist es operiert worden, hat noch lange gelegen. Und trotzdem hat mich das nichts, gar nichts gekostet. Heute weiß ich, daß mein Kind nie wieder krank werden darf. Denn heute muß ich für jeden Besuch beim Arzt bezahlen, für jeden Tag im Krankenhaus, für jedes Medikament. Mein Lohn reicht noch nicht einmal, um mein Kind und mich zu ernähren. Womit soll ich denn da einen Arzt bezahlen oder Medikamente? Nein, das ist keine Zukunft, die wir vor uns haben. Ich habe einfach Angst.«

Eine alte Frau, die danebensteht, weint. »Es ist alles viel schlimmer als früher. Einen Krieg habe ich durchlebt, den Weltkrieg damals. Das, was jetzt geschieht, ist der zweite Krieg. Haben wir denn mehr gesündigt als andere, daß wir so leiden müssen? Sind wir wirklich soviel schlimmere Sünder?«

Als wir unsere Kamera einpacken, kommt ein junger Bauarbeiter auf uns zu, an seinen Händen noch die Spuren frischen Mörtels. Wir sollten unbedingt zeigen, wie die Kirche renoviert wird. Sie seien eine Gruppe junger Leute, die das alles freiwillig tun. Für das Baumaterial hätten sie unter den Gläubigen, und das seien ja fast alle in Torschok, gesammelt. Sie hätten so viel zusammen bekommen, daß sie sogar den verfallenen Turm wieder herrichten könnten. Es würde eine wunderschöne Kirche werden, und es würden dann auch wieder richtige Gottesdienste dort abgehalten werden. Endlich, nach so langer Zeit.

Wir versprechen, daß wir kommen, wenn die Kirche eingeweiht wird.

»Das geht schneller, als ihr denkt«, sagt er schon im Weggehen und lacht. Und seinen Kumpels auf der Baustelle ruft er etwas zu, das wir schon nicht mehr verstehen, aber die lachen auch.

»Pilot 1. Klasse«

Über das Rollfeld weht ein eisiger Wind. Leichtes Schneetreiben begrenzt die Sicht auf wenige hundert Meter. Die Maschinen starten und landen heute nur in großen zeitlichen Abständen. Grund ist nicht die schwierige Wetterlage. Daran sind die Piloten der Aeroflot gewöhnt. Es ist vielmehr der allgemeine Zerfall des Landes, der nun auch das Transportwesen ergriffen hat.

Der Flughafen Wnukowo ist einer der vier Moskauer Inlandsflughäfen. Er wird ausschließlich von Maschinen der staatlichen sowjetischen Luftfahrtgesellschaft Aeroflot benutzt. Nebenbei dient er auch als Regierungsflughafen.

Die Ziele, die von hier angeflogen werden, liegen vor allem im Süden und im hohen Norden des Landes. Jalta, Simferopol, Tiflis, Erewan, Archangelsk, Murmansk und Norilsk sind die Namen der Orte, die besonders häufig auf den Anzeigetafeln im Flughafengebäude auftauchen. In letzter Zeit allerdings immer öfter mit dem Zusatz »Gestrichen wegen Treibstoffmangels«.

Seit die Sowjetunion auseinandergefallen ist, liefern die einstigen Bruderrepubliken nur noch unregelmäßig Erdöl an die großen Raffinerien Rußlands. Manchmal ist es ein kleines autonomes Gebiet, das den Hahn der Pipeline, die über ihr Territorium führt, einfach zudreht. Der Grund sind nicht selten Konflikte mit dem Nachbargebiet. Es geht um ausbleibende Holz- oder Kohlelieferungen oder mangelhafte Versorgung mit Fleisch und Milch. Einige Flughäfen werden von den Moskauer Crews der Aeroflot zeitweise überhaupt nicht angeflogen, weil es dort kein Benzin gibt. Erewan und Jalta zum Beispiel sitzen seit Tagen auf dem trockenen. Zwar könnten die Maschinen mit einer Tankfüllung von Moskau aus leicht die Strecke hin und zurück bewältigen, doch soweit geht die einstige Freundschaft nicht mehr.

»Wenn die uns da unten nicht betanken«, so der Moskauer Aeroflot-Dispatcher ungerührt, »warum sollen wir dann unser Benzin für sie verschwenden?«

Hinzu kommt der Mangel an Ersatzteilen, der sich ebenfalls erheblich verschärft hat, seit sich immer mehr frühere Sowjetrepubliken von Moskau losgesagt haben. Die Maschinenfabriken in der Ukraine etwa sind nicht mehr per Ukas zu zwingen, die erforderlichen Teile zu liefern. Da müssen die Herren aus Moskau schon verhandeln, etwas Attraktives als Gegenleistung bieten. Die Folge: Oft müssen die Mechaniker wochenlang auf ein Ersatzteil warten, manchmal monatelang.

Eine Wartungshalle gibt es auf Wnukowo überhaupt nicht. Jedenfalls nicht für die Flugzeugtypen, die heute in Gebrauch sind. Die Baracke, die einst diesen Zweck erfüllte, stammt aus dem Jahr 1935. Sie wurde vom Deutschen Reich geliefert und diente der Wartung von Doppeldeckern. Seither ist keine neue Halle mehr gebaut worden. Auch komplizierteste Reparaturen müssen im Freien ausgeführt werden, oft bei Temperaturen von minus 20 Grad und darunter. Auf unsere erstaunte Frage, ob es denn wenigstens auf anderen Flughäfen der ehemaligen Sowjetunion Wartungshallen für die Flugzeuge gebe, erklärt uns der Flughafendirektor achselzuckend: »Auf keinem einzigen. Jedenfalls auf keinem Zivilflughafen.«

Der Gedanke, daß wir in den Maschinen dieser Gesellschaft schon viele hundert Stunden am Boden und in der Luft verbracht haben und wohl auch noch verbringen werden, ist nicht gerade behaglich. Tröstlich nur, daß die Piloten als robust und routiniert gelten. Die meisten von ihnen haben die harte Schule der Militärfliegerei durchlaufen, so auch der Flughafendirektor, ein untersetzter, drahtiger Mann von etwa 60 Jahren. Im Herbst vergangenen Jahres – zum erstenmal in der Geschichte der Aeroflot hat es so etwas gegeben – ist er von der Belegschaft des Flughafens zum Direktor gewählt worden, nachdem man vorher in eine Art Streik gegen das unfähige alte Management getreten war.

Anton Pawlowitsch ist das genaue Gegenteil dessen, was wir bislang als Sowjetfunktionär kennengelernt hatten – sogar in einem so sensiblen Bereich wie einem Flughafen. Was wir denn alles drehen wollten, fragt er, ohne jeden Unterton. Alles, was möglich ist, erwidern wir forsch und erwarten eine lange Aufzählung dessen, was nicht möglich ist.

Doch Anton Pawlowitsch meint nur lakonisch: »Also alles.«

Bitte schön, dann zunächst das Rollfeld. Es ist schon, zumindest für westliche Augen, ungewöhnlich, wie die Passagiere ihr Handgepäck, das durchaus auch aus großen Koffern, Kartons, Rucksäcken und Taschen besteht, zu Fuß vom Abfertigungsschalter zu den oft weit entfernt stehenden Maschinen schleppen, um dann in der eisigen Kälte am Fuß der Gangway geduldig zu warten, bis die Stewardeß ihr Schwätzchen mit dem Piloten beendet hat und sie hinaufwinkt.

Als nächstes bitten wir Anton Pawlowitsch, ein paar Aufnahmen vom Tower aus machen zu dürfen: Starts, Landungen usw. Offiziell sind Aufnahmen aus erhöhter Position, »perspektivische Aufnahmen«, von Brücken, Türmen, Dächern usw. verboten. Auf sowjetischen Flughäfen ist – darauf weist sogar die Ansage in den Lufthansamaschinen hin – nicht einmal das Fotografieren mit einem Amateurapparat erlaubt. Doch Anton Pawlowitsch sieht kein Problem darin, uns auch vom Tower herunter filmen zu lassen. Nur wenn wir raus wollten auf die eiserne Plattform, da sollten wir vorsichtig sein, die wäre nämlich ein wenig wackelig, und auch das Geländer dort sei nicht mehr im besten Zustand, durchgerostet wahrscheinlich. Wir balancieren dennoch über eine nicht gerade vertrauenerweckende Eisentreppe auf die Plattform: Der Blick ist faszinierend. Wie ein Spielzeugkasten liegt der Flughafen unter uns. Auf dem Rollfeld, dort, wo es sonst wuselt von Bussen, Menschen, Tankwagen, Gepäckwagen, von Traktoren, die Gangways schleppen, von Flugzeugen die zum Start oder zur Parkposition rollen, herrscht heute eine gespenstische Ruhe. Nur hin und wieder machen wir eine Gruppe Passagiere aus, die durch den Schnee zu einer Maschine eilt. Im Verlauf einer Stunde sehen wir nur ein startendes und ein landendes Flugzeug. Im Tower selbst ist lediglich die Hälfte der Plätze hinter den Radarschirmen und Schreibtischen besetzt.

»Mehr Leute brauchen wir auch nicht«, erklärt der Schichtleiter, »Sie sehen doch, was im Moment los ist.«

Im Interview nimmt Anton Pawlowitsch kein Blatt vor den Mund: »Die Situation der Zivilluftfahrt«, erklärt er auf unsere erste Frage, »ist wie die des ganzen Landes: schlecht. Alles zerfällt. Schon früher lagen wir nicht gerade auf Weltniveau, aber über die heutige Situation zu reden schäme ich mich fast. Sie ist so katastrophal, daß wir unseren Flugplan manchmal nur zu 50 Prozent einhalten können. Manchmal sogar nur noch zu 30 Prozent.«

In der vergangenen Woche, so Anton Pawlowitsch, seien von den 135 Zivilflughäfen der ehemaligen Sowjetunion zeitweise 97 geschlossen gewesen. Manche wegen der Wetterbedingungen, die meisten jedoch, weil es keinen Treibstoff gab.

Anton Pawlowitsch, so erfahren wir, ist 65 Jahre alt. Als 13jähriger hat er das Elternhaus verlassen und eine Schlosserlehre begonnen. Als 16jähriger kam er 1943 an die Front. Nach dem Krieg machte er eine Ausbildung als Pilot. Zunächst noch beim Militär, dann wechselte er in die Zivilluftfahrt. Mehr als 40 Jahre, so erklärt er stolz, sei er aktiver Flieger gewesen, Träger vieler Auszeichnungen und des Ranges »Pilot 1. Klasse«.

Eigentlich, so fragen wir, müßte er doch längst pensioniert sein, als Pilot bei Aeroflot; warum er denn immer noch arbeite?

»Von meiner Pension«, so Anton Pawlowitsch, »könnte ich meine Familie nicht ernähren. Es würde wirklich nicht einmal zum Essen reichen. Ich bin in meinem Leben dreimal dem Hunger begegnet. Einmal nach der Zwangskollektivierung durch Stalin im Bezirk Tambow, wo meine Tante wohnte. Dann während des Krieges und nun heute, an der Wende des Jahres 1991/92. Mein Leben lang habe ich gearbeitet, als Pilot, war an der Front. Und was ist der Lohn? Ich spiele heute den Flughafendirektor! Spaß macht das nicht. Sie sehen ja selbst, wie die Verhältnisse bei uns sind. Aber ich habe keine Wahl.«

Ob er denn irgendwelche Perspektiven sehe – für sich persönlich und für die Zivilluftfahrt in diesem Land?

»Für mich persönlich sowieso nicht. Ich kann nur noch versuchen, bis zum Ende irgendwie mit meiner Familie über die Runden zu kommen. Und was die Zivilluftfahrt angeht, so sage ich Ihnen als Spezialist, keiner von uns sieht da eine Perspektive. Wir haben Jahrzehnte der Entwicklung versäumt, schauen Sie sich doch nur einmal unsere klapprigen Maschinen an. Auf dem militärischen Sektor, da waren wir auch in der Fliegerei Spitze – aber

Aeroflot? Ich weiß, daß uns unsere deutschen Kameraden Aeroschrott nennen. Recht haben sie! Und jetzt, wo das Land auseinanderbricht, wird man andere Sorgen haben, als sich ausgerechnet um uns zu kümmern. Nein, wir haben keine Perspektive. Und ich glaube auch nicht, daß es in naher Zukunft eine geben wird. Zumindest nicht in den nächsten drei bis fünf Jahren.«

Wir fragen Anton Pawlowitsch, ob wir denn in der Wartehalle des Flughafens drehen dürfen.

»Von mir aus gern«, antwortet er, »aber passen Sie auf, daß Sie nicht erschlagen werden.« Und auf unseren verständnislosen Blick fügt er hinzu: »Die Stimmung der Leute ist schlimm, sie sind geladen.«

In der Wartehalle herrscht ein unvorstellbares Gedränge. Da es keine freien Sessel mehr gibt, sitzen und liegen die Menschen auf dem Boden. Um vorwärtszukommen, müssen wir über sie hinwegsteigen. Überall riesige Gepäckstücke: Koffer, Kisten und Kartons, Säcke, Bündel, Stoffballen. Einige haben in Moskau offenbar Fernsehgeräte gekauft, andere Videorecorder und riesige Transistorradios. Auch eine kleine Kommode sehen wir und einige Kinderstühlchen. Insgesamt scheint die Halle eine Mischung aus Schlafsaal und Warenlager.

Wir kommen mit den Menschen ins Gespräch. Einige warten schon drei Tage, andere vier, manche schon eine Woche lang. Eine hochschwangere Frau erzählt uns, daß ihr Flugzeug eigentlich vom Flughafen Domodedowo abgehe, im Südosten Moskaus, zwei Stunden Busfahrt von Wnukowo entfernt. Dort aber seien die Verhältnisse noch schlimmer; dort finde selbst sie keinen Sitzplatz in der Wartehalle. Deshalb komme sie jeden Morgen von Domodedowo hierher und fahre abends wieder mit dem Bus dorthin zurück, in der Hoffnung, daß ihr Flugzeug nach Taschkent in dieser Nacht vielleicht startet.

Die Stimmung der Menschen schwankt zwischen Gleichmut, Wut und Verzweiflung. Sie kommen aus den entferntesten Gegenden des Landes, manche haben noch 8000 oder 10000 Kilometer vor sich. Ein Flughafenhotel gibt es nicht, und die meisten der Hotels in der Moskauer Innenstadt sind für Ausländer oder »Dienstreisende« reserviert.

Ein junges Ehepaar mit einem zweijährigen Kind kampiert bereits seit vier Tagen in der Flughafenhalle, meist auf dem Fußboden, da die Sessel belegt sind.

»Wir wollten nach Sotschi«, erzählt der Vater, »aber sie lassen die Maschine nicht abfliegen, weil es in Sotschi kein Benzin gibt. Sie haben gesagt: ›Dies ist ein Moskauer Flugzeug, und wenn wir bei euch kein Benzin kriegen, fliegen wir euch nicht.‹ Wann es losgeht, kann uns niemand verraten. Sollen wir denn ewig hier sitzen?«

Eine Frau aus Tjumen in Westsibirien wartet seit drei Tagen. »Ich komme von dort, wo wir das Erdöl aus dem Boden holen. Und hier in Moskau weigern sie sich, unser Flugzeug zu betanken. Einfach lächerlich.«

Besonders erregt ist eine etwa 60jährige Frau mit tiefen Falten im Gesicht und abgearbeiteten Händen. »Ich komme aus Pewek, 9000 Kilometer von hier, nördlich des Polarkreises. Seit 30 Jahren arbeite ich dort in einer Goldgrube. Zur Erholung haben sie mich in ein Sanatorium in der Nähe von Moskau geschickt. Doch seit einer Woche ist die Kur zu Ende. Seitdem sitze ich auf dem Flughafen und komme nicht weg. Ein Hotel gibt es nicht, und ich könnte es auch gar nicht bezahlen. Ich kann mir nicht einmal mehr etwas zu essen kaufen, denn seit drei Tagen habe ich kein Geld mehr. Früher waren die Stände, die Reiseproviant verkauften, staatlich. Doch jetzt sind sie alle privat, und diese Gangster nehmen Preise, daß einem schwindlig wird. Wovon soll ich denn leben? Ich bin auf das Flugzeug angewiesen. Straßen und Eisenbahnen gibt es bei uns nicht. Wie, bitte schön, soll ich denn nach Hause kommen? Keiner kümmert sich um uns, nicht das Flughafenpersonal, niemand. Wenn wir jemanden fragen, werden wir bloß angebrüllt, wir sollen warten, sie wüßten auch nichts. Als ob wir zu nichts mehr nutze sind, uns niemand mehr braucht.«

Die Frau fährt sich mit der Hand über die Augen, beginnt zu weinen. Ein junger Mann nimmt sie in den Arm. »Großmütterchen, es nützt nichts. Es ist eben ein Scheißleben.«

Anton Pawlowitsch hat uns die ganze Zeit begleitet, stumm ist er daneben gestanden und hat alles mit angehört. Auch er, meint er, sei hilflos. Es zerreiße ihm das Herz, aber er sei nur für die Verwaltung des Flughafens zuständig. Ob die Maschinen fliegen oder nicht, darauf habe er keinen Einfluß. Die Situation sei um so tragischer, als ja überhaupt nur zehn Prozent aller Ortschaften in diesem Land ganzjährig auf dem Landweg erreichbar seien. Das Flugzeug sei nun einmal das wichtigste Verkehrsmittel in diesem Riesenreich. Und wenn das nicht mehr funktioniere...

Zum Abschied schenken wir ihm, diskret in Zeitungspapier gewickelt, eine Flasche Cognac, die wir schnell bei einem der privaten Händler in der Wartehalle gekauft haben. Anton Pawlowitsch macht nicht einmal die Andeutung einer abwehrenden Geste, sondern läßt sie schnell unter seiner Uniformjacke verschwinden. Der Uniformjacke eines »Piloten 1. Klasse«.

Atomfabrik in Sibirien

Krasnojarsk, die Hauptstadt Ostsibiriens, war bis Anfang Januar 1991 eine »geschlossene Stadt«. Kein Ausländer durfte sie betreten. Die zu beiden Ufern des Jenissej gelegene Industriemetropole war eines der wichtigsten Rüstungszentren der Sowjetunion. Ein riesiges Aluminiumkombinat, Kupferhütten, pharmazeutische Betriebe, Fabriken für elektrotechnische Geräte und Mikroelektronik – sie alle arbeiteten fast ausschließlich für den – wie es in der Sprache der sozialistischen Wirtschaftsplaner hieß – »militärisch-industriellen Komplex«. Das Militär und die Rüstungsindustrie bestimmten auch das Leben der mehr als 800000 Einwohner dieser Stadt.

Die wenigen auswärtigen Besucher – meist Wirtschafts- und Militärspezialisten aus anderen Städten der Sowjetunion – wurden in Gästehäusern der Armee und der Industriebetriebe untergebracht. Eine Art Hotel war einzig den Spitzengenossen der Partei vorbehalten. Nun, da es die Partei nicht mehr gibt, ist daraus das erste öffentliche Hotel Krasnojarsks geworden. Doch die Belegschaft stammt noch aus den Zeiten der alten Parteiherrschaft.

Hinter dem Empfangstresen in der kalten, marmornen Eingangshalle steht eine füllige Matrone in hochgeschlossener dunkelblauer Bluse; die Haare streng zurückgekämmt und am Hinterkopf zu einem riesigen Dutt verknotet. Mit einer herrischen Geste reicht sie uns die Anmeldeformulare: »Aber genau ausfüllen.«

Wir sind versucht, innerlich die Hacken zusammenzuschlagen und »Jawoll« zu brüllen. Einen »Guten Tag« hatte uns die Dame ohnehin nicht gewünscht.

Ähnlich wie dieses Anmeldeformular, so schießt es mir durch den Kopf, müssen die Verhörbögen beim KGB ausgesehen haben. Da wird nicht nur nach den üblichen Daten – Name, Geburtsort usw. – gefragt, sondern auch: »Auf welche Weise sind

Sie in die Sowjetunion gekommen?« – »Was gedenken Sie in Krasnojarsk zu tun?« »Welche Organisation betreut Sie?« usw. Nachdem wir das Formular mühsam ausgefüllt haben, knallt sie uns die Schlüssel, die an schweren Eisenkugeln hängen, auf den Tisch: »Frühstück von 8 Uhr bis 9 Uhr.«

Die Zimmer sind im Stil der fünfziger Jahre eingerichtet, aber für sowjetische Verhältnisse durchaus komfortabel. Das auffallendste: ein mannshoher, leerer Kühlschrank. Die Genossen werden schon gewußt haben, wozu.

Am nächsten Morgen geht es von Krasnojarsk aus Richtung Norden. Unsere Kollegin vom örtlichen Fernsehen hat einen kleinen Bus gechartert, der dem Geophysikalischen Institut gehört und aussieht wie ein englisches Postauto, nur etwas größer. Nicht bequem, aber mit seinen hohen Rädern in Sibirien sicher sehr praktisch.

Über der ganzen Stadt liegt eine bräunlichweiße Dunstglocke. Der Schnee auf den Dächern, den Straßen und Bürgersteigen ist mit einer flockigen dunklen Schmutzschicht überzogen.

Aus den Schloten unzähliger Fabriken im Stadtzentrum quillt schwarzer Rauch. Aus den Schornsteinen des am Ortsausgang gelegenen Aluminiumkombinats dagegen steigt heller, nebelartiger Dampf in den Himmel. Das Gelände, viele Kilometer im Umkreis des Aluminiumwerks, sieht aus wie eine Mondlandschaft. Gigantische Abraumhalden, dazwischen Krater, in denen eine schmutzige Brühe steht. Es stinkt bestialisch.

Unser Weg führt am rechten Ufer des Jenissej entlang, der nicht zugefroren ist wie andere sibirische Flüsse im Winter. Das erhitzte Kühlwasser des Aluminiumkombinats und anderer Fabriken sorgt für eine stets gleichbleibende Temperatur, weit über dem Gefrierpunkt. Rechts neben der Straße verläuft eine Eisenbahnlinie, auf der ein Güterzug dem anderen folgt. Endlose Schlangen von Waggons mit Erz und Kohle, aber auch mit Lastwagen, Baggern und, unter Planen versteckt, militärischem Gerät aller Art. Krasnojarsk, das Herz der russischen Rüstung – es scheint noch immer zu schlagen.

Von Zeit zu Zeit kommen wir durch kleine sibirische Dörfer. Windschiefe Holzhäuschen, die Bretterzäune oft nicht einmal notdürftig geflickt. An den Bushaltestellen stehen Menschen und winken. Ein paar Männer in Pelzmützen und abgeschabten Wattejacken spucken uns hinterher. Aber wir haben keinen Platz, sie mitzunehmen. Unsere Kameraausrüstung belegt auch den letzten Sitz des engen Minibusses.

Die Straße, auf der wir fahren, ist auf keiner Karte verzeichnet, es gibt keine Wegweiser. Nach etwa 60 Kilometern, immer geradeaus Richtung Norden, hört sie plötzlich auf. Aus dem dichten Schneetreiben taucht ein rundes rot-weißes Schild auf, das in der oberen Hälfte den Schriftzug »Douane« trägt. In der unteren Hälfte steht – aus unerfindlichem Grund – auf polnisch »Clo«. Einige Meter hinter dem Schild werden zwei Kontrollhäuschen sichtbar; dazwischen, quer über die Straße, ein riesiges Gittertor. Doch entgegen den Inschriften auf dem Straßenschild handelt es sich nicht um eine Zollstation, sondern, wie unsere Begleiterin sagt, um den Eingang zur geheimsten aller geheimen russischen Städte, genannt »Krasnojarsk 26«. Es ist das Zentrum der russischen Rüstungsindustrie. Hier soll sich die größte Plutoniumfabrik der Welt befinden, ein unterirdischer Atomreaktor, der ausschließlich Waffenplutonium produziert. Außerdem eine Reihe anderer, streng geheimer Anlagen, in denen elektronische Bauteile für Weltraumsatelliten und Leitsysteme für die Raketenabwehr produziert werden.

Links und rechts der Kontrollhäuschen erkennen wir die Sicherungsanlagen. Ein doppelter Stacheldrahtzaun, dahinter ein Elektrozaun. Die Betonpfähle und die weißen Porzellanköpfe, über die die Elektrodrähte laufen, erinnern mich an einstige Konzentrationslager.

Bis Ende 1991 war die Existenz dieses Ortes selbst den Sowjetbürgern unbekannt. Wer hier lebte und arbeitete, durfte die Stadt nur mit einer Sondergenehmigung verlassen. Besuchsgenehmigungen erhielten nur engste Familienangehörige. Jeder, der den Ort betrat, mußte sich schriftlich zu strengstem Stillschweigen verpflichten. Wer hier wohnte, durfte als Adresse nur eine Postfachnummer angeben. Die Menschen selbst nannten sich »die, die im Postkasten leben«.

Die Kontrolle am Eingangstor erinnert an den früheren DDR-

Grenzübergang »Checkpoint Charlie«. Die Männer und Frauen, die hier kontrollieren, sind Angehörige einer KGB-Spezialeinheit. Sie überprüfen nicht nur die – ebenfalls vom KGB ausgestellten – Sonderausweise zum vorübergehenden Betreten und Verlassen des Ortes, sondern öffnen auch die Kofferräume, durchsuchen das Wageninnere. Bei Lastwagen wird auch die Ladung kontrolliert.

Seit Glasnost Einzug sogar in Sibirien gehalten und selbst das russische Militär etwas von seiner traditionellen Geheimniskrämerei abgelegt hat, sind auch die Besuchsregelungen für Krasnojarsk 26 ein wenig gelockert. Unserer Kollegin vom Krasnojarsker Fernsehen jedenfalls ist es aufgrund ihrer guten persönlichen Beziehungen zum örtlichen KGB-Chef gelungen, eine Drehgenehmigung zu erhalten. Als ersten westlichen Journalisten öffnet sich für uns das eiserne Tor; als erste dürfen wir das bislang geheime Heiligtum der russischen Rüstungsindustrie betreten.

Die Straße führt zunächst durch hügeliges Gelände mit schütterem Baumbestand. In der Ferne blinkt der Jenissej. Nach ein paar Kilometern kommt ein hölzerner Wachturm in Sicht. Er gehört zu einem großen Barackenkomplex, der einen etwas verfallenen Eindruck macht. Hier, so der Bürgermeister von Krasnojarsk 26, der uns am Kontrollpunkt in Empfang genommen hat, wurden früher die Sputniks gebaut. Aber das sei nun auch schon lange vorbei, die sowjetische Raumfahrt habe ja wohl keine Zukunft mehr.

Unmittelbar hinter den Baracken beginnt die Stadt. Sie wurde, so der Bürgermeister, 1951 auf Befehl Stalins aus dem Boden gestampft. Wir sehen breite, gutasphaltierte Straßen, auf den Bürgersteigen akkurat geschnittene Obstbäume, solide, für sowjetische Verhältnisse sogar prächtige Wohnblocks aus weißen und roten Steinen, die vier bis fünf Stockwerke hoch und hervorragend gepflegt sind. Dazwischen kleine Parks aus Fichtenbäumen mit liebevoll angelegten Spielplätzen darin. Alles wirkt sauber, strahlt Ruhe und Gediegenheit aus, eine Atmosphäre wie in einem Kurort.

97000 Menschen, so der Bürgermeister, leben in dieser Stadt; auf einem Territorium von mehr als 20000 Quadratkilometern.

Rund 10000 arbeiten bei der Plutoniumgewinnung, im sogenannten Atomkomplex. Außerdem hat die Stadt noch ein eigenes Baukombinat sowie einige Betriebe der Elektronikindustrie.

Fast alle sozialen und kulturellen Einrichtungen, Schulen, Kindergärten, Krankenhäuser usw., gehören den Kombinaten, werden von diesen finanziert.

»Das heißt«, verbessert sich der Direktor, »sie wurden von ihnen finanziert. Denn seit die militärische Rüstung gedrosselt wird, die Armee der GUS kein Plutonium mehr für neue Atomwaffen braucht, ist auch der Atomkomplex in großen wirtschaftlichen Schwierigkeiten.« Jedes Bergwerk, jede Stahlhütte, jede Kolchose habe Abnehmer für ihre Produkte. Doch wem könne man schon Plutonium verkaufen, wenn nicht den Militärs? Und die Umrüstung der Reaktoren von militärischer auf zivile Nutzung sei viel schwieriger, als man geglaubt habe.

Nein, so der Direktor, die Aussichten für Krasnojarsk 26 seien ausgesprochen düster. Früher seien sie die Hätschelkinder des Staates gewesen. Genauer: ein eigener Staat im Staat. Was sie brauchten, bekamen sie. Sie konnten Löhne zahlen, die um ein Vielfaches höher waren als in der übrigen Sowjetunion. Man hatte keine Wohnungsprobleme, die Versorgung mit Lebensmitteln und Konsumgütern war besser als sonst irgendwo.

»Dutzende Sorten Wurst, Dutzende Sorten Wein – wo gab es das sonst?« Neben ihren Kulturhäusern und Kinos hätten sie ein eigenes, ständig spielendes Operettentheater gehabt. Die bedeutendsten Stars der sowjetischen Konzertsäle, Gewinner des Tschaikowsky-Wettbewerbs und anderer internationaler Wettbewerbe, seien regelmäßig bei ihnen aufgetreten. Für die Menschen in Krasnojarsk 26, die »Atomtschiki«, wie sie sich selbst nennen, sei das Beste gerade gut genug gewesen. Doch nun fühlten sie sich im Stich gelassen.

Seit ihr Plutonium nicht mehr gebraucht werde, kümmere sich auch das Atomministerium in Moskau kaum noch um sie. Es gebe nur ständig irgendwelche Anweisungen heraus, von denen keiner wisse, wozu sie gut sein sollen. Inzwischen habe die Stadt 90 Millionen Schulden, die Löhne und Gehälter seien schon seit zwei Monaten nicht mehr ausgezahlt worden.

Früher seien Verbrechen in Krasnojarsk 26 so gut wie unbekannt gewesen. Heute beobachte man ein geradezu dramatisches Anwachsen der Kriminalität, vor allem der Spekulation. Die Hälfte aller Straftäter seien Arbeitslose. Die Jugend verlasse die Stadt, wolle mit der Atomindustrie nichts mehr zu tun haben.

»Aber«, so der Direktor bekümmert, »wir können den Reaktor doch nicht einfach zumachen wie eine Konservenfabrik? Selbst wenn wir ihn stillegen – wir brauchen doch Spezialisten, die ihn warten! Und das noch jahrzehntelang!«

Noch arbeiten alle drei Blöcke des Reaktors. Es ist ein Uran-Graphit-Reaktor vom Typ »Tschernobyl«, nur noch älter. Der erste Block ist seit 1958 in Betrieb. Es ist ein unterirdischer Reaktor, 200 Meter tief im Felsen versteckt – aus militärischen Gründen. Gegen Bombenangriffe.

Die ersten, die hier arbeiteten, waren Häftlinge. Mit primitivsten Werkzeugen und Methoden trieben sie die Stollen in die Tiefe des Felsens, räumten das Gestein weg, legten die Fundamente. Mehrere hundert, so der Bürgermeister, ließen dabei ihr Leben. Dann kamen Bautrupps der Soldaten, schließlich die Facharbeiter.

Noch heute bringt eine eigens gebaute S-Bahn die Arbeiterinnen und Arbeiter im Rhythmus der Acht-Stundenschicht vom Zentrum der Stadt zum Reaktor.

Der Zug gleicht einem Gefangenentransport. In der Tür jedes Abteils steht ein Soldat mit Maschinenpistole. Auf dem Bahnsteig patrouillieren bewaffnete Doppelposten mit Schäferhunden... Immer wieder vergleichen die Wachposten die Gesichter der Atomtschiki mit den großformatigen Paßfotos auf ihren Sonderausweisen. Und das, so der Bürgermeister, obwohl hier doch fast jeder jeden kennt. Aber man wisse ja nie...

Von der S-Bahn-Station im Felsen geht es im Fahrstuhl weiter in die Tiefe. Beim Einstieg und Ausstieg jeweils ein weiterer Sicherheits-Check. Der Direktor der Plutoniumfabrik, der inzwischen unsere Betreuung übernommen hat, sagt uns, seit Inbetriebnahme des Reaktors habe noch kein einziger ausländischer Atomexperte die Anlage betreten; nicht einmal einer der Spezialisten der Internationalen Atomaufsichtsbehörde in Wien.

»Auch die Amerikaner lassen ja niemanden in ihre Militärobjekte.« Demnächst jedoch werde man sich nicht mehr gegen internationale Inspektionen wehren. Nur müsse gewährleistet sein, daß dann auch Atomexperten kämen und keine Spione.

Direkt auf einem der Reaktorblöcke arbeiten einige Männer in weißem Kittel und mit gestärkter weißer Haube auf dem Kopf. Mit langen Zangen heben sie Bleiplatten über den Brennstäben an, werfen einen kontrollierenden Blick in die Tiefe. Am Gürtel, der die Kittel zusammenhält, knattert ein Strahlenmeßgerät.

»Ob das, was wir hier tun, gefährlich ist«, so ein 35jähriger Techniker, »wissen wir nicht. Die Betriebsleitung sagt uns nichts. Vielleicht wissen sie auch selber nicht viel. Aber ich glaube, daß wir alle Todeskandidaten sind. Wenn du hier zehn oder mehr Jahre arbeitest, verkürzt sich dein Leben mit Sicherheit. Das wiegt auch keine Bezahlung auf. Aber was sollen wir schon machen?«

Boris ist vor zehn Jahren hergekommen – wegen der Wohnung. Damals habe er sich noch keine besonderen Gedanken gemacht. Er habe ein Technikum besucht, ganz bewußt den Beruf des Atomtechnikers gewählt. Das waren damals die bestbezahlten Leute, und außerdem habe ihn auch diese moderne Technologie interessiert. Mit Hilfe des Atoms sich die Erde untertan zu machen, das sei doch eine faszinierende Aussicht gewesen. Von den Gefahren habe man ihnen kaum etwas erzählt. Natürlich müsse man vorsichtig sein, aber wenn man alle Vorschriften beachte, so habe man ihnen gesagt, sei die Atomenergie die sicherste Technologie überhaupt. Nachdenklich sei er erst geworden, als er unter den Kollegen hier immer mehr – vor allem ältere – kennengelernt habe, die über rätselhafte Beschwerden klagten. Es im Rücken haben, sich schlapp fühlen und so weiter... Und als er dann hörte, daß unter den Männern, die direkt am Reaktor arbeiten, jeder zweite impotent sein soll.

Der Bürgermeister hatte darauf bestanden, uns das »Schmuckstück« von Krasnojarsk 26, das Krankenhaus, zu zeigen und uns mit dem Chefarzt bekannt zu machen. Der könnte am zuverlässigsten Auskunft geben zu diesem ewigen Gerede über die angeblichen Gesundheitsschädigungen durch die Atomenergie.

Das Krankenhaus, ein achtstöckiger heller Klinkerbau inmitten eines Kiefernwäldchens, ist in der Tat beeindruckend. Die Flure und Krankenzimmer sind großzügig angelegt, lichtdurchflutet und sauber. In keinem Raum liegen mehr als vier Patienten – ein auch in dieser Hinsicht ungewöhnlicher Kontrast zu den Krankenhäusern und Kliniken, die wir bislang in Rußland und der ehemaligen Sowjetunion kennengelernt haben.

Die Ausstattung mit technischem Gerät entspricht etwa den westeuropäischen Krankenhäusern der siebziger Jahre, erklärt uns der Chefarzt. Das einzige, was er vermisse, seien ein Computertomograph und Einwegspritzen. Aber, das könne er wohl ohne Übertreibung sagen, sein Krankenhaus sei eines der besten in der Sowjetunion. Die Atomindustrie habe auch ihr eigenes Krankensystem, und das mache sich eben bemerkbar. In der besseren Ausstattung, in allem.

Ob es denn auch eine spezifische Art von Erkrankungen in der Atomindustrie gebe, greifen wir sein Stichwort auf. Der Chefarzt hat die Frage erwartet. Er lächelt uns freundlich an und erklärt, immer noch lächelnd: »Es gibt bei uns keine Berufskrankheiten.«

Ungläubig schauen wir ihn an. Nein, in den 20 Jahren, in denen er hier arbeite, habe er noch keinen Fall einer Krankheit erlebt, die man irgendwie mit der Arbeit im Atomkombinat in Verbindung bringen könne. Keine Blutkrankheiten, nichts.

»Und warum nennen sich die Arbeiter am Reaktor selbst ›Todeskandidaten‹?«

Überrascht schaut er uns an. »Das weiß ich nicht.«

»Haben Sie schon einmal davon gehört, daß mehr als die Hälfte der Männer, die am Reaktor arbeiten, impotent sein sollen?«

»Bei mir hat sich noch keine Frau beschwert.«

Tatsache allerdings sei, so der Chefarzt nach einem Moment betretenen Schweigens, daß sich der Gesundheitszustand der Bevölkerung insgesamt, also auch der in Krasnojarsk 26, in den letzten Jahren deutlich verschlechtert habe. Die Geburtenrate sei drastisch gesunken, die Sterblichkeit gestiegen. Aber dies liege an der auch hier schlechter gewordenen Versorgungssituation;

der einseitigen und vitaminarmen Ernährung und dem allgemeinen Streß; der Zukunftsangst vieler Menschen, der Ungewißheit, wie es mit der Atomindustrie, ihrem Kombinat und der Stadt, die ja davon lebt, weitergehe.

Im Moment, so der Chefarzt, sei die Situation völlig undurchsichtig. Das Kombinat habe kein Geld mehr, das Krankenhaus zu finanzieren. Eigentlich müßte nun das Gesundheitsministerium einspringen. Die Stadt Krasnojarsk 26 habe ja ohnehin keine Einnahmen. Doch das Geld vom Gesundheitsministerium komme nur unregelmäßig, manchmal gar nicht. Im vergangenen Monat habe er 30 Prozent weniger für das Personal gehabt und 50 Prozent weniger für Medikamente und Lebensmittel. Im nächsten Monat wisse er überhaupt nicht mehr, womit er die Ärzte, Schwestern und übrigen Angestellten bezahlen solle. »Uns haben sie in Moskau offenbar vergessen.«

Die einzige Möglichkeit, die Krankenversorgung aufrechtzuerhalten, wäre die Einführung eines Versicherungssystems nach westlichem Muster. Doch dies würde, falls es überhaupt klappe, noch Jahre dauern. »Was inzwischen mit den Patienten geschehen soll, weiß ich nicht.«

Nach diesen so offenen Worten des Chefarztes kommen wir noch einmal auf die möglichen Gesundheitsgefahren durch die Atomenergie zurück. Nein, so meint er nun, er wolle ja gar nicht grundsätzlich bestreiten, daß es hier Probleme geben könnte. Aber die würden erst in den nächsten Generationen auftreten. Bei den Frauen der zweiten und dritten Generation zum Beispiel könne es zu genetischen Veränderungen kommen. Er könne aber nur wiederholen: ihm sei noch kein einziger Fall einer Erkrankung bekannt, die mit der Arbeit am Reaktor zu tun habe.

Am Abend sind wir mit dem Chefingenieur der Plutoniumfabrik verabredet. Sie nennt sich offiziell immer noch ganz harmlos »Chemisches Bergbaukombinat«. Der Mann war von dem Tag an dabei, an dem der erste Reaktorblock in Betrieb genommen wurde. Nun hat er voller Ingrimm erfahren, daß sein, wie er es nennt, »Lebenswerk« demnächst womöglich stillgelegt werden soll. Auch ihm ist die Aufregung um die Atomenergie völlig unverständlich. Selbst nach der Katastrophe von Tschernobyl.

»Die ›Radiophobie‹ der Bevölkerung, die nach Tschernobyl entstand«, so der Chefingenieur, »ist völlig unbegründet. Wir haben unseren Reaktor überprüft und die Sicherheitsmaßnahmen verbessert. So etwas wie Tschernobyl kann bei uns nicht passieren.«

Die einzigen Schwierigkeiten, die sie hätten, sei das Fehlen von Ersatzteilen. Genauer gesagt von Handschuhen und Arbeitsschuhen. »Und daß es keinen Zucker für Tee gibt.«

Ihr Reaktor liege 200 Meter unter der Erde und die nächste Großstadt, Krasnojarsk, sei 70 Kilometer entfernt. »Der Wind weht immer in die andere Richtung, also auch von daher keine Gefahr.«

Angesprochen auf die Tatsache, daß die Abwässer von zwei der drei Reaktorblöcke direkt und ungeklärt in den Jenissej gehen und Umweltschützer und Ärzte in den Dörfern stromabwärts eine dramatische Häufung von Mißbildungen bei Menschen und Tieren festgestellt haben, lehnt sich der Chefingenieur im Sessel hinter seinem Schreibtisch zurück und zündet sich eine Zigarette an.

»Die radioaktive Belastung der Umwelt, die sogenannte Gesundheitsgefährdung, die von unseren radioaktiven Gasen und Abwässern ausgeht, ist nicht größer als bei jemandem, der im Jahr tausend Zigaretten raucht.«

Für die Zukunft seines Lebenswerks sieht der Chefingenieur schwarz. Zwei der drei Reaktorblöcke, die ausschließlich Waffenplutonium erzeugen, werden wohl bis 1995 stillgelegt werden. Der dritte, der nebenbei auch die Stadt mit Strom versorgt, soll noch etwas länger in Betrieb bleiben.

Der Grund für die Stillegung sei nicht nur die Tatsache, daß es in der GUS sowie weltweit inzwischen Plutonium im Überfluß gebe, sondern auch der ständig größer werdende Druck, den die – wie er sie nennt – »sogenannten Umweltschützer« erzeugen. Selbst hier im friedlichen Sibirien würden sich immer mehr solcher Gruppen bilden. Und seit auch die Presse schreiben könne, was sie wolle, seien sogar der »Krasnojarsker Arbeiter« und der »Krasnojarsker Komsomolze« auf Anti-Atomkurs umgeschwenkt.

Dabei gebe es auch nach der Stillegung der Reaktoren für den Atomkomplex von Krasnojarsk 26 eine sinnvolle und zukunftsträchtige Verwendung. Als Wiederaufbereitungsanlage für gebrauchte Kernbrennstäbe und als Endlagerstätte für den Atommüll, der nicht mehr aufzuarbeiten ist.

In der Tat dient ein Teil des Geländes schon heute als atomares Endlager. Für Brennstäbe aus den Atomkraftwerken der Ukraine, Nowo-Woronesch, Zaporoschje, Balakow, Tschernobyl... Sie lagern keineswegs tief im Felsen, sondern unter freiem Himmel. In Wasserbehältern von der Größe zweier Fußballfelder, die mit einer dünnen Blechplatte abgedeckt sind. Durch Sehschlitze kann man von oben die kreuz und quer im Wasser liegenden Brennstäbe erkennen. Ein Anblick, der schaudern macht.

Die Frage, ob es denn nicht leichtsinnig und gefährlich sei, hochgiftigen Atommüll dadurch zu »entsorgen«, daß man ihn einfach in Wasserbehälter lege, scheint den Chefingenieur nicht sonderlich zu beunruhigen. Natürlich bestünde die Gefahr, daß die Stahlumhüllungen der Brennstäbe durchrosten und radioaktive Strahlung frei werde. Aber das werde wohl erst in 25 Jahren der Fall sein, und bis dahin sei ja noch Zeit. Inzwischen könnte man mit der Lagerung gutes Geld verdienen. Eine Million US-Dollar pro Tonne radioaktiven Mülls, den Krasnojarsk 26 abnehme, hätten englische und südkoreanische Firmen geboten. Aber leider habe die russische Regierung diesem Geschäft noch nicht zugestimmt, und er sei auch nicht sicher, ob die Gebietsverwaltung – sie heißt nach wie vor Sowjet (Rat) – und die Bevölkerung außerhalb von Krasnojarsk 26 einverstanden seien. Dabei würden die Atomtschiki das schöne Geld sicher nicht »allein unter der Decke fressen«, sondern brüderlich mit ihren Landsleuten teilen. Aber im Moment laufe nicht einmal mehr das Geschäft mit dem Atommüll aus der Ukraine. Das jedoch liege nicht am Widerstand der Bevölkerung, denn da gebe es langfristige Verträge, gegen die jeder Protest nutzlos sei. Der Grund sei vielmehr, daß die Ukraine ihre Fleisch- und Getreidelieferungen in das Krasnojarsker Gebiet eingestellt habe.

»Und solange es aus der Ukraine kein Fleisch und Getreide

gibt, so hat es der Gebietssowjet beschlossen, nehmen wir auch deren Atommüll nicht mehr ab. Wir leben eben im Kapitalismus.«

Kapitalismus scheint auch in Krasnojarsk 26 das neue Zauberwort zu sein. Bevor wir das Interview mit dem Chefingenieur machten, hatte mich dessen Assistent, ein – wie mir unsere Begleiterin bestätigte – alter KGB-Mann, diskret zur Seite genommen. Wieviel ich dem Herrn Chefingenieur denn für das Gespräch zu zahlen gedenke? »Wir leben doch jetzt im Kapitalismus, in der freien Marktwirtschaft«, und da sei es üblich, daß man für alles Geld nehme. Schließlich erbringe der Herr Chefingenieur ja mit dem Interview eine Leistung. Auf meine Frage, wieviel er denn erwarte, antwortet er ausweichend. Da kenne er sich nicht aus, soviel Erfahrung habe man ja noch nicht. Schließlich einigen wir uns auf rund einhundert Deutsche Mark. In Form von zwei Flaschen exquisitem schottischem Whisky, den wir für alle Fälle dabei haben.

Eine Frage, die uns besonders interessiert, ist das Problem der hochqualifizierten russischen Atomspezialisten, denen jetzt die Arbeitslosigkeit droht. Werden sie auswandern? Vielleicht sogar in Länder der Dritten Welt? In Länder des Staatsterrorismus wie Irak, Libyen, Syrien, Iran?

An dieser Stelle schaltet sich der »Assistent« des Chefingenieurs ins Gespräch ein. Dazu könnten sie hier in Krasnojarsk 26 nichts sagen. Hier arbeiteten russische Patrioten, die ihr Heimatland nie verlassen würden, um irgendwelche Geheimnisse zu verraten. Und er hätte auch noch nie gehört, daß ein russischer Atomspezialist ausgereist sei. Das seien wohl alles Erfindungen der westlichen Presse.

Am nächsten Tag sind wir im 70 Kilometer entfernten Hauptort Krasnojarsk mit einem Mann verabredet, der mehr darüber wissen soll. Professor Viktor Mironow, Atomphysiker an der Universität von Krasnojarsk, einer der – wie es heißt – wissenschaftlichen Väter der russischen Atomindustrie.

Er war auch beim Bau des Reaktors in Krasnojarsk 26 dabei. Professor Mironow ist etwa 60 Jahre alt, ein hagerer, freundlicher Mann mit schütterem grauem Haar, seine Augen sind hinter den dicken Brillengläsern kaum zu erkennen. Er lebt mit seiner sehr viel jüngeren Frau und einer vierjährigen Tochter in einer Dreizimmerwohnung im Zentrum von Krasnojarsk. Sein kleines Arbeitszimmer ist vollgestopft mit Büchern und Stapeln von Manuskripten, Fachliteratur in russischer und englischer Sprache.

Er begegnet uns offen und mit einer gewissen Weltläufigkeit. Ohne Umschweife kommt er zur Sache. »Was, meine Herren, wollen Sie wissen?«

Wir beginnen zunächst mit einer etwas allgemeineren Frage – seiner Einschätzung der derzeitigen Situation der russischen Atomindustrie.

Um seinen Mund erscheint ein leidender Zug. »Wissen Sie, es ist eine Tragödie. Früher wurden alle Mittel, die besten Kräfte des Landes für die Atomindustrie eingesetzt. Was sie wollte, bekam sie. Und das war ja auch richtig, denn die Atomenergie ist die einzige Energie der Zukunft. Ohne Atomenergie wird es auch für unser Land keine Perspektive geben. Denn selbst die Bodenschätze hier in Sibirien sind nicht unerschöpflich. Ihr Abbau und ihre Verarbeitung sind eine riesige Belastung für die Umwelt. Und was geschieht, wenn sie zu Ende sind? Nein, ohne die Atomindustrie kann dieses Land nicht überleben.«

Professor Mironow macht eine Pause. Er wirkt verbittert. Genau dies sei die Tragödie – daß immer weniger Menschen die Bedeutung der Atomenergie verstünden. Und so, wie in Rußland im Moment alles zerfalle, zerfalle auch die Atomindustrie.

»Es fehlt an den nötigen Finanzmitteln, an den nötigen Ersatzteilen. Und immer mehr gute Leute wandern ab.« Vor allem dies stelle eine große Bedrohung dar, denn dadurch erhöhe sich die Gefahr von Fehlern durch menschliches Versagen. Und das sei die einzige wirkliche Gefahrenquelle in der Atomtechnologie.

Ob es denn stimme, daß er ein Angebot aus dem Irak erhalten habe?

Nein, meint Professor Mironow, dies stimme nicht. Er habe kein Angebot aus dem Irak erhalten, sondern aus Schweden. Dort habe er studiert und auch längere Zeit gearbeitet. Ein schwedisch-amerikanischer Technologiekonzern wäre an ihn herangetreten. Aber für ihn sei das Angebot uninteressant gewesen. Erstens sei es weniger eine wissenschaftliche Aufgabe als eine Tätigkeit im Ingenieurbereich gewesen, die man ihm angeboten habe; und zweitens sei er zu alt. Alte Leute verpflanzt man nicht mehr, schon gar nicht aus Sibirien. Er habe hier genug zum Leben, sei mit seiner jungen Familie glücklich. Also, warum solle er sich noch einmal im Westen abstrampeln?

»Kennen Sie andere russische Atomspezialisten, die Angebote aus dem Ausland erhalten haben – und ins Ausland gegangen sind?«

»Es gab und gibt solche Angebote aus dem Ausland. Sie werden meist im kleinen, vertraulichen Kreis gemacht. Alle Beteiligten sind daran interessiert, nichts nach außen dringen zu lassen. Aber ich kenne Leute, die Angebote angenommen haben und gefahren sind.«

»In welche Länder?«

»Also, wenn Sie es genau wissen wollen – unter anderem in den Irak, in den Iran und nach Pakistan.«

Woher er dies denn so genau wisse und womit er das denn beweisen könne, bohren wir nach.

Er lacht kurz auf. »Ich muß es doch wissen. Es sind schließlich einige meiner Schüler, die gefahren sind.« Und nach einer Pause fügt er hinzu: »Es ist noch nicht unsere erste Garnitur, die zur Zeit fährt. Die hält man mit allen Mitteln hier. Das wäre wohl auch zu spektakulär. Aber die, die jetzt fahren, rangieren gleich darunter. Und sie sind in der Lage, der Atomindustrie in diesen Ländern zu einem großen Sprung nach vorn zu verhelfen.«

»Auch auf militärischem Gebiet?«

»Natürlich, auf welchem denn sonst?«

Nachdem wir die Kamera abgeschaltet haben, stelle ich Professor Mironow noch eine ganz persönliche Frage. Er gelte ja als einer der Väter der russischen Atomindustrie, habe an den ersten Prototypen der russischen Reaktoren mitgearbeitet. Ob ihm denn als Mensch und als Wissenschaftler nach der Katastrophe von Tschernobyl nicht doch Zweifel an der Atomenergie gekommen seien? Hat er vielleicht darüber nachgedacht, daß die Gefahren und Risiken in keinem Verhältnis zum Nutzen stehen?

»Nein«, sagt er, »nicht eine Sekunde lang! Das schlimmste an Tschernobyl war, daß es bekanntgeworden ist. Dabei hat es bei uns viel schlimmere Katastrophen gegeben. In Tscheljabinsk, auf der Halbinsel Nowaja Zemlja. Doch davon ist nichts in die Öffentlichkeit gedrungen, und das ist gut so. Wenn niemand etwas von Tschernobyl erfahren hätte, hätte sich auch niemand aufgeregt. Tschernobyl konnte nur passieren, weil so ein paar Trottel am Reaktor herumgespielt haben. Aber das ist doch kein Grund, Gewissensbisse zu haben.«

Beim Abschied lassen wir dem Professor ein Fläschchen Kölnisch Wasser da. Für seine Frau.

Am nächsten Tag fahren wir noch einmal in die Atomstadt Krasnojarsk 26. Wir wollen uns genauer anschauen, wie die Menschen hier wohnen, mit ihnen reden, vor allem darüber, welch ein Gefühl es ist, in einer geschlossenen Stadt zu leben, und ob man sich dabei nicht vorkomme wie ein Gefangener. Die flapsige Antwort, die uns der Bürgermeister am Vortag auf diese Frage gegeben hat, genügt uns nicht. »Nach zwei Jahren«, so hatte er gemeint, »hast du dich daran gewöhnt.«

Am Kontrollpunkt nimmt uns diesmal der »Assistent« des Chefingenieurs in Empfang. Er überreicht uns bei dieser Gelegenheit seine Visitenkarte. »Anatolij Michailowitsch Petrow, Beauftragter des Bergbau-Chemischen Kombinats für das Verhältnis zur Öffentlichkeit«.

»Den Leuten vom KGB«, murmelt Tanja unüberhörbar, »fällt auch wirklich nichts Neues ein.«

Anatolij Petrow läßt uns keine Sekunde aus den Augen. Er behindert aber auch an keiner Stelle unsere Aufnahmen.

Das Zentrum der Stadt ist ein großer rechteckiger Platz, in dessen Mitte ein riesiges Lenindenkmal steht. Der Vater der Revolution in der bekannten Pose: auf dem Kopf eine Schirmmütze, den rechten Arm weit vorgestreckt, mit dem Zeigefinger über die Dächer irgendwo ins Leere weisend...

An der Stirnseite des Platzes erhebt sich der mächtige ockerfarbene Bau des Kulturhauses. Das Portal bilden sechs Säulen im pseudoklassizistischen Stil. Darüber ein in Stein gehauenes Relief, Frauen und Männer in heroischen Posen; sie halten ein Gewehr in der Hand, Sichel, Maurerkelle und Zirkel. Eine Frau hat ein Kind auf dem Arm und winkt einem Matrosen zu. Im Giebel über dem Relief die symbolische Darstellung eines Atomkerns. Zwei sich kreuzende Ellipsen mit einem Punkt in der Mitte.

Im größten Lebensmittelgeschäft des Ortes ist das Angebot bereits auf den ersten Blick weit besser als in Moskau. Neben den obligatorischen tiefgefrorenen Hühnchen auch Schweinefleisch, weißer Speck und zwei Sorten Würstchen: dicke und dünne. Kartoffeln werden angeboten, Kohl und sogar frischer Fisch. Dennoch ist die Stimmung im Laden gereizt. Man ist ungehalten, daß man drei Tage vergeblich auf Fleisch gewartet hat, daß es keine Milch gibt; die Butter auch schon wieder alle ist und die Kartoffeln zu einem Preis verkauft werden, den sich nur der »Genosse Jelzin« leisten könne. Daß es schon keine »Genossen« mehr gibt, weil die Partei verboten ist, spielt keine Rolle.

»Früher, ja früher«, sagt eine ältere Frau, »da haben sie dir hier das Fleisch sogar aufbewahrt, wenn dein Kühlschrank nicht ausreichte. Und jetzt mußt du froh sein, wenn du überhaupt einen Zipfel erwischst. Und das bei uns Atomtschiki...«

»Mal abgesehen von der augenblicklichen Versorgungssituation«, fragen wir, »was ist es denn überhaupt für ein Gefühl, in einer geschlossenen Stadt zu leben?«

»Ein ganz normales Gefühl«, antwortet die Frau. »Du merkst gar nicht, daß du in einer geschlossenen Stadt lebst. Im Gegenteil, mir gefällt es sogar. Sehen Sie sich doch mal diese sogenannten offenen Städte an, Krasnojarsk, Moskau, St. Petersburg und wie sie alle heißen – diese Verbrechen dort, dieser Dreck überall... Nein, früher gab es keinen besseren Ort als diesen hier.«

Ob sie denn früher kein schlechtes Gewissen gehabt hätten, daß sie hier – im Vergleich zu den anderen Sowjetbürgern – gelebt haben wie die Maden im Speck?

Die Frau schaut mich verständnislos an. »Das war doch richtig so, das haben wir verdient. Ohne unsere Arbeit wäre das Land keine Weltmacht gewesen, hätte keine Atomraketen gehabt, hätte den westlichen Imperialisten und den Chinesen schutzlos gegenübergestanden. Hier haben schließlich die besten Spezialisten der ganzen Sowjetunion gearbeitet. Sollte es ihnen vielleicht schlechter gehen? Gerecht war es. Wer besser arbeitet, muß auch besser leben.«

Einen alten, stoppelbärtigen Mann mit einer schwarzen Pelzmütze fragen wir, ob es nicht doch eine Belastung ist, in einer Stadt zu leben, die man praktisch nicht verlassen kann und wo einen niemand besuchen darf?

»Ach, ihr jungen Leute, was wißt ihr schon. Natürlich war es am Anfang verdammt schwer. Aber mit der Zeit gewöhnt man sich daran, und dann merkt man gar nicht mehr, was einem fehlt. So geht das nun mal im Leben. Es gibt Schlimmeres.«

Eine Frau in einem eleganten rotbraunen Fuchsmantel spricht uns an. Ob sie richtig vermute, daß ich aus dem Baltikum käme? Nein, sage ich, aus Deutschland. Oh, sagt sie, da wäre sie auch mal gewesen, mit ihrem Mann, einem Offizier.

Was sie denn ausgerechnet hierher in diese geschlossene Stadt verschlagen habe, fragen wir neugierig. Darüber, sagt sie, wolle sie lieber nicht reden – auf jeden Fall lebe man hier ja nicht schlecht. Wenn man sich anpasse und nicht zuviel nachdenke, komme man ganz gut über die Runden.

Nachdenken, fragen wir, worüber?

»Na, über das, was hier gemacht wird.«

Was sie denn darüber wisse?

»Das ist es ja eben, uns sagt ja keiner was.«

Daß sie hier Plutonium für Atomwaffen produzieren, sei klar. Aber was das für die Menschen, die hier leben und arbeiten, bedeute, darüber sage man ihnen nichts. Außer – daß alles ganz ungefährlich sei. Nicht einmal nach Tschernobyl habe man ihnen irgend etwas gesagt. Sie habe das Gefühl, sie würden bewußt für dumm verkauft. Dann fährt sie sich mit der Hand an den Mund:

»Mein Gott, früher wäre ich für das, was ich eben gesagt habe, ins Gefängnis gekommen. Aber jetzt – von mir aus können Sie es sogar in unserem Ortsfernsehen senden. Aber wie gefährlich es ist, hier zu leben, würde ich wirklich gern wissen...«

Ein junges Pärchen, das bislang schweigend dabeigestanden hatte, mischt sich nun ein. Der Junge trägt einen dicken roten Anorak und Jeans; das Mädchen ebenfalls Jeans und dazu einen modischen Norwegerpullover. Um den Hals einen gestrickten dunkelbraunen Schal, auf dem Kopf eine auffallend große Pelzmütze in gleicher Farbe. Er ist Koch, sie arbeitet im Büro. Sie verstünden nicht, warum es irgendein Problem sein sollte, in dieser Stadt zu leben. Sie wären beide hier geboren und hofften, daß sie nie von hier weggehen müßten.

»Alles ist sauber und friedlich. Du kannst abends in aller Ruhe spazierengehen. Keiner belästigt dich. Keiner klaut dir die Mütze«, sagt das Mädchen und lacht.

»Aber habt ihr denn keine Angst vor der Radioaktivität? Davor, daß so etwas wie in Tschernobyl auch hier passieren kann, so eine Katastrophe?«

Das Mädchen schaut ihren Freund an, dann lacht sie wieder. »Und wenn schon. Ich jedenfalls merke nichts von der Radioaktivität.«

»Ich auch nicht«, sagt der Junge. Legt seinen Arm um das Mädchen und küßt es.

Engumschlungen gehen sie weg. Wir schauen ihnen noch lange nach.

Boris Jelzin, der »Zar aus dem Ural«

Der Anruf kam aus dem Büro Boris Jelzins. Morgen, so einer seiner Pressereferenten, werde der Präsident aus Anlaß des ersten Jahrestages seiner Wahl den Moskauer Stadtbezirk Ramenkij besuchen. Nein, Näheres über die Fahrtroute und die Institutionen, die er dort besuche, könne er uns nicht mitteilen, aber wir würden das sicher herausfinden.

Ramenkij ist ein sogenannter Mikrorayon, ein Neubauviertel, im Südwesten Moskaus, in dem etwa 100000 Menschen leben. Einige der Wohnblocks dienten während der Olympischen Spiele 1980 als Unterkunft für die Athleten.

Die Route zu finden, die Jelzin fahren wird, ist ein Kinderspiel. Man braucht nur dem Tankwagen hinterherzufahren, der mit scharfem Wasserstrahl die Straße säubert. Und auch der Punkt, an dem die Kolonne des Präsidenten halten soll, ist leicht auszumachen – das einzige Lebensmittelgeschäft des Rayons, ein riesiger »Supersam«, wie die Selbstbedienungsgeschäfte auf russisch heißen.

Vor dem Supersam schrubbt eine weibliche Putzkolonne den Bürgersteig. Mit einem feuchten Lappen versucht eine alte Frau die gläsernen Eingangstüren zu polieren, und vor dem Lieferanteneingang stauen sich die Lkws, aus denen Brot, Fleisch und Gemüse abgeladen werden. In einer Stunde soll der Präsident kommen.

Im Inneren des Supersam herrscht ebenfalls rege Betriebsamkeit. Ältere Frauen kehren mit Reisigbesen den verschmutzten Steinfußboden, Verkäuferinnen in weißen Häubchen räumen Ware in die Regale, und vor den gläsernen Vitrinen, in die Fleisch und Würstchen gepackt werden, bilden sich lange Käuferschlangen.

Es ist ein arbeitsfreier Tag, allerdings kein »Feiertag« das hatte die orthodoxe Mehrheit des Obersten Sowjets gerade noch verhindert. Die Stimmung ist gelassen, man merkt, die Menschen sind nicht so gehetzt wie an anderen Tagen. Das Wunder der plötzlichen Fleisch- und Wurstvermehrung wird teils amüsiert, teils sarkastisch, aber auch bitterböse kommentiert.

»Alles wie immer: Wenn Bonzen kommen, gibt's was zu fressen.«

Draußen neben dem Eingang zum Supersam haben ein paar junge Leute einen Stand aufgebaut, an dem sie Kiwis – »weiß Gott, woher sie die haben« – und Orangensaft in kleinen viereckigen Papptüten verkaufen. Doch trotz der brütenden Junihitze finden sich kaum Käufer. Für den Preis der 0,33-Liter-Tüte Orangensaft bekommt man in einer staatlichen Kantine drei Mittagessen.

Etwas abseits vom Supersam sitzen hinter frisch gezimmerten Marktständen alte Frauen und Männer. Darunter auch, erkennbar an den Orden, die sie angelegt haben, einige Veteranen des Zweiten Weltkriegs. Sie bieten Blumen an, vor allem Rosen, frischen Salat, Äpfel und Kirschen. Alles, wie sie sagen, aus eigener Ernte. Am Kiosk daneben steht eine lange Schlange von Männern jeden Alters. Es gibt Flaschenbier, zwei Sorten. Moskauer und »Gösser« aus Österreich. Die meisten Männer kaufen das einheimische Bier. Es kostet die Hälfte.

Das Präsidentenbüro hat offenbar nicht nur uns Bescheid gesagt. Inzwischen haben sich – es sind noch dreißig Minuten bis zum erwarteten Eintreffen Boris Jelzins – rund 80 Kameraleute und Fotografen eingefunden. Viele russische, aber auch japanische, die großen amerikanischen Networks ABC, CBS, NBC, CNN, Franzosen, Engländer, Italiener, Skandinavier, die Freunde vom ZDF.

Doch der Präsident läßt auf sich warten. Bewegung kommt in die Szenerie, als eine Kolonne schwarzer Wolga-Limousinen vorfährt. Es sind aber nur die Jungens von der Sicherheit mit ihren ausgebeulten Jackentaschen, die sich diskret, aber nicht unauffällig unter die Menge mischen.

Im Gegensatz zu früher gibt es keinerlei Absperrungen, keinerlei Kontrollen. Der Betrieb im Supersam und auf dem Platz davor läuft völlig normal weiter. Lediglich ein paar Milizionäre mit krächzenden Walkie-talkies und die Jungens mit den ausgebeulten Jackentaschen deuten auf Ungewöhnliches hin. Die Wasserlachen auf dem frischgeschrubbten Bürgersteig sind längst wieder getrocknet, er ist genauso staubig wie zuvor.

Die Menge der Schaulustigen ist nicht größer als die der Fotografen. Eine ältere Frau in geblümtem Sommerkleid und mit weißem Kopftuch fragt einen jungen Mann mit einer »Esso«-Schirmmütze, ob es richtig sei, daß man hier auf den Präsidenten warte.

»Wir warten nicht auf ihn, wir wollen ihn nur sehen.«

Doch weder die Fotografen noch irgend jemand hier bekommt Jelzin an diesem Morgen zu sehen. Nach zwei Stunden vergeblichen Wartens packen wir, wie alle anderen Kamerateams, unsere Geräte ein.

»Verdammte Pressepolitik der Russen«, murmelt ein amerikanischer Kollege und knallt die Tür seines Landrovers zu.

Am Abend erfahren wir aus dem russischen Fernsehen, daß Boris Jelzin kurzfristig seine Fahrtroute geändert hat. Er hatte über Funk mitbekommen, daß in dem Supersam, zu dem er wollte, besondere Vorbereitungen für seinen Besuch getroffen worden seien.

»Solange ich Präsident bin«, erklärt er grimmig in das Mikrofon eines russischen Kamerateams, das ihn unmittelbar begleitet, »werde ich nie wieder einen Ort besuchen, an dem man für mich etwas inszeniert. Die Zeit der Potemkinschen Dörfer in Rußland ist vorbei.«

Statt des geputzten und mit Waren vollgepumpten Supersam besucht Boris Jelzin ein Lebensmittelgeschäft in einem ganz anderen Moskauer Wohnbezirk, wo niemand mit ihm rechnete. Das Warenangebot ist dürftig wie immer, die Diskussion mit den Menschen, die ihm, ungehindert von Sicherheitskräften, buchstäblich auf den Leib rücken, heftig, offen, ungeschminkt.

»Boris Nikolajewitsch, warum werden wir kleinen Leute immer beschissen? Gut leben können doch bei uns nur die Spekulanten. Ich weiß schon am 15. nicht mehr, wie ich meine Kinder bis zum Monatsende ernähren soll. Ist denn das ein Leben? Warum tun Sie nichts dagegen?«

Mit sonorer, fester Stimme versucht Jelzin, die aufgebrachte

Menge zu beruhigen. Er wisse, daß es eine schwierige Situation sei, aber das sei nun mal das Erbe der jahrzehntelangen Mißwirtschaft. Da müsse man durch. Er werde sich von seiner Reformpolitik nicht abbringen lassen, und er verspreche, daß bis Jahresende das Schlimmste überwunden sei. Dann würden die Preise sogar wieder fallen.

»Alles Gerede, alles Gerede!« ertönt es irgendwo hinter Jelzin. Aber an anderer Stelle: »Boris Nikolajewitsch, Sie sind unsere Hoffnung.«

Auf der Weiterfahrt zu einem Neubauviertel, in dem ebenfalls niemand etwas von seinem Besuch ahnt, läßt er die Wagenkolonne plötzlich stoppen. Er hat am Straßenrand zwei etwa 16jährige Jungen mit nacktem Oberkörper und in abgewetzten Jeans gesehen, die den vorüberfahrenden Autos Pepsi-Cola-Flaschen entgegenstrecken. Zu ihren Füßen stehen einige aufgerissene Pappkartons.

Boris Jelzin, in weißem Oberhemd mit kurzen Ärmeln, ohne Schlips, geht auf die Jungen zu, begrüßt sie mit einem burschikosen: »Tag, Kinder!«

Die Jungen sind etwas verlegen, doch dann merken sie schnell, daß sie nichts zu befürchten haben. Wie denn das Geschäft gehe, will der Präsident wissen.

»Na ja, es geht.«

Was denn eine Flasche Pepsi bei ihnen koste? Die Jungen drucksen etwas herum.

»35 Rubel.« Der Tagesverdienst einer Verkäuferin.

Boris Jelzin pfeift durch die Zähne. »Ein bißchen teuer, wie?«

Der größere der beiden reckt die Brust: »Das sind nun mal die Preise.«

»Ich weiß, ich weiß«, brummt der Präsident und schüttelt dabei den Kopf. Dann legt er einem der Jungen die Hand auf die Schulter.

»Eigentlich seid ihr ja Trottel. Warum macht ihr euch das Leben so schwer. Besorgt euch doch einen Tisch und zwei Stühle, dann könnt ihr bequem sitzen und braucht nicht den ganzen Tag zu stehen. Und gegen die Sonne könnt ihr doch eine Zeltplane aufstellen. Ihr sollt mal sehen, wie euer Geschäft dann geht.«

»Ja, ja«, meinen die Jungen, »aber dafür müssen wir erst mal etwas verdienen.«

Der Präsident verabschiedet sich von beiden mit Handschlag, wünscht ihnen viel Glück auf ihrem Weg ins »Geschäftsleben«. Die Jungen schauen einander an und lachen.

An der Wiege gesungen hat es Boris Jelzin niemand, daß er einst der erste frei gewählte Präsident in der mehr als tausendjährigen Geschichte Rußlands werden würde. Das Dorf Butka, in dem er am 1. Februar 1931 geboren wurde, liegt 250 Kilometer östlich von Swerdlowsk im Ural. Es ist auf keiner Landkarte verzeichnet.

Alle seine Vorfahren waren Kleinbauern, auch seine Eltern. Armut war, wie bei fast allen russischen Bauern, das bestimmende Merkmal der Familientradition.

Anders als im Fall Michail Gorbatschow, der im selben Jahr wie Boris Jelzin geboren wurde, war Jelzins Vater kein überzeugter Kommunist, sondern Christ.

Gern erzählt Jelzin die Geschichte seiner Taufe, bei der er fast ertrunken wäre. Der besoffene Pope hatte ihn im Weihwasserbecken vergessen.

»Meine Eltern standen in einiger Entfernung von diesem Taufbecken und begriffen zunächst nicht, was los war. Dann stürzte meine Mutter herbei und fischte mich heraus. Ich kam wieder zu mir...«

Der Pope, so schildert Jelzin weiter, verlor übrigens keineswegs die Ruhe. »Wenn er das ausgehalten hat«, so erklärte er der zu Tode erschrockenen Mutter Jelzins, »dann muß er ja äußerst kräftig sein.« Er sollte recht behalten.

Seine Kindheit beschreibt Jelzin als sehr hart.

»Es gab nichts zu essen, denn wir hatten furchtbare Mißernten. Alle wurden in die Kolchose getrieben, die Kollektivierung war in vollem Gange. Außerdem zogen Banden umher, es gab Schießereien, Mord und Diebstahl.«

Der einzige Besitz der Familie Jelzin waren ein kleines Haus und eine Kuh. Zwar gab es noch ein Pferd, »aber das brach bald zusammen«.

Während Gorbatschows Familie freiwillig und offenbar mit

Freuden in den Kolchos ging – Gorbatschows Großvater gehörte zu den Kolchosgründern im Dorf –, mußte Jelzins Familie dazu gezwungen werden. Andernfalls hätte Verschleppung nach Sibirien gedroht.

Doch schon nach zwei Jahren verließ Jelzins Vater die Kolchose und ging als Bauarbeiter ins benachbarte Gebiet von Perm. »Sie warfen das, was sie noch besaßen, auf den Leiterwagen, spannten sich selbst davor, und auf ging's zum 32 Kilometer entfernten Bahnhof.« Auf der neuen Arbeitsstelle des Vaters lebte die Familie zehn Jahre lang in einem einzigen Raum. In einer unbeheizten Holzbaracke zusammen mit 20 anderen Familien. Ohne jeden Komfort, ohne Wasser, ohne Klo. Zu sechst schlief man auf dem Fußboden. Der Großvater, die Eltern, drei kleine Kinder. Und dazu die Ziege.

»Besonders schwer war es im Winter, wenn wir nicht wußten, wohin vor Kälte, denn wir hatten keine warme Kleidung. Die Ziege rettete uns: Wir schmiegten uns an sie, sie war warm wie ein Ofen.«

Das wichtigste Erziehungsmittel des Vaters war der Riemen. Beim geringsten Anlaß, aber oft auch völlig ohne Grund, verprügelte er den kleinen Boris. »Ich biß natürlich die Zähne zusammen und gab keinen Ton von mir, was ihn erboste.«

Als Jelzin sechs Jahre alt war, wurde der Vater nachts von der Geheimpolizei abgeholt. Es war das Jahr 1937, der Höhepunkt des Stalinschen Terrors. Aus welchen Gründen er verhaftet wurde und wie sein weiteres Schicksal war, ist unbekannt. Von diesem Tag an jedenfalls, an den sich Jelzin noch heute sehr genau erinnert, rührt sein »abgrundtiefer Haß« gegen Stalin.

Übereinstimmend wird berichtet, daß Boris Jelzin zwar ein guter Schüler, aber ein großer Rabauke war. Aufgrund seiner schulischen Leistungen und seiner wohl schon damals ausgeprägten »Führernatur« wurde er immer wieder zum Klassensprecher gewählt. Wegen mangelhaften Betragens drohte ihm jedoch wiederholt ein Schulverweis. Besonders nachdrücklich ist ihm der Deutschunterricht in Erinnerung geblieben.

»Damals wurden wir ziemlich gegen die Deutschen aufgehetzt.«

Die ungestümen Jugendjahre hinterließen bis heute sichtbare körperliche Spuren. Mit zwei Kumpels klaute er aus einem Munitionsdepot der Roten Armee, das in einer Kirche untergebracht war, eine Handgranate. Beim Versuch, die Handgranate mit Hammer und Meißel auseinanderzunehmen, verlor er zwei Finger der linken Hand. Und bei einer Massenschlägerei unter den Dorfburschen wurde ihm mit einer Wagendeichsel das Nasenbein gebrochen.

Nach erfolgreich bestandenem Abitur schrieb er sich an der Fakultät für Bauwesen der Polytechnischen Hochschule des Ural in Swerdlowsk ein. Doch mehr als das Studium interessierte ihn das Volleyballspiel. Für Mädchen zeigte er, wie die Studienfreunde berichten, kaum Interesse. Für Politik interessierte er sich überhaupt nicht. Mindestens sechs Stunden am Tag spielte er Volleyball. Zunächst im Team der Hochschule, später in der Stadtmannschaft von Swerdlowsk, die der höchsten sowjetischen Spielklasse angehörte und mit der er das ganze Land bereiste. Zugleich war er Trainer verschiedener Studentenmannschaften und leitete den Sportverein der Universität.

»Lernen konnte ich nur spätabends oder nachts. Schon damals gewöhnte ich mich daran, wenig zu schlafen, was ich bis heute – ich schlafe etwa dreieinhalb bis vier Stunden – beibehalten habe.«

In den Ferien ging er häufig mit Freunden angeln und soll dabei vor allem durch seine Fähigkeit Aufsehen erregt haben, einen Liter Wodka in 20 Minuten trinken zu können. Anglerlatein oder nicht – Angeln und Trinken gehören, wie auch anderswo, in Rußland eng zusammen.

Eine während der Studienzeit nicht ausgeheilte Angina ließ einen irreparablen Herzfehler zurück, das exzessive Volleyballspiel eine Schädigung der Wirbelsäule, die nur mit starken Schmerztabletten zu ertragen ist – Ursache für Vermutungen über eine mögliche Alkohol- und Tablettenabhängigkeit, die bis in die jüngste Zeit immer wieder neue Nahrung erhielten.

Über die intellektuellen Fähigkeiten des Studenten Jelzin gibt es nicht allzu schmeichelhafte Zeugnisse. Er sei weniger durch geschmeidige Konversation oder im intellektuellen Diskurs aufgefallen, heißt es, sondern durch Anweisungen im Kommandostil und durch aufgepeppte Abenteuerstorys, deren Held stets Jelzin war.

Im selben Jahr wie Michail Gorbatschow, 1955, beendete auch Boris Jelzin mit Erfolg sein Studium. Doch während Gorbatschow sofort als hauptamtlicher Komsomolfunktionär im heimatlichen Stawropol zu arbeiten begann, ging Boris Jelzin auf den Bau. Und zwar nicht, wie es ihm als graduiertem Ingenieur zugestanden hätte, als »Meister im Industriebau«, sondern als einfacher Maurer und Zimmerer.

»Ich hielt es für einen großen Fehler, gleich einen Bau zu leiten, ohne erst einmal alles mit eigener Hand ausgeführt zu haben.«

Mit seiner zupackenden Art erwarb er sich schnell Anerkennung und Respekt, auch unter den kriminellen Sträflingen, die auf den Baustellen eingesetzt waren. Er avancierte vom Vorarbeiter und Meister zum Chefingenieur und erwarb sich den Ruf eines konfliktfreudigen, rauhen Burschen. Mit bei ihm ungewohnter Untertreibung stellt er fest: »Meinen Arbeitsstil bezeichnete man im allgemeinen als hart.«

In die Partei trat er 1961 ein und, anders als Gorbatschow, wohl weniger aus glühender Überzeugung als aus Karrieredenken. Eine Weigerung, sich der Partei anzuschließen, hätte die weiteren Berufsaussichten des jungen, aufstrebenden »Industriekaders« ernsthaft getrübt.

Zwar behauptet Jelzin von sich: »Ich glaubte aufrichtig an das Ideal der Gerechtigkeit, für das die Partei eintrat«, doch gibt er gleichzeitig zu, den ersten Posten als höherer Funktionär der Partei, den man ihm anbot, »ohne besondere Freude« angenommen zu haben.

14 Jahre arbeitete er in der Produktion, zuletzt als Direktor des größten Wohnungsbaukombinats von Swerdlowsk. 1969 wurde er Leiter der Abteilung Bauwesen im Gebietskomitee der Partei. Und als der Erste Sekretär des Gebietskomitees, Jurij Rjabow, sieben Jahre später als Sekretär des Zentralkomitees nach Moskau berufen wurde, machte Leonid Breschnew, der inzwischen auf den energischen jungen Mann aus dem Ural aufmerksam geworden war, Boris Jelzin zum Parteichef von

Swerdlowsk; einem Gebiet, fast so groß wie die alte Bundesrepublik. 1000 Kilometer von Nord nach Süd, 500 Kilometer von Ost nach West.

Mit erfrischender Offenheit hat Jelzin die Machtfülle der regionalen Parteichefs zu Zeiten der Sowjetunion beschrieben:

»Damals war der Erste Sekretär des Gebietskomitees natürlich ein Gott, ein Zar, ein Herr des Gebiets. Die Meinung des Ersten Sekretärs zu jeder beliebigen Frage war praktisch eine endgültige Entscheidung.«

Neun Jahre blieb Jelzin im Amt des Ersten Sekretärs von Swerdlowsk – unter allen Provinzfürsten der Partei ein besonders herausgehobener Posten. Denn Swerdlowsk war die drittwichtigste Industrieregion der Sowjetunion und ein Schwerpunkt der Rüstungsindustrie. Was der in Swerdlowsk konzentrierte militärisch-industrielle Komplex wollte, bekam er.

Bei der Bevölkerung von Swerdlowsk war Jelzin populär. Er galt als unbestechlich und volksnah, kurbelte den Wohnungsbau an, verbesserte die Lebensmittelversorgung und verschaffte der Region diverse andere Privilegien. Er ging auf Baustellen und in Betriebe, diskutierte mit Arbeitern, beantwortete im regionalen Fernsehen öffentlich kritische Zuschauerbriefe und pflegte privat einen unauffälligen Lebensstil. Über seine Parteikarriere befragt, sagte er 1990 in einem Interview:

»Ich bin weder ein Beamter noch ein Apparatschik. Ich begann als Arbeiter und habe mich Schritt für Schritt hochgearbeitet. Ich bin primär ein Mann aus dem Produktionssektor. Ich verstehe das Volk und den einfachen Mann. Ich weiß, wie man mit den Leuten zusammenarbeitet. Diese Fähigkeit habe ich mir damals angeeignet – nicht während der Zeit, in der ich für die Partei arbeitete.«

Der dunkelste Punkt seiner Tätigkeit als Parteichef von Swerdlowsk ist der Abriß des berühmten Ipatjew-Hauses, in dem 1918 Zar Nikolaus II. und seine Familie ermordet wurden. Damals hieß Swerdlowsk – wie heute wieder – Jekaterinburg. Der Abriß des Hauses war von Moskau angeordnet worden, weil es zunehmend zur Pilgerstätte für Menschen aus dem ganzen Land wurde, die sich nach den Zarenzeiten zurücksehnten und zumindest auf diese Weise ihren stillen Protest gegen das Sowjetregime dokumentieren wollten.

Jelzin dazu rückblickend: »Sie verlangten von mir, die gesamte Verantwortung für den Abriß auf mich zu nehmen. Ich war damals der jüngste Gebietssekretär der Partei. Zwar hatte ich Zähne, aber sie waren damals noch nicht geschärft. Doch schon damals fühlte ich, daß wir uns eines Tages dieser Barbarei schämen würden.«

Als Parteichef von Swerdlowsk machte Boris Jelzin auch Bekanntschaft mit Michail Gorbatschow, der zur gleichen Zeit Parteichef im südrussischen Stawropol war. Es war zunächst eine Telefonbekanntschaft. Gorbatschow brauchte Metall und Holz aus dem Ural, Jelzin Lebensmittel aus der Landwirtschaftsregion Stawropol. Man half sich gegenseitig.

Kurz nach seinem Amtsantritt als Generalsekretär der KPdSU im Frühjahr 1985 holte Gorbatschow den dynamischen Kollegen aus Swerdlowsk nach Moskau. Jelzin hatte sich zunächst gesträubt. Als regionaler Parteichef war er, wie er es selbst formulierte hatte, »Zar«. Im Moskauer Apparat nur einer von vielen. Und es klingt durchaus glaubhaft, wenn Jelzin versichert:

»Außerdem hatte ich nie den Wunsch, in Moskau zu arbeiten. Ich hatte wiederholt Ämter abgelehnt, die mir angeboten wurden, darunter auch das eines Ministers. Ich liebte Swerdlowsk, und ich liebe es bis heute, hielt es nicht für Provinz und hatte auch keine Minderwertigkeitsgefühle dabei.«

Doch Gorbatschow nahm ihn in die Pflicht. Das Politbüro habe entschieden, und als Kommunist habe er sich dieser Entscheidung zu beugen. Weigere er sich, sei es ein Verstoß gegen die Parteidisziplin.

Als Leiter der Abteilung Bauwesen im ZK der KPdSU zog Jelzin im April 1985 in die Parteizentrale am Moskauer Alten Platz, der »Zitadelle der Macht in unserem Land«, ein. Nur wenige Monate später avancierte er zum ZK-Sekretär und gehörte damit zum innersten Führungszirkel der Partei.

Im Dezember 1985 hatte Gorbatschow bereits wieder einen neuen Posten für Jelzin. Er drängte ihn, das Amt des Moskauer Parteichefs zu übernehmen, des Chefs der wichtigsten regionalen Parteiorganisation des Landes. Wieder sträubte sich Jelzin, wieder nahm ihn Gorbatschow in die Pflicht.

»Das Gespräch im Politbüro verlief nicht sehr erfreulich, ich würde sogar sagen, unerfreulich. Wieder wurde mir gesagt, es gebe eine Parteidisziplin ..., wieder gab ich nach. Ich sah ein, daß man die Moskauer Parteiorganisation nicht in diesem Zustand lassen dürfe, und stimmte zu.«

In der Tat befand sich die Moskauer Parteiorganisation zu diesem Zeitpunkt in völlig desolatem Zustand. Vergreist, korrupt, unfähig. Unter dem alten Parteichef Grischin war sie zu einem einzigen »Selbstbedienungsladen« der Funktionärskaste verkommen.

Jelzin kehrte mit eisernem Besen. Er inspizierte unangemeldet Fabriken und Geschäfte, fuhr mit der U-Bahn, stellte sich in die Schlangen vor den Läden und an den Bushaltestellen. Auf einer Parteikonferenz prangerte er die Zustände in der Stadt an. »Die Moskauer«, so Jelzin, »klagen nicht mehr. Sie sind empört.« Mehr als ein Drittel der städtischen Busse seien nicht einsatzfähig, 65 000 Kinder warteten auf einen Kindergartenplatz, 16 Prozent der Bevölkerung lebten noch immer in Kommunalwohnungen, wo sich oft fünf und mehr Familien eine Küche und ein Klo teilten. In den Schlachthöfen würde verendetes Vieh verarbeitet, der Einzelhandel sei durchsetzt von »Beutelschneiderei, Diebstahl und Schmiergeldern«. Miliz und Verwaltung seien korrupt, die Mafia beherrsche weite Teile der Wirtschaft. Was überall fehle, so Boris Jelzin, sei Kritik. Die aber sei so wichtig wie die Luft zum Atmen.

In nur wenigen Monaten feuerte Jelzin 23 der insgesamt 33 Ersten Sekretäre der Stadtbezirke. Er mobilisierte die Presse, sorgte persönlich dafür, daß korrupte Geschäftsführer und Verkäuferinnen vor Gericht gestellt wurden. Öffentlich prangerte er die Privilegien der Nomenklatura an und nahm dabei kein Blatt vor den Mund.

»Der Kommunismus wird von der 9. Verwaltung des KGB verwirklicht... Es ist eine allmächtige Verwaltung. Sie hat ein wachsames Auge auf das Leben des Parteiführers und erfüllt ihm jede Laune. Eine Datscha hinter dem graugrünen Zaun an der

Moskwa, mit großem Grundstück, Garten, Sport- und Spielplätzen, mit Alarmanlage und Wachtposten unter jedem Fenster. Selbst mir als Politbürokandidaten, der noch nicht die nächste Rangstufe erklommen hatte, standen drei Köche, drei Serviererinnen, ein Zimmermädchen und ein Gärtner zu... Die medizinischen Sondereinrichtungen sind auf dem modernsten Stand, die gesamte Ausrüstung ist importiert. Die Krankenzimmer sind riesige Appartements, und wieder Luxus, wohin man schaut: Tafelgeschirr, Kristall, Teppiche, Lüster... Die ›Kreml-Ration‹ für die Nomenklatura, bestehend aus den erlesensten Delikatessen, kostet nur die Hälfte ihres Wertes. Insgesamt beziehen in Moskau 40000 Menschen Sonderrationen verschiedener Kategorien. Einige Abteilungen des GUM sind der Spitzenelite vorbehalten, den etwas niedrigeren Chefs stehen andere Sonderläden je nach Rangstufe zur Verfügung. Alles ist hier ›Sonder...‹: Sonderwerkstätten, Sonderaufenthaltsräume, Sonderpolikliniken, Sonderkrankenhäuser, Sonderdatschen, Sonderhäuser, Sonderservice...«

Doch Jelzins Forderungen nach Abschaffung der Privilegien trafen auf den erbitterten Widerstand des Apparats. Das Wort vom »Populisten« wurde in Umlauf gesetzt, die alten Clans und Seilschaften schlossen sich noch enger zusammen. In Swerdlowsk hatte er seine Mannschaft gehabt, in Moskau war er ein Außenseiter, ein Einzelkämpfer. Populär bei der Bevölkerung, doch verhaßt bei der Nomenklatura.

In Briefen, die er erhielt, hieß es: »Chruschtschow wollte uns alle in Bauernkleidung stecken. Aber er scheiterte, genau wie Sie scheitern werden. Wir haben immer gestohlen, und wir werden auch weiterhin stehlen.«

Und ganz unverhohlen wurde er aufgefordert: »Gehen Sie zurück nach Swerdlowsk, solange noch Zeit ist.«

Das Politbüro mit Gorbatschow an der Spitze ging auf Distanz zu Jelzin, ließ ihn eine, wie er schreibt, »aggressive Gespanntheit nicht nur mir gegenüber, sondern auch gegenüber den Fragen, die ich aufwarf«, spüren. Und diese Fragen wurden immer radikaler. Bald waren es nicht nur der Moskauer Parteiapparat und die Privilegien der Funktionäre, gegen die Jelzin wetterte, sondern Gorbatschow selbst und die Halbherzigkeit seiner Perestrojka. Er hoffte noch immer, so Jelzin, daß Gorbatschow die »Absurdität« seiner »Politik der halben Maßnahmen und des Auf-der-Stelle-Tretens« einsähe.

»Mir schien, daß sein Pragmatismus und seine Intuition ausreichen müßten, um zu begreifen, daß es an der Zeit war, dem Apparat den Kampf anzusagen. Es allen, den Bürokraten und dem Volk, recht zu machen, würde ihm nicht gelingen. Man kann nicht gleichzeitig zwei Herren dienen.«

Aber Gorbatschow wollte keine neuen Schritte wagen, zumindest keine so radikalen, wie Jelzin sie forderte. Am meisten scheute er davor zurück, den Parteiapparat und die Bürokratie anzutasten. Der Bruch mit Jelzin war unvermeidlich.

Am 11. November 1987 bot Jelzin – in einem Brief – Gorbatschow seinen Rücktritt als Parteichef von Moskau an. Ein in der 70jährigen Geschichte der kommunistischen Partei bislang nie dagewesener Vorgang.

»Ich kann nicht umhin«, schrieb Jelzin an Gorbatschow, »mich zu einigen grundlegenden Fragen zu äußern... Die Parteiorganisationen hinken alle den grandiosen Ereignissen nach. Hier gibt es praktisch, bis auf die globale Politik, keine Perestrojka... Man hat revolutionär gedacht und formuliert, doch an die Realisierung der Ideen geht man gerade in der Partei genau wie früher heran – kleinkrämerisch, engstirnig, bürokratisch und phrasendreschend... Ich bin unbequem, und ich weiß das. Ich verstehe, daß es nicht einfach ist, mit mir zusammen ein Problem zu lösen. Doch es ist besser, wenn ich dies jetzt sage... Ich bitte Sie, mich von meinem Amt als Erster Sekretär des Moskauer Stadtkomitees der KPdSU zu entbinden... Hochachtungsvoll B. Jelzin.«

In Anwesenheit Gorbatschows nahm das Moskauer Stadtparteikomitee das Rücktrittsangebot an. Mit Hinweis auf »politisch falsches« Auftreten Jelzins und »grobe Mängel in der Führung«.

Drei Monate später, im Februar 1988, verlor er auch seinen Status als Kandidat des Politbüros und wurde auf den unbedeutenden Posten des Ersten stellvertretenden Bauministers der UdSSR abgeschoben. Boris Jelzin, so schien es, war ein politisch toter Mann. Öffentlich nannte er sich einen »politisch Verbannten«.

Gerüchte machten die Runde, Jelzin trage sich mit Selbstmordgedanken, sei in tiefe Depression verfallen, trinke. Er selbst sprach von vielen schlaflosen Nächten, quälenden Kopfschmerzen, versagenden Nerven.

»Aber ich bin kein Mensch, der aufgibt.«

Besonders bewegte ihn die Frage, warum ihn Gorbatschow nicht »völlig erledigt«, nicht in Pension geschickt oder als Botschafter in ein fernes Land entsandt habe? Zumal ihm dieser in einem Telefongespräch erklärt hatte: »Denk dran, in die Politik lass' ich dich nicht wieder rein!«

Vermutlich, so Jelzin, wurde er von Gorbatschow noch gebraucht, in einem Spiel mit verteilten Rollen.

»Er sah wohl ein, daß dieser rauhe, stachelige Mann, der den verkrusteten Parteiapparat nicht in Ruhe ließ, notwendig war. Jelzin: der Kampfhahn mit den Flausen, Gorbatschow: der alles verstehende, weise Held...«

Nach einer kurzen Phase der Verunsicherung nahm Jelzin den politischen Kampf wieder auf. Da ihn die sowjetische Presse weitgehend ignorierte, meldete er sich vor allem über ausländische Sender und Zeitungen mit immer heftiger werdender Kritik zu Wort. Er warf der Partei und den Gefolgsleuten Gorbatschows mangelnde Reformbereitschaft vor. Er warf ihm vor, das Gefühl für die Realität verloren zu haben und der Illusion nachzuhängen, die Perestrojka entwickle sich wirklich in die Tiefe und erfasse rasch die Massen und alle Gebiete der Sowjetunion. Das jedoch treffe »im wirklichen Leben« nicht zu.

Dabei war Jelzins Haltung gegenüber dem Sozialismus durchaus zwiespältig. In ein und derselben Rede, auf der 19. Parteikonferenz im Juni 1988, hatte er zunächst gesagt: »Zu Fragen der sozialen Gerechtigkeit: Im großen und ganzen sind sie bei uns natürlich auf der Grundlage des Sozialismus gelöst.« Und dann das Gegenteil: »Wir sind stolz auf den Sozialismus und darauf, was getan worden ist. Aber wir dürfen uns damit nicht brüsten. Denn in den vergangenen siebzig Jahren haben wir die Hauptprobleme nicht gelöst.«

Trotz derartiger Widersprüche kamen Jelzins einfache Parolen bei der Masse der Bevölkerung gut an. Endlich jemand, so schien es allgemein, der offen gegen die Bonzen aus Partei und Staat zu Felde zog, gegen die Apparatschiks kämpfte, gegen die Nomenklatura, gegen die Privilegien der herrschenden Kaste. Dazu gab sich Jelzin als Mann des Volkes. Als richtiger russischer »Muschik«, was mit dem deutschen Wort »Bauer« nur unzulänglich zu übersetzen ist. Einfach, aber ehrlich, grob und zugleich herzlich. In seinen Formulierungen manchmal ungelenk, dann aber auch wieder wortgewaltig und treffsicher, mal demonstrativ zurückhaltend, mal pathetisch, mal verletzend, mal sentimental. Und auch einem gelegentlichen Griff zum »Wässerchen«, wie die Russen ihr alkoholisches Nationalgetränk liebevoll nennen, nicht abgeneigt.

Anläßlich der Wahlen für den neuen »Kongreß der Volksdeputierten« im März 1989 entschied sich Jelzin für eine Kandidatur im Moskauer Wahlkreis Nr. 1, dem politisch gewichtigsten des Landes. Mit allen Mitteln versuchten die orthodoxen Kräfte der kommunistischen Partei daraufhin, den Kandidaten Jelzin zu Fall zu bringen. In einer Fernsehdebatte wurde er mit schriftlich eingereichten, gehässigen und feindseligen Fragen angeblicher »Wähler« konfrontiert, die es nicht gab. Diese Fragen waren alle in Wirklichkeit frei erfunden. Mit Gerüchten und Verleumdungen versuchte man, Stimmung gegen ihn zu machen.

Doch Jelzin blieb unbeirrt auf seinem Kurs. Er forderte die Abschaffung der Privilegien für die Spitzenfunktionäre und ein gerechtes Lohnsystem. Und während Gorbatschow noch immer gegen ein Mehrparteiensystem wetterte und gegen die Privatisierung des Staatseigentums, rief Jelzin zum Bruch dieser beiden Tabus auf. In zwei Punkten jedoch blieb er noch auf Gorbatschows Linie. Er war gegen die Wiedereinführung des kapitalistischen Wirtschaftssystems und gegen die Unabhängigkeit der baltischen Staaten. Sein zentrales Thema des Wahlkampfs jedoch war die Forderung nach echter Demokratie: nach freien, geheimen und direkten Wahlen auf allen Ebenen.

Die Wahl endete mit einem Triumph. Jelzin erhielt 89 Prozent der Stimmen im Moskauer Wahlbezirk Nr. 1.

Zielstrebig arbeitete er nun an seiner weiteren politischen Karriere. Eine Reise in die USA im August 1989 brachte allerdings nicht den gewünschten Erfolg. Zwar traf er mit Präsident Bush und anderen Persönlichkeiten des politischen und wirtschaftlichen Lebens wie David Rockefeller und George F. Kennan zusammen, doch respektlose Reporter berichteten, daß er am häufigsten mit »Jack Daniels« zusammengesessen hätte, einem Mann, dessen Name die Flaschen einer edlen Whiskey-Sorte ziert.

Doch auch die Kapricen dieser Reise konnten seinen weiteren Aufstieg nicht bremsen. Die Erfolglosigkeit der Perestrojka-Politik Gorbatschows im eigenen Lande wurde immer deutlicher, die konkrete Lebenssituation der Sowjetbürger verschlechterte sich immer mehr, und die Ernährungslage wurde schwieriger als je zuvor seit Ende des Zweiten Weltkriegs. Jelzins Popularität stieg unaufhaltsam.

Bei den Wahlen zum Kongreß der Volksdeputierten der Russischen Republik im Frühjahr 1990 kandidierte er in Swerdlowsk und heimste 72 Prozent der Stimmen ein. Die kurz zuvor gegründete oppositionelle Gruppierung »Demokratisches Rußland«, die sich an sozialdemokratischem Ideengut orientierte, schlug ihn zum Parlamentspräsidenten vor – eine Funktion, die der eines Präsidenten der Russischen Republik gleichkam. Im dritten Wahlgang setzte er sich durch und wurde damit der mächtigste Mann der größten und volkreichsten aller Sowjetrepubliken – Rußlands.

Rußlands Territorium umfaßt 76 Prozent der gesamten Fläche der Sowjetunion, hier leben rund 150 Millionen der insgesamt 290 Millionen Sowjetbürger. Michail Gorbatschow, der als Präsident der Sowjetunion im Kreml residierte, hatte nun ein politisches Gegengewicht erhalten. Boris Jelzin schlug sein Hauptquartier im Gebäude des Obersten Sowjets Rußlands auf, im Weißen Haus am Ufer der Moskwa.

Der Grundkonflikt zwischen Gorbatschow und Jelzin bestand weiterhin nicht in den strategischen Zielen, sondern in der Frage von Tempo und Radikalität der Reformen. Auch in der Frage nach der zukünftigen staatlichen Gestalt der Sowjetunion gingen die Auffassungen Jelzins und Gorbatschows auseinander. Während Jelzin inzwischen eingesehen hatte, daß zumindest die baltischen Staaten nicht mehr im Verband der Sowjetunion zu halten waren und deshalb in die Unabhängigkeit entlassen werden müßten, beharrte Gorbatschow auf dem Erhalt der Sowjetunion, wenn auch in modifizierter Form: als »Föderation souveräner Staaten« nämlich. Für Jelzin kam allenfalls ein lockerer Staatenverbund in Frage, natürlich unter der – nie zugegebenen – Führerschaft Rußlands.

Öffentlich entzündete sich die Rivalität zwischen Jelzin und Gorbatschow vor allem an dessen Sondervollmachten als sowjetischer Präsident. In einer Rede am 19. Dezember 1990 warf Jelzin Gorbatschow vor, er konzentriere in seinen Händen eine in der Geschichte der Sowjetunion bisher einmalige Machtfülle: »Weder Stalin noch Breschnew besaßen ein derartiges Ausmaß an gesetzlich verbriefter Macht.«

Er warf Gorbatschow vor, die Sowjetunion mit Gewalt zusammenhalten zu wollen. Doch sei es unmöglich, »objektive Entwicklungen« auf diese Weise aufzuhalten.

Während das Ausland noch immer auf Gorbatschow setzte, gewann Jelzin in Rußland politisch zunehmend an Statur, konnte Gorbatschow gegen den Willen Jelzins praktisch kaum noch eine Entscheidung durchsetzen. Doch die Politiker und große Teile der öffentlichen Meinung im Westen behandelten Jelzin noch immer als Außenseiter, als tölpelhaften Störenfried, der das Werk des großen Reformers Gorbatschow nur behinderte. Bei einem Besuch des Europa-Parlaments in Straßburg im April 1991 mußte sich Jelzin von einem französischen Hinterbänkler, einem Sozialisten, einen »Demagogen« nennen lassen. Und im Elysée-Palast weigerte sich Präsident Mitterrand, ihn zu empfangen. »Wir wollen keine Zweideutigkeiten. Die Sowjetunion hat einen Präsidenten, und das ist Herr Gorbatschow.«

Am 12. Juni 1991 wurde zum erstenmal in der Geschichte Rußlands ein Präsident gewählt: in freier und geheimer Wahl, direkt vom Volk. Schon Wochen zuvor bestand über die Stimmung im Land kein Zweifel. »Boris Nikolajewitsch, du bist uns vom Schicksal gesandt«, stand auf vielen Transparenten, und der

Ruf »Jelzin! Jelzin!« übertönte die Namen aller anderen Kandidaten. Auch Gorbatschow, noch Präsident der Sowjetunion, war sicher, wer gewinnen würde: »Ich bin bereit«, erklärte er vorsorglich am Abend vor der Wahl, »mit jedem zusammenzuarbeiten, der von den Russen gewählt wird.«

Und 57,4 Prozent der Russen wählten Jelzin. In Swerdlowsk waren es sogar 90 Prozent und in Moskau 72 Prozent. Gorbatschows Kandidat, der sowjetische Innenminister Vadim Bakatin, brachte es auf magere 3,5 Prozent.

Die Einführungszeremonie ins Präsidentenamt fand im Kreml statt. Anwesend war nicht nur Michail Gorbatschow, sondern auch der Patriarch der russisch-orthodoxen Kirche, Alexij II.

Von nun an folgte die, wenn immer noch vorsichtige, internationale Anerkennung Jelzins. George Bush empfing ihn im Weißen Haus, amerikanische Senatoren standen Schlange, um ihm die Hand zu schütteln.

Doch Jelzins Stunde, die ihn für viele Russen in Anlehnung an den Dichter Michail Lermontow zum »Helden unserer Zeit« machen sollte, schlug im August 1991. Schon mehr als ein halbes Jahr zuvor hatte Außenminister Schewardnadse vor einem Putsch gewarnt. In den darauffolgenden Monaten hatten diese Warnungen immer neue Nahrung erhalten, hatten sich die konservativen Kräfte immer stärker formiert.

Boris Jelzin erfährt am 19. August um 6 Uhr morgens vom Beginn des Putsches, und zwar in seiner Datscha, unweit von Moskau. Obwohl ihm klar ist, daß er sich in Lebensgefahr begibt, macht er sich mit seiner Leibgarde auf – mitten durch die Kolonnen der anrollenden Panzer hindurch – zum Gebäude des russischen Parlaments. Bereits um 7 Uhr sitzt er an seinem Schreibtisch, im Weißen Haus an der Moskwa, und organisiert den Widerstand.

In der Stunde existentieller Gefahr erweist er sich als umsichtig, mutig, nervenstark und phantasievoll.

Von einem der Panzer, die zur Erstürmung des Weißen Hauses aufgefahren sind, wendet er sich an die Bürger Rußlands und an die Weltöffentlichkeit:

»Es geht um einen rechten, reaktionären, antikonstitutionellen Staatsstreich. Trotz aller Schwierigkeiten und der schweren Heimsuchungen, die das Volk erlebt, nimmt der demokratische Prozeß im Lande immer weiter seinen Aufschwung und gewinnt unumkehrbaren Charakter. Die Völker Rußlands werden die Herren ihres eigenen Schicksals... Wir rufen die Bürger Rußlands dazu auf, den Putschisten würdig zu antworten und das Land auf den normalen Weg der verfassungsgemäßen Entwicklung zurückzuführen... Wir sind absolut sicher, daß unsere Landsleute nicht zulassen werden, daß gewisse Putschisten eine Herrschaft der Willkür und Gewalt errichten.«

Nach drei Tagen bricht der Putsch zusammen. Jelzin, der »Muschik« aus dem Ural, erscheint als Retter des neuen Rußland. Ohne ihn als Kristallisationspunkt und Führer des Widerstands wäre der Putsch vielleicht erfolgreich, Rußlands demokratisches Experiment am Ende gewesen, bevor es überhaupt richtig begonnen hatte.

Doch die Euphorie, die viele nach diesem Sieg der Reformer über die Reaktion empfanden, verflog schnell. Der immer beschwerlicher werdende Alltag holte die Menschen wieder ein, und Jelzin, statt als Sieger Souveränität zu zeigen, gab Gorbatschow bei einem gemeinsamen öffentlichen Auftritt in geradezu erniedrigender Weise der Lächerlichkeit preis.

Der gescheiterte Putsch ließ das ohnehin morsche Gebäude des Sowjetsystems nun endgültig zusammenstürzen. Den letzten formalen Schritt leitete dabei wieder Boris Jelzin ein. Auf seine Initiative trafen sich am 7. Dezember 1991 in einem Jagdgebiet nahe Minsk der Präsident Rußlands, der gerade gewählte Präsident der Ukraine, Leonid Krawtschuk, und der Vorsitzende des Obersten Sowjets von Weißrußland, Stanislaw Schuschkewitsch. Unter Berufung auf das Gründungsdokument der Sowjetunion aus dem Jahre 1922 beschlossen sie, den »Staat höheren Typs« zu liquidieren. In einer lapidaren Erklärung ihrer Außenminister ließen sie der Öffentlichkeit verkünden: »Die Union der Sozialistischen Sowjetrepubliken hört als völkerrechtliches Subjekt und als geopolitische Realität zu existieren auf.« An ihre Stelle trete die »Gemeinschaft unabhängiger Staaten«, GUS.

Michail Gorbatschow erklärte die Minsker Vereinbarung für verfassungswidrig, doch die Entwicklung war bereits über ihn hinweggegangen. Politisch entmachtet, ein »König ohne Land«, mußte er hilflos zusehen, wie Boris Jelzin nun weiter Schlag auf Schlag führte. Er verbot die kommunistische Partei und erklärte Rußland zum Rechtsnachfolger der Sowjetunion. Der Kreml ging in den Besitz Rußlands über, ebenso die Zentrale des Geheimdienstes KGB, die berüchtigte Ljubjanka. Die Sowjet-Ära gehörte der Geschichte an – Michail Gorbatschow blieb als letzte Konsequenz nur der Rücktritt.

Boris Jelzin versammelte um sich eine Mannschaft junger Reformer. Doch die Kräfte des alten Apparats, der Oligarchie aus Partei, KGB und militärisch-industriellem Komplex, hatten beim Putsch zwar eine Niederlage erlitten, aber besiegt waren sie noch lange nicht. Boris Jelzin bekannte sich zur Marktwirtschaft und zu radikalen Reformen. Doch wichtige Gesetzesvorhaben – wie das über Privateigentum – wurden immer wieder durch orthodoxe Kräfte im Parlament blockiert. Wie einst die Zaren regierte Jelzin vor allem mit Erlassen, doch diese wurden immer weniger befolgt. Und es wurde immer schwieriger, eine klare Konzeption zu erkennen.

Am 1. Januar 1992 gab Jelzin, als ersten Schritt seiner Wirtschaftsreform, die Preise frei, mit Ausnahme einiger Grundnahrungsmittel und der Energiepreise. Doch der gewünschte belebende Effekt auf die Wirtschaft trat nicht ein. Im Gegenteil: Die volkswirtschaftliche Produktion ging schon im ersten Monat des Jahres 1992 um 12 Prozent zurück. Die Inflation begann zu galoppieren. Bis Ende 1992 dürfte sie, so schätzten Experten der Weltbank, bei 1000 Prozent angekommen sein.

Doch Boris Jelzin hält unbeirrt an seinem Reformkurs fest. Am 12. Juni 1992, dem ersten Jahrestag seiner Wahl zum Präsidenten, erklärt er im russischen Fernsehen: »Nein und nochmals nein! Eine Abkehr von den Reformen werde ich auf keinen Fall zulassen.«

Und auf den Vorhalt, daß er wieder drei Vertreter der alten Nomenklatura, Bosse des militärisch-industriellen Komplexes, mit hohen Regierungsämtern betraut hat, versichert er: »Alles

Gerede darüber, daß ich angeblich von den Reformen abzurücken beginne, daß ich konservativer geworden bin als etwa vor einem oder zwei Monaten, entspricht nicht der Wirklichkeit.«

Er gibt zu, daß die Wirtschaftsreformen wegen ihrer harten Folgen wenig populär seien. Doch gelte es, »diese bittere Pille zu schlucken, um die Krankheit zu heilen«. Wer ernsthaft Reformen durchführen wolle, müsse auch persönlichen Mut haben und bereit sein, Verluste an Popularität in Kauf zu nehmen. Um darauf keine Rücksicht mehr nehmen zu müssen, habe er angekündigt, 1996 nicht ein zweites Mal für den Posten des Präsidenten zu kandidieren. Und fast beschwörend versichert er: »Ich habe die Situation unter Kontrolle.«

Die russische Kollegin, mit der zusammen ich Jelzins Auftritt im Fernsehen verfolge, seufzt nur: »Vielleicht ist dies sein größter Irrtum.«

Wassilij: Erfahrungen eines freien Bauern

Wir hatten uns in Moskau getroffen. Der Kontakt mit Wassilij Stepanowitsch war über die »Assoziation landwirtschaftlicher Kooperativen« zustande gekommen, die staatliche Organisation, die Rußlands Privatbauern bei der Gründung einer eigenen Existenz unter die Arme greifen soll. Wassilij Stepanowitsch ist der erste freie Bauer im Rayon Krasnogorsk, einem riesigen landwirtschaftlichen Gebiet westlich von Moskau. Er selbst bezeichnet sich übrigens, wie alle seine russischen Berufskollegen, als »Fermer«.

Auf den ersten Blick macht Wassilij alles andere als einen bäuerlichen Eindruck. Er ist 53 Jahre alt, klein und untersetzt. Unter seinem blütenweißen Hemd wölbt sich unübersehbar ein Bäuchlein. Seine feinen, von einem dunklen Bart eingerahmten Gesichtszüge und die große Brille, hinter der sich wache, sensible Augen verbergen, lassen eher an einen Wissenschaftler oder Künstler denken als an einen Tag für Tag auf dem Feld arbeitenden »Fermer«.

In der Tat, Wassilij ist promovierter Biologe, Pflanzentechniker, spezialisiert auf Treibhauszucht. Fast 30 Jahre hat er auf verschiedenen Kolchosen und Staatsgütern gearbeitet, zuletzt als Leiter der Pflanzenzuchtabteilung der Kolchose »Roter Oktober« im Gebiet von Krasnogorsk.

Vor einem Jahr hat er sich selbständig gemacht, doch das ist eine lange Geschichte, wie er meint. Zunächst, so schlägt er deshalb vor, solle ich mir einfach die Landschaft anschauen – eine Stunde Autofahrt von der Stadtgrenze Moskaus zu seinem Dorf.

Die Chaussee ist hervorragend asphaltiert. Sie führt durch einen farbenprächtigen Wald aus Laub- und Nadelbäumen, in dem hin und wieder hohe gelbe Ziegelmauern sichtbar werden. Dahinter, so Wassilij, verstecken sich Regierungsdatschen. Chruschtschow hatte hier einen Sommersitz, Breschnew und Gorbatschow. Auch Jelzins Datscha soll in dieser Gegend liegen, ist aber von der Straße aus nicht zu sehen. An den ebenfalls asphaltierten Wegen, die von der Chaussee zu den Datschen abzweigen, steht überall das gleiche Verkehrsschild: »Durchfahrt verboten«.

Nach etwa einer Stunde lichtet sich der Wald und gibt den Blick frei auf sanfte Hügel. Weite grüne Wiesen, blühende Rapsfelder, frisch gepflügte Äcker. Dazwischen aber auch viele brachliegende Flächen, auf denen Unkraut wuchert. Eine schmale Brücke führt über die Moskwa, die sich in vielen Windungen durch die Landschaft schlängelt. Hinter der Brücke biegen wir links ab, erneut durch dichten Mischwald. Die Straße wird merklich schlechter. Offenbar gibt es hier keine Regierungsdatschen mehr. Nach einigen Kilometern dirigiert uns Wassilij in einen Waldweg, der auf einer großen Lichtung endet. Voller Stolz streckt er den Arm aus: »Mein Besitztum.«

Es sind sechs Hektar Acker, frisch gehäufelt in schnurgeraden Reihen. Alles Kartoffeln, wie Wassilij erklärt.

Mehr als zwei Jahre hat Wassilij mit dem Kolchos gekämpft, um ein Stück Land zu erhalten, in Erbpacht und, wie es das Gesetz vorsieht, fünf Jahre steuerfrei. Immer wieder habe der Kolchosdirektor mit neuen Ausreden abgelehnt: Die Kolchose brauche das Land dringend für ihre eigenen Pläne, Wassilij sei nicht qualifiziert, um selbständig wirtschaften zu können, und im übrigen könnte sein Beispiel vielleicht Schule machen; und dann würden alle Leute aus der Kolchose weglaufen. Schließlich drohte Wassilij, den Direktor zu verklagen. Darauf hat er wie gewünscht sechs Hektar erhalten. Die eine Hälfte war eine alte Müllkippe, ein anderer Teil Sumpfgebiet.

Warum es denn außer ihm in dieser Gegend noch keine anderen freien Bauern gebe, fragen wir.

»Weil sie dumm sind. Oder genauer gesagt: dumm gehalten werden. Sie wissen einfach nicht, daß es auch rechtliche Möglichkeiten gibt, um etwas zu erreichen.«

Nachdem er das Land erhalten hatte, machte er sich mit seiner Frau, seinem Sohn und zwei Helfern daran, die Müllkippe zu planieren und mit Muttererde aufzufüllen. Einen Teil des Sumpfes legte er durch einfache Gräben trocken.

Für seine gesamten Ersparnisse, 17000 Rubel, kaufte er sich im ersten Jahr 14 Tonnen Saatkartoffeln. Diese 14 Tonnen Saatkartoffeln haben einen Ertrag von fast 90 Tonnen gebracht. Eigentlich wollte er einen Teil davon als Speisekartoffeln an Moskauer Restaurants verkaufen, denn es sei eine besonders gute Sorte, die er angebaut habe, eine Züchtung aus Deutschland namens »Granbo«. Doch die Restaurantchefs wollten seine Kartoffeln nicht haben. Sie seien gelblich, und die Russen wollten nur weiße Kartoffeln. Dabei, so Wassilij, sei die gelbe Farbe gerade ein Zeichen besonderer Qualität. Er als Diplomagronom kenne sich da schließlich aus.

Doch sitzengeblieben ist er auf seinen Kartoffeln nicht. Er hat vielmehr, wie er meint, das Geschäft seines Lebens gemacht. Für 31 Tonnen kaufte er sich einen nagelneuen Traktor, inklusive Pflug und Schneepflug. 45 Tonnen tauschte er gegen ein Kartoffelsetzgerät und eine Erntemaschine sowie einen Sortiertisch ein. Für fünf Tonnen lieferte ihm das Betonwerk Baumaterial für einen Schweinestall, in dem er vom nächsten Jahr an 200 Ferkel großziehen will. Und für zwei Tonnen gab ihm die Zuckerfabrik einen Barkredit zu fünf Prozent. Rußlands Banken, staatliche wie private, nehmen mittlerweile zwischen 30 und 80 Prozent. Zugleich verpflichtete sich die Zuckerfabrik, ihm Erntehelfer zu schicken, wenn er dafür in diesem Jahr einen Teil der Kartoffeln zum Selbstkostenpreis liefere. Binnen eines Jahres, so Wassilij, habe er auf diese Weise das Grundproblem der Mechanisierung seines Betriebes gelöst. In diesem Jahr erwartet er, wenn es keine Dürre gibt, eine Ernte von mindestens 120 Tonnen. Davon will er, für acht Tonnen, einen Lastwagen kaufen und für fünf Tonnen einen Anhänger für den Traktor, außerdem Baumaterial für vier Ferienhäuschen, die er am Rande seines Ackers errichten will.

Am besten, so Wassilij, du bekommst gar kein Bargeld in die Hand. Das ist am nächsten Tag nur noch die Hälfte wert, und die meisten Fabriken haben davon selbst genug. Zudem steigen die Preise für Industrieprodukte zehnmal schneller als die der landwirtschaftlichen Erzeugnisse. Da ist der alte Naturalienhandel, Ware gegen Ware, in jedem Fall das reellste. Schließlich funktioniere nach diesem Prinzip schon mehr als die Hälfte der russischen Volkswirtschaft. »Barternyj« heißt der offizielle russische Begriff für diese Art des Handels. In Anlehnung an das englische Wort »barter«, Tauschhandel.

»Die Kolchosen«, so sagt Wassilij, nachdem wir wieder ins Auto gestiegen sind, um in sein Dorf zu fahren, »sind das Unglück Rußlands. Sehen Sie«, und er weist im Vorbeifahren auf eine riesige Weidefläche, »wie hier überall das Gras gelb wird, vertrocknet? Und das, obwohl die gesamte Fläche mit einem dichten Netz von Wasserkanonen überzogen ist? Sie stellen sie einfach nicht an! Weiß der Teufel, warum, sie lassen einfach alles vergammeln.«

Die Kolchose, der diese Fläche gehört, kennt er genau. 17 Jahre hat er dort gearbeitet. Bis heute, so Wassilij, beschäftigt sie 1300 Leute. »Wenn die alle richtig arbeiten würden, reichten 200.« Und nach einer Pause, in der er stumm über die Felder blickt: »Eine Million freie Bauern – und Rußland hätte Brot für alle.«

Das Hauptproblem der Kolchosen wie der gesamten sozialistischen Planwirtschaft, so Wassilij, sei ein psychologisches. Die Tatsache nämlich, daß niemand eine Beziehung zum Eigentum habe. Alles gehöre allen, und deshalb habe auch keiner das Gefühl, etwas Unrechtes zu tun, wenn er einfach irgend etwas mitgehen lasse. Wenn irgendwo ein Rohr in der Gegend herumliegt und einer kann es gebrauchen, nimmt er es mit. Es ist Volkseigentum, also gehört es ihm ja. Und um irgend etwas zu kümmern brauche einer sich auch nicht. Da allen alles gehört, werden das schon andere tun. Wenn man den Weg von einem Dorf zum anderen abkürzen will, dann latscht man eben einfach durch das Feld. Es gehört einem ja. Daß Wassilijs Acker jetzt nicht mehr allen gehört, sondern ihm allein, will den anderen nicht in den Kopf. Wie eh und je geht der Trampelpfad quer durch seine frisch gesetzten Kartoffeln.

Im voraufgegangenen Jahr hat er während der Erntezeit Diebe auf seinem Kartoffelfeld beobachtet. Am Rand des Ackers hatten sie einen Pkw geparkt, in dem zwei riesige Hunde waren. Also legst du dich besser nicht mit den Leuten an. Und als er die

Miliz holen wollte, habe die ihm erklärt, laut Gesetz sei nur das Eigentum, wo ein Zaun drumherum sei. Soll er denn seinen ganzen riesigen Acker einzäunen? Auf jeden Fall habe er sich für dieses Jahr ein Gewehr besorgt. Bloß, wo er die Munition her bekommt, weiß er noch nicht.

Dann gerät Wassilij ins Schwärmen über seinen Sohn. 13 Jahre sei er alt, und er arbeite schon richtig mit. Fast die Hälfte des Feldes habe er ganz allein gepflügt. Wenn er von der Schule nach Hause komme, frage er den Vater als erstes, was er denn heute im Betrieb tun könne.

Früher sei Aljoscha ein schlechter Schüler gewesen. Vor allem mit der Disziplin habe es immer wieder Probleme gegeben. Seit einem Jahr, seit er mit dem Vater zusammen als »Fermer« wirtschaftet, haben sich seine Leistungen schlagartig gebessert. Auch über sein Benehmen in der Schule gebe es keinerlei Klagen mehr. Offenbar habe ihm der Status eines »freien Bauern« ein ganz neues Selbstwertgefühl und Verantwortungsbewußtsein gegeben. Er wisse, daß er all das, was sie jetzt aufbauten, einmal erben würde. Und das Gefühl, schon jetzt der reichste Junge im ganzen Rayon zu sein, erfülle ihn sichtlich mit Stolz. »Privateigentum«, so Wassilij, heftig mit dem Kopf nickend, »prägt eben auch den Charakter.«

Das Dorf, in dem Wassilij mit seiner Familie lebt, wird fast ausschließlich von Kolchosarbeitern bewohnt. Die meisten Gebäude sind häßliche vierstöckige Betonblocks in Plattenbauweise. Bei einigen scheinen die Fundamente nachgegeben zu haben, denn sie stehen schief.

Wassilij hat sich schon vor ein paar Jahren ein kleines Haus gebaut. Der helle Klinker, die frischgestrichenen blauen Fensterrahmen und ein Torbogen vor dem Aufgang zur Veranda verleihen ihm ein beinahe südländisches Aussehen.

Rund um das Haus breiten sich Gemüsebeete aus, Johannisbeersträucher und Blumenrabatten. Im hinteren Teil des Gartens stehen ein Geräteschuppen und ein kleiner Stall, in dem ein Schwein quiekt. Unmittelbar vor dem Eingang zum Grundstück parkt Wassilijs Stolz, der Traktor mit angehängtem Pflug. Auf der anderen Straßenseite ist die Erntemaschine abgestellt.

Im Inneren des einstöckigen Häuschens herrscht penible Ordnung. Auf dem Boden liegen dicke rote Teppiche und auf dem Sofa im Wohnzimmer gehäkelte Deckchen. In einer massiven braunen Schrankwand hinter gläsernen Schiebetüren Porzellan, Kristallbecher und mehrere Reihen Bücher. Puschkin, Dostojewskij, Dickens, Alexander Dumas, Flaubert, Majakowskij – alles in russischen Ausgaben. Wassilijs Frau hat früher als Lehrerin gearbeitet, jetzt besorgt sie den Haushalt und den Garten.

Aljoschas Sohn entpuppt sich als kleiner, schmächtiger Junge, dem man seine 13 Jahre beim besten Willen noch nicht ansieht. Auf die Frage, ob er denn wirklich schon allein mit einem so schweren Traktor umgehen könne, nickt er nur trotzig. Seine Mutter meint, wir könnten ruhig deutsch mit ihm reden, das sei sein Lieblingsfach. Doch dazu hat Aljoscha offenbar keine Lust. Während unseres ganzen Besuchs sagt er kein Wort, verfolgt aber aufmerksam unser Gespräch.

Wassilijs Frau hat inzwischen Tee gekocht, Brot, Hartwurst und Käse aufgeschnitten. Zaghaft fragt sie, ob sie denn nicht auch ein »Tröpfchen« auf den Tisch stellen solle. Wassilij hilft unserer Begriffsstutzigkeit auf die Sprünge. Einen kleinen Wodka, den müßten wir schon mittrinken. Geht aber nicht, da wir noch Auto fahren und arbeiten müssen, sagen wir. Seufzend und kopfschüttelnd bringt Wassilijs Frau die Flasche wieder zurück in die Küche.

Was Wassilij denn früher alles mit seiner Energie, seiner Phantasie, seiner Tatkraft gemacht habe, wollen wir wissen. Als er noch auf der Kolchose arbeitete, in diesem System, das er heute so tief verachtet? Wassilij lacht. »Geglaubt habe ich daran. Bin 15 Jahre sogar als Propagandist durch den Rayon gezogen und habe den Leuten erklärt, daß es den Menschen in unserem Land bessergehe als in irgendeinem anderen auf der Welt.« Schließlich sei er doch so erzogen worden, habe es gleichsam mit der Muttermilch aufgesogen. Sicher, hin und wieder habe er auch mal Bruchstücke der »Voice of America« aufgeschnappt, wenn der Sender gerade mal nicht gestört wurde. Aber das, was er dort gehört habe, sei ihm einfach unglaubhaft erschienen. Propaganda! Felsenfest sei er überzeugt gewesen: die lügen.

Erst nachdem Michail Gorbatschow an die Macht gekommen sei, habe er angefangen zu zweifeln. Plötzlich habe der das gleiche über ihr Land erzählt wie vorher die »Voice of America«. »Gorbatschow hat uns die Augen geöffnet.« Eine andere Sache sei, daß er vielleicht ein guter Politiker, aber mit Sicherheit ein schlechter Ökonom gewesen ist. »Er hat unserem Land wirtschaftlich den Rest gegeben.« Die ganze Perestrojka habe er viel zu halbherzig angegangen und dadurch die Krise nur noch verschlimmert. Viel zu lange habe er sich geweigert, Privateigentum zuzulassen, etwas gegen die Kolchosen zu unternehmen. Das mache Jelzin jetzt sehr viel energischer. Der habe begriffen, daß Rußland ohne freie Bauern keine Zukunft habe.

Der Widerstand allerdings, den der alte Apparat ihm entgegensetze, sei unvorstellbar. Die Kolchose »Roter Oktober« zum Beispiel habe 2850 Hektar Land. Aber erst 60 Hektar habe sie abgegeben. An insgesamt 40 Bauern. Das bedeute, für die meisten nur ein oder zwei Hektar. Das sei doch allenfalls eine Feierabendbeschäftigung, eine Hobbywirtschaft, bringe aber volkswirtschaftlich keinerlei Nutzen. Doch der Wunsch, Land zu besitzen, werde immer größer. Nachdem man gesehen habe, welchen Erfolg er und seine Familie bereits im ersten Jahr gehabt hätten, würden immer mehr Anträge auf Herausgabe von Land beim Kolchosdirektor eingehen.

Doch gleichzeitig wachse auch die Zahl der Neider und derjenigen, die fürchten, daß sie demnächst richtig arbeiten müßten. Seit er sich selbständig gemacht habe, ginge ein Riß durch das Dorf. Als »Kulak« werde er beschimpft, als Großbauer, mit dem man so verfahren müßte, wie es Stalin gemacht hat – ab nach Sibirien!

Ob er denn nicht Angst habe, daß die ganze Entwicklung eines Tages rückgängig gemacht werden könnte, ihm das Land und sein Gerät wieder weggenommen würden?

Wassilij denkt lange nach. Dann zitiert er ein russisches Sprichwort: »Wenn man Angst vor Wölfen hat, geht man nicht in den Wald.« Jeder wisse das, und dennoch gingen die Leute immer wieder in den Wald. Pilze suchen, Beeren sammeln oder einfach spazieren. Nein, diese Entwicklung sei nicht mehr rückgängig zu machen. Noch einmal könne das Rad der Geschichte in Rußland nicht zurückgedreht werden.

Dann schaut er aus dem Fenster. Auf der Dorfstraße treibt der Wind eine große Staubwolke vor sich her.

»Heute abend wird es regnen. Das ist wichtig. Was reden wir hier über Gorbatschow und Jelzin. Ob es warm wird oder kalt – darauf haben auch sie keinen Einfluß.«

Am Abend bringt das russische Fernsehen einen Bericht aus dem sibirischen Kemerowo. Dort hat man den »Fermern« die Dächer über dem Kopf angezündet. Die Kamera zeigt die bis auf die Grundmauern verkohlten Häuser. Ob es neidische Nachbarn waren oder die Mafia, die Schutzgelder erpressen wollte, so der Reporter, sei bislang ungeklärt.

Tanja, Prostituierte und Jurastudentin

Es ist einer jener heißen Moskauer Sommertage, an denen es auch abends kaum kühler wird. Im Hotelzimmer steht die stikkige Luft. Die Fenster sind fest verschlossen, nur im oberen Teil läßt sich die kleine »Fortotschka« öffnen. Um für Durchzug zu sorgen, habe ich die Flurtür aufgelassen. Mit dem Rücken zur Tür sitze ich am Schreibtisch und telefoniere nach Deutschland. Als ich auflege und mich umdrehe, steht in der Tür, an den Rahmen gelehnt, ein zartes, junges Mädchen mit langen schwarzen Haaren. Ihr Gesicht ist hell gepudert, die Augenlider sind schwarz umrandet. Sie lächelt, der grellrot geschminkte Mund ist leicht geöffnet. Ihre Zähne sind ebenmäßig, ihr Lächeln freundlich. Sie trägt einen engen schwarzen Rock, der kurz über den Knien endet, und eine schwarze Kostümjacke mit einem weißen Halstuch.

»Good evening, Sir, do you want a girl?«

Nachdem sich meine erste Überraschung gelegt hat, schüttele ich den Kopf. Nein, im Moment eigentlich nicht. Aber wenn sie schon mal da sei und einen Augenblick Zeit habe, solle sie doch ruhig hereinkommen. Ohne Zögern tritt sie näher, bleibt, sich aufmerksam umsehend, in der Mitte des Zimmers stehen. Ich schließe die Tür, wir setzen uns an den runden, schweren Eichentisch.

Es entsteht eine kurze Pause. Offenbar wissen wir beide nicht so recht, was wir reden sollen. Dann frage ich nach ihrem Namen.

»Tanja.«

Etwas zu trinken lehnt Tanja sehr entschieden ab.

»Nein, ich mag keinen Alkohol.« Dafür holt sie aus ihrer schwarzen Plastikhandtasche eine Schachtel Zigaretten. Marke »West«. Ob es mich störe, fragt sie höflich. Meine Zigarillos auf dem Tisch und im Aschenbecher hat sie übersehen.

Tanja ist Jurastudentin im ersten Semester, 22 Jahre alt. Das vergangene Jahr hat sie als Aushilfslehrerin für Geographie gearbeitet. Doch Jura interessiert sie mehr, deshalb habe sie umgesattelt, das erzählt sie jedenfalls. Hier im Hotel arbeite sie an vier oder fünf Tagen, genauer gesagt: Nächten, im Monat. Wie sie gerade Geld brauche. Aber das brauche sie eigentlich immer.

»Sie kennen ja die Verhältnisse bei uns.« Sie sei jung und benötige Geld zum Leben. Für Kleider – »Sie wissen ja, was das bei uns kostet« –, für Schuhe und – »Sie verstehen das sicher« – für schicke Unterwäsche. Das Stipendium reiche nicht einmal fürs Essen. Die Eltern seien einfache Arbeiter und wüßten selbst nicht, wie sie über die Runden kämen.

Was sie denn so nehme, pro Nacht, frage ich.

100 Dollar. Und wenn schlechte Zeiten seien, dann schon auch mal 50. Und im Moment seien schlechte Zeiten, denn die Konkurrenz sei sehr groß. Einige Mädchen hätten sich ständig im Hotel eingemietet, und manche Etagenfrauen würden den Gästen ihre Töchter anbieten.

»Aber wenn uns eine von denen in die Finger kommt, geht's ihr schlecht.«

Wen sie denn mit »denen« meine? Ist dies eine bestimmte Gruppe? Wer gehört dazu?

Tanjas Antwort klingt, als müsse sie mir Nachhilfeunterricht erteilen.

»Na, die Mädchen aus dem Restaurant.«

Gemeint ist das Restaurant im Parterre des »Ukraina«, das Abend für Abend fast zur Hälfte mit Tanjas »Kolleginnen« bevölkert ist.

Sie sitzen dort meist in Gruppen zu dritt oder zu viert, trinken Saft, Wodka oder russischen Champagner und bestellen sich üppige Menüs. Bevorzugt Borschtsch, russische Kohlsuppe mit Fleischstücken, Hühnchen auf georgische Art und Eis, riesige Portionen. Mit den Kellnerinnen und Kellnern stehen sie auf vertraulichem Fuß. Wenn sie männliche Gäste ansprechen, geschieht dies in der Regel höflich und diskret. Sie fordern sie zum Tanz auf.

Außerhalb des »Arbeitsplatzes«, so Tanja, habe sie mit den Kolleginnen kaum Kontakt. Außer natürlich mit ihren Freundinnen aus ihrem Studienjahrgang. Von denen verdiene sich etwa jede dritte auf diese Weise etwas nebenher. Aber das »Arbeitsfeld« der Mädchen erstrecke sich auf alle Ausländerhotels in Moskau, und deshalb laufe man sich auch kaum über den Weg.

Für mich unverständlich ist, wie Tanja überhaupt an den vielen Zerberussen vorbei ins Hotel und dann auf die Etagen gelangt. Am Eingang zur Hotelhalle stehen in der Regel vier junge Männer in Zivil, die niemanden vorbeilassen, der nicht einen Hotelausweis vorzeigen kann. Selbst russische Journalistenkollegen, mit denen ich mich verabrede, fürchten die Auseinandersetzung mit diesen – wie sie sagen – »rigiden Typen« und treffen sich mit mir lieber auf der Straße. Nicht einmal in meiner Begleitung kommen sie ins Hotel.

Für Tanja ist es ganz einfach. Zehn Dollar, erklärt sie, und du bist drin. »Bei uns muß man doch für alles zahlen. Das haben Sie doch wohl mitbekommen?«

Daß es mit den »Portiers« so laufen könnte, hatte ich mir schon gedacht. Wie aber kommt Tanja an die Zimmernummern, die für sie interessant sind, also die Nummern alleinreisender Männer?

»Auch ganz einfach. Ein Blick in den Hotelcomputer. Wieder zehn Dollar.«

Jetzt endlich verstehe ich, wozu der Computer an der Rezeption gebraucht wird. Bei meiner Ankunft blieb er unbenutzt. Da wurden dicke Kladden gewälzt.

Die dritte Hürde, die Tanja nehmen muß, ist die Etagenfrau. Wie ein Drachen wacht sie darüber, daß kein fremder Besuch aufs Zimmer kommt. Für Tanja jedoch ebenfalls kein Problem. Zehn Dollar.

Ob die Mädchen zur Organisation ihrer Arbeit irgendwelche Zuhälter hätten?

Nein, meint Tanja. Zuhälter hätten sie nicht. Manche Mädchen hätten einen Freund, der sie mit dem Auto zum Hotel bringt und nachts oder morgens wieder abholt. Aber das sei auch alles. Auf meinen skeptischen Blick allerdings räumt sie ein, einige Mädchen würden den Jungens auch etwas von ihrem Geld abgeben. Aber das sei auch richtig so, denn schließlich würden sie sie beschützen. Das seien aber vor allem Mädchen, die hier ständig arbeiteten. Bei dem wenigen, das sie, Tanja, verdiene, könne sie nicht noch etwas abgeben.

Präservative würde keines der Mädchen benutzen. Erstens gäbe es in Rußland keine, und zweitens wollten das auch die meisten Männer nicht. Hin und wieder hätte von den Ausländern mal einer ein paar dabei, meistens übrigens die Japaner, und dann benutze man die Dinger auch. Aber eigentlich könne sie die Männer verstehen. Mit Gummi mache das Ganze eben viel weniger Spaß als ohne.

Ob sie denn nicht Angst vor Aids habe, frage ich. Tanja lacht.

»Ach, wissen Sie, darüber wird soviel geredet. Ich glaube nicht daran. Und ein Risiko ist schließlich im Leben immer dabei. Ob dich nun ein Auto überfährt oder ein Verbrecher überfällt – gegen alles kannst du dich sowieso nicht schützen.«

Und wenn sie schwanger würde?

»Dann lasse ich es wegmachen. 1000 Rubel, zehn Dollar.«

Die Pille gibt es in Rußland nicht. Und wenn es sie gäbe, so Tanja, würde sie sie nicht nehmen. Man wisse ja nicht, welche Nebenwirkungen sie hat.

Über ihre Zukunft hat Tanja sehr genaue Vorstellungen. In Rußland bleiben will sie auf keinen Fall. Das mache doch keinen Sinn. Aus diesem Land würde nie etwas, zumindest nicht, solange sie lebe. Es sei doch alles kaputt. Die Wirtschaft, die Gesellschaft, die Moral.

»Nur durch Bestechung kannst du irgend etwas erreichen. Jeder besticht jeden, eine Kette ohne Ende.«

Selbst wenn sie ihr Jurastudium zu Ende brächte – welche Aussichten hätte sie schon? Im Staatsdienst würde sie zum Leben zuwenig und zum Sterben zuviel verdienen. Und in der Privatwirtschaft? Wer weiß denn, ob es die dann überhaupt noch gibt. Vielleicht kommt ja ein neuer Putsch, eine Diktatur, eine erneute Herrschaft der alten Kommunisten ... Nein, sie wolle etwas vom Leben haben.

Einfach so ins Ausland zu fahren sei natürlich schwierig. »Entweder lassen die dich dort gar nicht rein, oder du darfst nicht arbeiten. Und als was könntest du denn schon arbeiten?

Mit den wenigen Englischkenntnissen, die du hier in der Schule mitbekommen hast?«

Am besten wäre es, wenn sie einen ausländischen Mann fände. Am liebsten einen Amerikaner. Einen Deutschen oder Engländer würde sie auch nehmen. Im Grunde sei es ganz egal, wo er herkäme. Wenn es bloß kein Schwarzer oder Japaner sei. Bloß raus, raus! Das sei alles, was sie wolle.

Sie raucht noch eine Zigarette, dann verabschiedet sie sich. Ich bedanke mich für das Gespräch, reiche ihr zehn Dollar über den Tisch. Freudig überrascht steckt das Mädchen den Schein in ihre Plastikhandtasche.

Am Morgen hatte ich im Brotladen um die Ecke ein Schild gesehen: »Verkäuferin gesucht. 1400 Rubel im Monat.« Umgerechnet 14 Dollar.

Schenja und der KGB

Schenja ist 33 Jahre alt. Das Foto, das die Rückseite ihres gerade erschienenen Buches ziert, zeigt ein blasses Mädchengesicht mit großen dunklen Augen und glattem schwarzem, kurzgeschnittenem Haar. Als wir uns in der Küche des Moskauer ARD-Büros begegnen, trägt sie ihr Haar in langen, fast bis auf die Schultern fallenden Locken.

Ewgenija Albaz, die von ihren Freunden Schenja genannt wird, gilt als die mutigste Frau des neuen Rußland. Ihr Buch, das sie – zunächst vergeblich – sieben Verlagen in Moskau und St. Petersburg angeboten hat, trägt in der deutschen Übersetzung den Titel »Geheimimperium KGB. Totengräber der Sowjetunion«. Für den irreführenden Untertitel kann sie nichts. Den hat der deutsche Verlag erfunden, weil er so schön reißerisch klingt. Daß Totengräber eine positive und nützliche Arbeit leisten und im Gegensatz zu den Schergen des KGB alles andere als Verbrecher sind, hat man dabei um des Geschäfts willen übersehen.

Schenjas Mutter ist Russin, ihr Vater Jude. Beide sind berufstätig. Die Mutter als Schauspielerin, der Vater als Strahlenphysiker Mitarbeiter an geheimen Militärprojekten. Einer der Großväter Schenjas war zaristischer Offizier, kämpfte im Bürgerkrieg auf Seiten der Weißen und wurde 1921 von den Kommunisten erschossen. »Doch darüber wurde zu Hause nicht gesprochen.«

Das Abitur machte Schenja an einer Moskauer Schule mit Schwerpunktfach Englisch. Trotz einer internen Bestimmung, nach der nur fünf Prozent der Studierenden Juden sein durften, bestand Schenja 1975 die Aufnahmeprüfung an der Journalistischen Fakultät der Moskauer Universität. Als Jahrgangsbeste beendete sie 1980 ihr Studium mit einer Diplomarbeit über den russischen Konstruktivismus. In der Studienzeit hatte sie erste Kontakte mit der Dissidentenszene und hortete zu Hause, zum Entsetzen ihrer Eltern, »verbotene Literatur«. Solschenizyn,

Sinjawskij, Wojnowitsch, aber auch ins Land geschmuggelte englische Ausgaben von Orwells »Farm der Tiere« und »1984«.

Die Familie war völlig assimiliert. Zur »bewußten Jüdin«, so sagt Schenja, ist sie erst durch den »alltäglichen Antisemitismus« in der Sowjetunion geworden.

Schenjas erste berufliche Station war die Zeitschrift »Nedelja«, »Die Woche«. Dort arbeitete sie als wissenschaftliche Korrespondentin. Schrieb populärwissenschaftliche Abhandlungen über Krebs und kosmische Medizin, vor allem Schwerelosigkeit, über Ozeanologie und Atomphysik.

»Nie habe ich Breschnew zitiert«, sagt sie nicht ohne Stolz. Und: »Nie war ich in der Partei.«

Im August 1986 holte sie Chefredakteur Jegor Jakowlew in die Redaktion der Reformzeitschrift »Moscow News«. Früher ein Propagandablatt der halb staatlichen Nachrichtenagentur »Nowosti«, nun der journalistische Vorreiter der Perestrojka.

Auf das Thema KGB stieß sie bei den Recherchen über den großen russischen Genetiker Nikolaj Wawilow, der 1942 in einem Gefängnis in Saratow verhungerte. In den Archiven hatte sie den Namen des Mannes gefunden, der als »Untersuchungsführer« des NKWD das Verfahren gegen Wawilow geleitet hatte. Er lebt heute als Rentner in Moskau. Als Schenja ihn aufstöbert, kann er sich an nichts erinnern.

»Vor mir saß ein alter Mann. Einfach ein alter Mann. Müde und offenbar krank. Ich mußte ihn daran erinnern, daß er elf Monate lang Wawilow gequält und ihn 400mal zu langen, vielstündigen Verhören geholt hatte, daß Augenzeugen zufolge Wawilow nach diesen Verhören nicht mehr gehen konnte. Die Gefängniswärter schleppten ihn bis zur Zelle 27 und ließen ihn an der Tür liegen. Die Zellengenossen halfen ihm auf die Pritsche und zogen ihm die Schuhe von den angeschwollenen, blau angelaufenen Füßen. Man quälte ihn, er mußte ›stillstehen‹, was bedeutete, daß er sich zehn Stunden und mehr nicht hinsetzen durfte. Manchmal dauerte das mehrere Tage, und dann platzten den Gefangenen die Venen an den Beinen. Ein halbes Jahr nach dieser Untersuchung war Wawilow, der Spionage und Sabotage angeklagt, ein kräftiger Mann von 53 Jahren, zum Greis gealtert.«

Der Untersuchungsführer Chwat leugnet zunächst. Dann sucht er bei Schenja Verständnis. Schließlich habe damals mit der Agrarwissenschaft wirklich »etwas nicht gestimmt«, und andere Wissenschaftler, Akademiemitglieder und Professoren hätten bestätigt, daß es sich um Sabotage gehandelt habe.

Ob ihm denn Wawilow nicht leid getan habe, will Schenja von dem Untersuchungsführer wissen, schließlich drohte ihm doch die Erschießung?

»Was soll das heißen: leid tun? Wer war er schon, der einzige etwa?«

Auch Schenjas Antwort darauf läßt den Untersuchungsführer kalt:

»Er war nicht der einzige, das ist wahr. Millionen Unschuldige sind unter die Erde gebracht worden. Aber Nikolaj Wawilow war kein gewöhnlicher Mensch. Er war ein Genie. Im Gefängnis schrieb er seine letzte Arbeit: ›Weltgeschichte der Landwirtschaft‹. Das Manuskript ist verschwunden oder wird vielleicht im Labyrinth der KGB-Archive aufbewahrt. Doch im Angesicht des Todes und angesichts der Qualen, die sie erlitten, sind alle gleich.«

Mehr als drei Jahre hat Schenja in den verschiedensten Archiven Rußlands recherchiert, vor allem im Archiv der Obersten Militärstaatsanwaltschaft in Moskau. Sie hat mit Hunderten von Tätern und Opfern der sowjetischen Geheimpolizei gesprochen. Jener unheimlichen Institution, die sich zunächst Tscheka nannte, später GPU, NKWD, MWD und zuletzt KGB. Sie hat Folterer aufgespürt und Angehörige der Wachmannschaften, Untersuchungsführer, Spitzel, Denunzianten, offizielle und inoffizielle Mitarbeiter aller Art. Sie hat öffentlich gemacht, daß es der zu Sowjetzeiten als »Heiliger« und »großer Humanist« verehrte Staatsgründer Lenin war, der den roten Terror angeordnet hatte.

An einen der Tscheka-Kommandeure hatte er im Jahre 1919 geschrieben: »In Nishni-Nowgorod wird offenbar ein weißgardistischer Aufstand vorbereitet. Wir müssen alle unsere Kräfte konzentrieren, Massenterror organisieren, Hunderte von Prostituierten, die die Soldaten betrunken machen, und ehemalige

Offiziere erschießen und abtransportieren. Keine Minute Aufschub, mit aller Gewalt vorgehen. Massendurchsuchungen. Wegen Waffenbesitz erschießen.«

Schenja hat das Schreckensregime der NKWD unter Stalin mit einer Eindringlichkeit beschrieben, wie es seit Alexander Solschenizyn kein russischer Autor mehr getan hat. Und sie hat dargestellt, welche Verhörmethoden noch unter Michail Gorbatschow, im dritten Jahr der Perestrojka, 1988, vom KGB angewendet wurden. Da heißt es in einem Protokoll:

»Wir haben ihn die ganze Nacht, siebzehn Stunden verhört... Ohne Schlaf, ohne Essen... Wir wollten Falschaussagen von ihm...«

Und Schenja hat Dokumente veröffentlicht, die belegen, wie der KGB noch in jüngster Zeit Mordkommandos der PLO mit Waffen versorgte.

Ihr Buch ist keine wissenschaftliche Darstellung und richtet sich, wie sie betont, nicht an die »Sowjetologen« oder »professionellen KGB-Forscher«.

»Es ist ein Buch für Leser, denen die Ereignisse auf einem Sechstel der Erde nicht gleichgültig sind, für Menschen, die in einer ganz anderen Welt aufgewachsen sind als ich, auf einem scheinbar anderen Planeten, wo völlig andere Maßstäbe für die Beziehungen zwischen Staat und Bürgern gelten.«

Seit ihrer ersten Begegnung mit dem furchtbaren Untersuchungsführer Chwat hat sie immer wieder die Erfahrung gemacht, daß viele der Schergen, der Folterer, der Angehörigen des Wachpersonals und der Hinrichtungskommandos, »ganz normale Leute« waren, »treusorgende Ehegatten« und »vorbildliche Familienväter«.

Die zentrale Frage, die die 1958, zwei Jahre nach Beginn des »Tauwetters«, geborene Schenja bewegt: Warum hat sich diese Institution KGB, früher Tscheka, NKWD und MWD, bis heute nicht von ihrer blutigen Vergangenheit distanziert? Warum nennen sich auch heute noch die Leiter und Mitarbeiter des KGB stolz »Tschekisten« und identifizieren sich auf diese Weise bewußt oder unbewußt mit jenen staatlichen Mörderbanden, denen Millionen und Abermillionen Menschen zum Opfer fielen?

Sie waren und fühlen sich heute noch, so die Antwort Schenjas, als »konstituierender Teil« des Sowjetsystems. Ein Unrechtsbewußtsein hat Schenja, bis auf wenige Ausnahmen, bei niemandem angetroffen.

»Es ist für mich unerträglich zu wissen, daß ich in einem Land lebe, dessen Erde um einer sogenannten ›lichten Zukunft‹ willen zu einem Massengrab geworden ist.«

Die Arbeit an diesem Buch war für Schenja als Akt der Befreiung gedacht. Doch je mehr sie sich mit dem Thema beschäftigte, je näher sie sich mit den heutigen Aktivitäten und den heutigen Strukturen des KGB befaßte, um so deutlicher wurde ihr, daß die Geschichte, über die sie schrieb, längst keine Vergangenheit ist.

»Der KGB hat seine Bedeutung bis auf den heutigen Tag erhalten.«

Der im Westen weit verbreitete Glaube, so Schenja, daß Jelzin den KGB zerschlagen habe, ist ein »Irrglaube«. Geändert hat sich der Name des KGB – er nennt sich heute »Ministerium für Sicherheit«. Geändert hätten sich einige vertikale und horizontale Strukturen. Doch eine politische oder juristische Aufarbeitung der blutigen Geschichte des KGB hat es bis auf den heutigen Tag nicht gegeben. Die alten Seilschaften haben auch die Perestrojka überlebt und sich trefflich eingerichtet. Der KGB ist, wie Schenja mit unzähligen Dokumenten belegt, nicht reformiert oder gar aufgelöst, sondern lediglich »renoviert« worden. Und der von Jelzin vorübergehend als KGB-Chef eingesetzte ehemalige Innenminister Vadim Bakatin hat Schenja im vertraulichen Gespräch gestanden: »Auch ich bin daran gescheitert, die alten Strukturen des KGB zu zerschlagen.«

Noch heute gibt es allein in Moskau rund 90000 KGB-Mitarbeiter. Und rund 60 Prozent der Abgeordneten des Obersten Sowjets, so Schenja, stehen mit dem KGB in Verbindung. Auch die Demokratische Bewegung Rußlands ist weitgehend vom KGB unterwandert. Einen Teil seiner Aktivitäten hat der KGB – wie die Stasi in der Ex-DDR – in den neu entstandenen Sektor der Privatwirtschaft verlagert.

Einer der schon heute mächtigsten Männer des Landes, Berater Jelzins und auch vom Westen hofiert, ist Arkadij Wolskij, der Chef des russischen »Unternehmerverbandes«, früher persönlicher Referent des KGB-Chefs Jurij Andropow. Nicht wenigen gilt Wolskij als Nachfolger Jelzins im Amt des Ministerpräsidenten.

Sicher, so Schenja, die Arbeitsweise des KGB sei »ziviler« geworden. Und nach dem gescheiterten Putsch vom August 1991 hatten viele die Hoffnung, daß nun die Macht des KGB endgültig gebrochen sei.

»Doch schon bald hatte er den Schock überwunden. Er hört wieder Telefone ab, kontrolliert die Post, wirbt neue Agenten... Hinter einem neuen Aushängeschild, aber in denselben Gebäuden arbeiten dieselben Leute.«

Ob sie nicht doch vielleicht Gespenster sehe, frage ich Schenja; durch ihr großes Engagement und die Nähe zu ihrem Thema vielleicht in der Gefahr sei, einer Paranoia zu erliegen?

Schenja gießt sich eine neue Tasse Kaffee ein, zündet sich eine neue Zigarette an, nimmt einen tiefen Zug und blickt den aufsteigenden Rauchwölkchen nach. Genau diese Frage, und einen Augenblick scheint es, als spreche sie mit sich selbst, stelle sie sich auch immer wieder. Und immer wieder kommt sie zu dem Ergebnis: Die Dokumente, die Fakten sagen etwas anderes. Und dann greift sie mit heftigen Bewegungen in die Schale mit Salzstangen. Legt eine neben der anderen auf den Tisch. 16 Stück.

»So viele Abteilungen hatte der KGB früher. Jetzt sind es 20.« Die vier fehlenden Salzstangen legt sie hinzu. Und dann tauscht sie sie untereinander aus.

»Der, der früher diese Abteilung geleitet hat, leitet jetzt diese. Und der diese und der diese.« Blitzschnell schiebt sie die einzelnen Salzstangen hin und her. Das Gesamtbild bleibt unverändert.

Es war der große Irrtum des Westens und auch vieler bei uns, so Schenja, zu glauben, daß die Partei das Land beherrscht. Es war vielmehr eine Oligarchie, die sich aus drei Kräften zusammensetzte: der Partei, dem KGB und dem militärisch-industriellen Komplex. Und was ist von diesen dreien geblieben? Die Partei ist verboten. Der militärisch-industrielle Komplex kämpft –

mit guten Aussichten allerdings – ums Überleben. Die einzige Institution, die immer noch funktioniert, die intakt ist und wirklich weiß, was im Land vor sich geht, ist der KGB.

»Sicher, er ist schwächer als vor dem Putsch, aber immer noch stärker als irgendeine andere Kraft bei uns.«

Was denn die Ziele des KGB im heutigen Rußland seien, frage ich, nachdem wir die Salzstangen wieder eingesammelt und in die Schale gelegt haben. Das, so Schenja, wisse dieser selbst nicht genau. Aber er wisse, was er mit Sicherheit nicht wolle – einen wirklichen Kapitalismus. Denn dann würde er seine Macht verlieren.

»Wer Besitz hat, Land oder anderes Eigentum, das ihn stark und unabhängig macht, der fürchtet auch keinen KGB mehr.«

Daß der KGB direkt die Macht übernehme, sei weniger zu fürchten. Das würden sich wohl die Menschen nicht mehr gefallen lassen. »Und das würde auch im Ausland zuviel Aufsehen erregen, negative Folgen haben.«

Die viel größere Gefahr sei, daß mit Hilfe des KGB die »Braunen«, die »Nationalfaschisten«, an die Macht kommen. Und diese Gefahr sei durchaus real. Wenn Jelzin mit seinem Reformprogramm scheitere, wenn es ihm nicht gelinge, auf breiter Basis das Privateigentum einzuführen, eine neue Verfassung, die die demokratischen Grundrechte garantiere und Rechtssicherheit schaffe, dann seien die Nationalfaschisten die einzige Alternative.

»Einen Mittelweg gibt es nicht.«

Die Machtergreifung werde nicht von einem Tag auf den anderen stattfinden, sondern allmählich. Begonnen habe sie bereits.

Immer deutlicher werde im Lande der bislang eher verdeckte Antisemitismus. Immer häufiger passiere es, daß sie in der Bahn, im Bus, auf der Straße offen beschimpft werde. »Jüdische Fresse.« Ihr ganzes Leben, so Schenja, habe sie verbracht in den Strukturen eines unterschwelligen staatlichen Antisemitismus. Nun würden ihn auch die einzelnen Mitbürger ungeniert zur Schau stellen.

Und in gewisser Weise könne sie es sogar verstehen. In einer wirtschaftlichen und gesellschaftlichen Situation, die immer trostloser werde, suchten die Menschen verstärkt nach einem Sündenbock. Und das seien natürlich, wie immer in der Geschichte, die Minderheiten. Nicht nur gegen die Juden ginge es, sondern gegen alle nichtrussischen Nationalitäten.

»Jedem Russen«, so Schenja mit einem Anflug von Bitterkeit, »ist es verständlich, daß es die anderen Völker sind, die schuld an seinem Unglück haben. Und darauf bauen die Nationalfaschisten.«

Schenja gießt sich einen weiteren Kaffee ein, schaut mich aus ihren großen, dunklen Augen lange an.

»Nationalistische Bestrebungen gibt es in allen Ländern, auch bei euch. Aber in anderen Ländern existieren demokratische Strukturen, die die Betroffenen dagegen verteidigen.« Und nach einer weiteren langen Pause: »In Rußland gibt es keine ernsthafte Barriere, die verhindert, daß sich nationale Ideen in faschistische verwandeln.«

Ob sie denn schon einmal daran gedacht habe, ihr Land zu verlassen. Auszureisen nach Israel, in die USA oder ein anderes Land?

Darüber, so Schenja, habe sie schon oft nachgedacht. Ein Jahr habe sie ja schon in den USA gelebt. Als Stipendiatin einer amerikanischen Stiftung, die ihr einen Job bei der »Chicago Tribune« vermittelt hat. Aber auf Dauer, nein, das könnte sie nicht. Selbst in diesem einen Jahr, so schön, lehrreich und interessant es gewesen sei, hätte sie die Tage gezählt, bis sie wieder nach Hause fahren konnte. Und das, obwohl sie ihre vierjährige Tochter dabeigehabt habe.

Aber wäre nicht gerade die Zukunft der Tochter ein starkes Motiv, auszureisen?

Schenja nickt. Doch dann sagt sie: »Für mich wäre Emigration Selbstaufgabe zugunsten der Kinder. Ich bin wahrscheinlich eine schlechte Mutter.«

Und dann bricht es aus ihr, die bislang so kühl und leidenschaftslos wirkte, heraus: »Ich will einfach nicht weg. Es ist doch mein Land, ich bin hier zu Hause. Ich möchte erleben, was mit diesem Land wird. Und ich glaube daran, daß wir irgendwie rauskommen aus unserer schlimmen Situation. Ich möchte es glauben.«

Und wenn sie hierbliebe, sich weiter in dieser Art mit dem KGB beschäftige, ihn öffentlich entlarve, angreife und bekämpfe – müsse sie dann nicht ganz persönlich Angst haben?

Angst um sich selbst habe sie noch in keiner Minute gehabt. Natürlich habe es Drohbriefe gegeben, anonyme Anrufe. Doch nur ein einziges Mal hätte sie daran gedacht, das Land zu verlassen: als man drohte, ihrer Tochter etwas anzutun.

»Wenn dies noch einmal passiert oder wenn die Nationalfaschisten wirklich die Macht übernehmen, werde ich Himmel und Hölle in Bewegung setzen, um einen Platz im nächsten Flugzeug zu bekommen. Für meine Tochter.«

Sie selbst wolle bleiben, solange es möglich ist. Aber sich nicht mehr mit dem KGB beschäftigen.

»Ich bin müde, immer nur über unsere Verwüstungen zu schreiben. Ich möchte eigentlich alles vergessen. Mich nur noch um mein Haus kümmern, ›meine Festung‹, mein Kind.«

Ihr Traum sei, eine eigene Zeitschrift für Kinder herauszugeben, über Kinderpsychologie zu schreiben, Spiele zu erfinden.

Und dann huscht ein spitzbübisches Lächeln über ihr ernstes Gesicht. Am allerliebsten aber, so meint sie, würde sie Präsidentin des KGB werden. Dann könnte sie ernsthaft die Zerschlagung dieses Imperiums betreiben. Aber als Frau habe sie in Rußland ohnehin keine Chance.

»Oder kennen Sie im Westen einen weiblichen Geheimdienstchef?«

»Nein«, sage ich und zucke bedauernd die Schultern.

Der Traum der Rußlanddeutschen

Kein Hinweisschild, keine Tafel, kein Name weisen den Weg. An der mit grünem Wachstuch bezogenen Tür im 5. Stock eines tristen Wohnblocks im Moskauer Nordwesten ist lediglich ein kleines Blechschild mit der Zahl 48 angebracht. Hier soll, so hat man uns am Telefon gesagt, die größte Organisation der Rußlanddeutschen, die »Wiedergeburt«, ihr Stabsquartier haben.

Auf unser zaghaftes Klingeln öffnet ein unrasierter junger Mann im grauen Unterhemd. Etwas verwirrt fragen wir – auf russisch –, ob wir hier richtig seien »bei den Deutschen«. Das schon, aber wir mögen doch bitte einen Moment warten, sagt er ebenfalls auf russisch und schließt die Tür wieder. Nach einer Weile öffnet sie sich erneut. Im Türrahmen steht ein imposanter etwa 40jähriger, äußerst gepflegt aussehender Mann im dunklen Anzug. Ein akkurat gestutzter schwarzer Bart gibt seinem Gesicht einen markanten Ausdruck. Es ist Heinrich Groth, der Vorsitzende der »Wiedergeburt«, in der etwa 120000 der insgesamt zwei Millionen Rußlanddeutschen organisiert sind. In gutturalem, aber exaktem Deutsch begrüßt er uns, bittet uns hinein, entschuldigt sich, daß es etwas gedauert habe, aber man habe uns erst später erwartet. In der Tat, wir sind aus Versehen etwas zu früh gekommen.

Das »Stabsquartier« entpuppt sich als eine ganz normale Moskauer Zweizimmerwohnung. In der Küche, so sehen wir durch die Glastür, sitzen fünf Männer an einem kleinen Tisch beim Mittagessen. Im kleineren der beiden Zimmer sortiert eine ältere Frau Akten.

Heinrich Groth bittet uns auf die grünbezogene Couch im Wohnzimmer, das zugleich Empfangsraum, Arbeitszimmer und Schaltzentrale ist. An der Wand hängt eine große Deutschlandkarte, daneben, mit einer Reißzwecke befestigt, eine farbige Autogrammpostkarte. Sie zeigt Horst Waffenschmidt, den Staatssekretär im Bonner Innenministerium. Er ist der Beauftragte für Aussiedlerfragen und macht den Rußlanddeutschen seit Jahren Hoffnung auf eine neue autonome Wolga-Republik. Sein wichtigstes politisches Ziel ist, dafür zu sorgen, daß möglichst wenig Rußlanddeutsche in die Bundesrepublik übersiedeln.

Unter der Deutschlandkarte steht ein großer Fernsehapparat mit Videorecorder, daneben ein offenbar nagelneuer Fotokopierer. Der dreieckige Wimpel auf dem Tisch trägt die Inschrift »Königsberg«, daneben liegt der Kalender eines deutschen Reisebüros.

Der Boden ist übersät mit Broschüren und Stapeln von Zeitungen in russischer und deutscher Sprache. Zu Zeiten der Sowjetmacht existierten nur zwei regimefromme deutschsprachige Zeitungen: die Wochenschrift »Neues Leben« sowie die »Freundschaft«. Beide wurden in Alma-Ata, der Hauptstadt Kasachstans herausgegeben, wo besonders viele Deutsche leben. Inzwischen gibt es auch wieder die historische »St. Petersburgische Zeitung«, das in deutscher und russischer Sprache erscheinende Bulletin der wiedergegründeten »Sankt Petersburger Deutschen Gesellschaft« sowie die jeden Samstag in Alma-Ata erscheinende »Deutsche Allgemeine«, die – wie sie sich nennt – »Zeitung der Rußlanddeutschen«. Aufmachung und Druck sehen einer berühmten Frankfurter Zeitung verblüffend ähnlich.

Zum Gespräch mit Heinrich Groth kommen auch die Freunde und Mitarbeiter, die bislang in der Küche gesessen haben. Einer von ihnen ist Dr. Viktor Schulz, Dozent für Wirtschaftswissenschaften und Vorsitzender der »Deutschen Gesellschaft« in Jekatarinburg im Ural, ein anderer Gerhard Wolter, dessen Schicksal exemplarisch für das Hunderttausender Rußlanddeutscher steht.

Geboren 1923 im deutschen Dorf Kruposchin in der Nähe der ukrainischen Stadt Schitomir, wurde er im November 1941 als Deutscher zusammen mit seinen Eltern und Geschwistern nach Kasachstan deportiert. In offenen Güterwagen, bei eisiger Kälte, fast ohne Nahrung. Viele überlebten schon den Transport nicht. Sie verhungerten, erfroren. Die Leichen wurden beim Halt auf freier Strecke aus dem Zug geworfen.

Nach dem Überfall Hitlers auf die Sowjetunion hatte Stalin kurzerhand alle in Rußland und den anderen Sowjetrepubliken lebenden Deutschen zu Kollaborateuren erklärt, zu Volksfeinden. Über Nacht mußten sie ihre Dörfer in der Ukraine, auf der Krim, im Kaukasus und entlang der Wolga verlassen, in denen manche Familien schon zwei Jahrhunderte gelebt hatten.

Katharina die Große hatte sie 1763 ins Land gerufen, ihnen Freiheit und Privilegien, Milch und Honig versprochen und sie unter ihren besonderen Schutz gestellt. Sie hatten Wälder gerodet und Sümpfe trockengelegt, Steppen fruchtbar gemacht und öde Dörfer in blühende Städte verwandelt. Unter Stalin nun wurden sie, schlimmer als Vieh, in die Weiten Sibiriens und die Steppen Mittelasiens abtransportiert. Wie viele dabei und später bei der Zwangsarbeit in den Lagern ums Leben kamen, ist unbekannt. Vorsichtige Schätzungen gehen von mindestens 300000 aus. Auch nach dem Ende des Zweiten Weltkrieges durften sie nicht in ihre angestammten Siedlungsgebiete zurück. Zwar erlebten sie 1964 eine teilweise Rehabilitierung, doch blieben sie weiterhin eine diskriminierte Minderheit. Ohne eigene Schulen und Kirchen, ohne Möglichkeit, ihre Sprache und Kultur zu pflegen. Ihr sprichwörtlicher Fleiß und ihre Disziplin machten sie in den Gegenden, in denen sie nun lebten, in Sibirien und Mittelasien vor allem, zu einem wichtigen Wirtschaftsfaktor. Ihr Wunsch nach einer eigenen Republik aber, der Wiederherstellung der autonomen »Wolga-Republik der Deutschen«, blieb ein Traum. Ihre einzige Hoffnung war, eines Tages nach Deutschland ausreisen zu können.

Auch Gerhard Wolter wurde bis 1947 in einem sibirischen Lager festgehalten. Nach seiner Freilassung arbeitete er als Lehrer, später als Dozent für Philosophie an der Hochschule in Frunse, der Hauptstadt der Sowjetrepublik Kirgisien. Er hat die Geschichte seiner Familie und sein Schicksal im Lager aufgeschrieben. Das Buch trägt den russischen Titel »Zone der völligen Ruhe«. Es ist ein dünnes Bändchen, mit einem Stacheldrahtzaun und einem Wachturm auf dem Umschlag. Voller Stolz überreicht er es mir und entschuldigt sich, daß es noch nicht auf deutsch erschienen sei, aber das käme noch, es gehe eben auch nach der Perestrojka nicht alles so schnell. Für ihn sei es schon ein Wunder, daß er diese Erinnerungen überhaupt habe veröffentlichen können.

Welches denn die Ziele der »Wiedergeburt« seien, fragen wir die Männer. »Die Wiederherstellung der deutschen Autonomie, die Wiederherstellung der Wolga-Republik«, lautet die unisono vorgetragene Antwort. Warum es denn unbedingt die Wolga-Republik sein müsse, insistieren wir, ob denn nicht auch ein autonomes deutsches Gebiet in Kasachstan, wo ohnehin die meisten Rußlanddeutschen leben, oder um Königsberg herum denkbar wäre?

»Die Wolga-Republik«, sagt Heinrich Groth, »war unser politisches und kulturelles Zentrum. Würde sie wiederhergestellt, so wäre dies für alle Deutschen hier ein Signal, daß es für sie in Rußland noch eine Zukunft gibt. Eine andere Lösung als eine Wolga-Republik würde niemand akzeptieren. Wir wissen, daß man so etwas nicht in ein oder zwei Monaten aufbauen kann. Man müßte zunächst die gesetzlichen Grundlagen schaffen und dann Schritt für Schritt vorangehen. Aber, das ist klar, die Wolga-Republik war unser Ideal.«

Wir horchen auf. Wieso war sie es? Heißt das, dieses Ideal gibt es nicht mehr?

Heinrich Groth läßt sich Zeit. Dann meint er bedächtig: »Dieses Ideal war ein Traum. Doch dieser Traum ist zerstört.«

Fragend blicken wir ihn an.

»Wir haben begriffen«, fährt er fort, »daß uns die Menschen, die jetzt dort leben, die Russen, nicht wollen. Einige von uns sind schon zurückgegangen an die Wolga, doch man gibt ihnen kein Land, kein Baumaterial. Alles, was Jelzin verspricht, ist gelogen. Ein verseuchtes Raketengelände hat er uns angeboten. Seit neuestem spricht er von der ›versuchsweisen‹ Errichtung zweier deutscher Kreise an der Wolga. Aber da können noch so viele Protokolle unterzeichnet werden, die Menschen da unten wollen uns nicht. Und daran wird alles scheitern. Alles, was Jelzin verspricht, geschieht nur, um Millionenkredite in der Bundesrepublik lockerzumachen. Ich habe den Glauben an die Wolga-Republik verloren. Und ich kenne auch niemanden, der noch daran glaubt. Die Bundesregierung weiß das, doch sie hat Angst, es öffentlich zuzugeben. Sie fürchtet, wir werden alle hier abhauen, wegmachen, wie man bei uns sagt. Und das stimmt auch. Mehr als 90 Prozent von uns sitzen auf gepackten Koffern.«

Dann kommt Heinrich Groth auf Staatssekretär Waffenschmidt zu sprechen. Er könne ja verstehen, daß der die Rußlanddeutschen zum Bleiben bewegen wolle, denn jeder, der nach Deutschland fahre, koste die Bundesrepublik viel Geld. Auch gebe es dort Schwierigkeiten mit Wohnungen und Arbeitsplätzen. Aber was der Staatssekretär den Leuten auf dem letzten Kongreß der Rußlanddeutschen in Moskau erzählt habe, dringe einfach nicht »in die Herzen der Menschen«. Es wäre doch viel besser, ihnen die Wahrheit zu sagen. Die Idee der Wolga-Republik offiziell aufzugeben und statt dessen ein Programm zu erarbeiten, das eine »geordnete« Übersiedlung aller ausreisewilligen Deutschen in den nächsten fünf Jahren ermögliche. Geschehe dies nicht, würde ein Chaos entstehen, weil alle zugleich fahren wollten; weil jeder fürchte, später nicht mehr rauszukommen.

»Jede deutsche Familie in Rußland«, so Groth, »muß die Sicherheit haben, in drei bis fünf Jahren nach Deutschland zu kommen.«

Ob es denn eine Lösung wäre, wenn den Rußlanddeutschen das Recht auf eine doppelte Staatsangehörigkeit zugestanden würde?

Dies würde, so Groth, die Situation für manche erleichtern. Doch für die Deutschen, die in den moslemischen Staaten der GUS leben – und das sei die Mehrheit –, wäre dies keine Lösung. Denn dort: in Kirgisien, im nördlichen Kasachstan und in Tadschikistan, würde der islamische Fundamentalismus von Tag zu Tag stärker, würden sich die nationalen Konflikte immer mehr zuspitzen. Die Deutschen dort wären auf Dauer ihres Lebens nicht mehr sicher.

Auf die Frage, wozu er denn seinen Landsleuten rate, antwortet Groth diplomatisch: »Ich sage ihnen nicht, geht oder bleibt. Ich sage ihnen nur, daß es hier keine eigene deutsche Republik, keine Wolga-Republik mehr geben wird. Daß wir hier keine nationale Zukunft mehr haben.«

Und er selbst?

»Ich werde in drei bis fünf Jahren meine Koffer packen. So lange muß ich noch bleiben, das bin ich meinen Landsleuten hier schuldig.«

Viktor Schulz aus Jekatarinburg hat die ganze Zeit schweigend zugehört. Er wolle, so wirft er nun ein, doch noch ein Mißverständnis ausräumen. Er lese immer in Zeitungen, die er aus der Bundesrepublik bekommt, daß es den Rußlanddeutschen seit Gorbatschow viel besser ginge; daß sie nicht mehr diskriminiert würden, ihre eigene Sprache und Kultur pflegen könnten, gleichberechtigte Bürger seien. Dies scheine aber nur so. Die Wirklichkeit sehe anders aus. Er zum Beispiel hätte 1990 zum Dekan der Wirtschaftswissenschaftlichen Fakultät in Jekatarinburg gewählt werden sollen. Doch sei dies von der Leitung der Hochschule mit dem Argument verhindert worden, daß zum 45. Jahrestag des Sieges über die Hitleristen doch nicht ein Deutscher in ein so hohes Amt einer russischen Universität gewählt werden könne.

Der einzige Unterschied zu der Zeit vor 1985, vor Gorbatschow, sei, »daß man jetzt laut weinen kann«. Nein, im Grunde sei die Situation heute schlimmer als früher. »Früher hatten wir noch Hoffnung. Jetzt haben wir keine mehr. Man spielt nur mit uns!«

Als wir gehen, geben wir allen die Hand. Der letzte Satz, den jeder zu uns sagt, lautet: »Auf Wiedersehen in Deutschland.«

Tatjana Welikanowa: Der Stolz und die Würde der Frauen

Vor 13 Jahren hatten wir uns zuletzt gesehen – drei Tage vor ihrer Verhaftung. Nun liegen fast neun Jahre Gefängnis, Lager und Verbannung hinter ihr. Doch äußerlich hat sie sich kaum verändert. Sie ist noch etwas schmächtiger geworden, das Haar eine Spur grauer. Ihre offenen Gesichtszüge wirken noch feiner, die dunklen Augen hinter der großen, hellen Brille noch gütiger – und zugleich lebendiger denn je. Die »Frau mit dem erstaunlichen Gesicht«, hat sie eine ihrer Mitgefangenen, die Lyrikerin Irina Ratuschinskaja, genannt.

»Ihr Gesicht hat etwas, das gleich und auf Dauer für sie einnimmt. Wie konnten sie sie verurteilen und ihr dabei in die Augen sehen? Was empfanden sie dabei?«

Tatjana Welikanowa hat ihren Weg bewußt gewählt. Als Mitglied der Moskauer Helsinki-Gruppe zur Verteidigung der Menschenrechte hatte sie sich für politische Gefangene, für Demokratie und Meinungsfreiheit eingesetzt – öffentlich. Häufig hatten wir uns in der Wohnung Andrej Sacharows getroffen, wo die Gruppe ihre Versammlungen und kleinen Pressekonferenzen abhielt. Auch am 30. Oktober 1979, dem internationalen »Tag des politischen Gefangenen«.

Offiziell gab es in der Sowjetunion keine politischen Gefangenen. Doch viele der in den sowjetischen Gefängnissen und Lagern wegen angeblich »krimineller Delikte« Inhaftierten waren in Wirklichkeit wegen ihrer politischen Überzeugungen und Aktivitäten verurteilt. Über sie berichtete Tatjana Welikanowa auch an diesem 30. Oktober 1979. Über Anatolij Scharanskij, der im Gefängnis von Wladimir schwer erkrankt war, über den litauischen Bürgerrechtler Viktoras Pjatkus, der im tatarischen Gefängnis Tschistopol binnen weniger Wochen mehr als 25 Kilo abgenommen hatte, über Anatolij Martschenko, dessen Zustand sich in einem sibirischen Lager lebensbedrohlich verschlechtert hatte. Sie berichtete von Menschen, die seit 25 Jahren und noch länger in Lagern saßen; viele von ihnen seien zu Invaliden geworden, manche könnten sich schon gar nicht mehr daran erinnern, warum sie verurteilt wurden.

»Es widerspricht den Gesetzen und den Geboten der Menschlichkeit, diese Menschen im Gefängnis festzuhalten«, sagt Tatjana Welikanowa.

Wie viele politische Gefangene es in der Sowjetunion zu diesem Zeitpunkt insgesamt gebe, wisse auch die Helsinki-Gruppe nicht genau. Namentlich seien ihnen etwa 700 bekannt. Die tatsächliche Zahl dürfte zwischen 2000 und 10000 liegen.

Dann berichtet Tatjana Welikanowa über die Repressalien gegenüber den Mitgliedern der Moskauer und ukrainischen Helsinki-Gruppe. In Kiew sei der Schriftsteller und Mitarbeiter der Helsinki-Gruppe Jurij Litwinow auf offener Straße von KGB-Leuten zusammengeschlagen worden. Die Moskauer Helsinki-Gruppe selbst erhalte täglich neue Drohungen.

»Sie wollen den Leuten Angst einjagen und die offen agierende Menschenrechtsbewegung in den Untergrund drängen, denn dort würde man leicht mit ihr fertig.« Doch sie, so Tatjana Welikanowa, würden offen arbeiten, solange dies nur irgend möglich sei.

Zum Schluß werden, wie immer bei den Versammlungen der Moskauer Helsinki-Gruppe, einige eng mit Schreibmaschine beschriebene Seiten verteilt. Die »Dokumente Nr. 111–115«. In ihnen sind mit akribischer Genauigkeit die jüngsten Fälle von Menschenrechtsverletzungen in der Sowjetunion geschildert. Emotionslos, in der nüchternen Sprache juristischer Schriftsätze. Tatjana Welikanowa ist gelernte Mathematikerin.

Nach der Versammlung frage ich sie, ob wir wirklich alles senden dürften, was wir eben gesehen und gehört hätten?

»Natürlich, dafür wart ihr doch hier – oder?«

Ob sie und ihre Freunde denn nicht fürchten müßten, verhaftet zu werden, wenn dies alles im westlichen Fernsehen gezeigt würde?

»Damit«, so Tatjana Welikanowa, »müssen wir immer rechnen. Aber wenn wir schweigen, wird alles noch schlimmer. Nur solange wir reden, haben wir eine Chance, zu helfen. Ich ziehe die Haft dem Schweigen vor.« Sie sagt es, als rede sie vom Wetter.

Drei Tage später, am 1. November 1979, wird Tatjana Welikanowa verhaftet. Wegen »antisowjetischer Agitation und Propaganda« (Artikel 70 des sowjetischen Strafgesetzbuches) wird sie zu vier Jahren Lagerhaft und fünf Jahren Verbannung verurteilt. Der Prozeß ist nicht öffentlich, das Urteil den Richtern vom KGB vorgegeben.

Die Stationen des fast neunjährigen Leidenswegs von Tatjana Welikanowa sind das berüchtigte Gefängnis Lefortowo in Moskau, das Lager Baryschewa in Mordwinien und ein Verbannungsort im öden Steppengebiet um Mangyschlak in Kasachstan.

Seit knapp vier Jahren lebt Tatjana Welikanowa wieder in Moskau. Zusammen mit ihrem Sohn, dessen geschiedener Frau und vier Enkelkindern. In einer Dreizimmerwohnung, etwa 45 Quadratmeter groß.

Das Zimmer, das Tatjana Welikanowa bewohnt, mißt sechs Quadratmeter. Ein schmales Bett, unter dem zwei kleine, abgeschabte Pappkoffer liegen, ein Stuhl, ein über zwei Holzböcke gelegtes Brett, das als Schreibtisch dient. In der Ecke ein winziger Fernseher, an der Wand ein kleines Bücherregal – vollgestopft mit mathematischer Fachliteratur und Wörterbüchern.

Tatjana Welikanowa setzt sich auf die Bettkante, zündet eine Zigarette an. Meine erste Frage gilt ihrer Gesundheit und ihrer derzeitigen beruflichen Tätigkeit.

Gesundheitlich, sagt sie und zieht gleichmütig an ihrer Zigarette, gehe es ihr gut. Mit den Augen habe sie Probleme, aber die habe sie schon immer gehabt. Und solange es nicht schlimmer werde, komme sie ganz gut zurecht.

Mit dem Beruf sei das eine andere Sache. Als sie aus der Verbannung zurückkam, habe man sich geweigert, sie an ihrem alten Arbeitsplatz wieder einzustellen; an der Akademie der Wissenschaften, wo sie Computerprogramme entwickelt hat. Und in gewisser Weise könne sie das verstehen. Denn in den neun Jahren, in denen sie von der Außenwelt weitgehend abgeschnitten war, sei ja auch die wissenschaftliche und technische Entwicklung über sie hinweggegangen.

Doch die Arbeit, die man ihr statt dessen angeboten hat, sei ungewohnt gewesen; Mathematiklehrerin an einer Grundschule. Nie zuvor hatte sie Kinder unterrichtet, immer nur wissenschaftlich gearbeitet, und nun, mit 56 Jahren, plötzlich vor Drittkläßlern zu stehen, das war schon eine schwierige Sache. Doch von irgend etwas müsse sie ja leben – Haftentschädigung sei ihr zwar in Aussicht gestellt, 120 Rubel pro Monat, doch noch habe sie keine Kopeke erhalten. Und selbst wenn sie das Geld jetzt bekäme, reichte es nicht einmal für ein halbes Kilo Wurst. Inzwischen jedoch habe sie sich an die neue Arbeit gewöhnt, ja, sie mache ihr ausgesprochen Spaß. Etwas Sinnvolleres, als Kinder zu unterrichten, könne man sich doch gar nicht vorstellen.

Über ihre Jahre im Gefängnis, im Lager und in der Verbannung gebe es eigentlich nichts Aufregendes oder Dramatisches zu berichten. Es sei eben der normale sowjetische Gefängnis- und Lageralltag gewesen, wie ihn Millionen in diesem Land erlebt hätten, meist sogar noch viel schlimmer.

Auf meine Frage, was denn für sie persönlich das schwerste in all den Jahren gewesen sei, antwortet sie lächelnd: »Mir war nichts schwer. Ich habe interessante, sympathische Menschen kennengelernt und die Zeit ausgenutzt. Englisch gelernt, mein Französisch aufgefrischt. Aus Wörterbüchern, die wir uns per Post bei einem Moskauer Verlag bestellen durften.«

Daß sie arbeiten mußte, sei doch selbstverständlich gewesen. Um 6 Uhr morgens war Wecken, dann mußten sie Arbeitshandschuhe nähen. Wenn sie die tägliche Norm geschafft hatte, blieb immer noch Zeit für sie selbst. In der Verbannung habe sie später als Putzfrau gearbeitet, Fußböden geschrubbt. Aber auch das sei besser gewesen als gar keine Arbeit, denn auf diese Weise habe sie schließlich etwas Geld verdient.

Auch mit dem Wachpersonal, den Gefangenenwärterinnen, habe sie keine Probleme gehabt.

»Ich habe mich den Wärterinnen gegenüber sanft verhalten.«

Nur einmal sei sie im Karzer gewesen. Und einmal, ein paar

Wochen, in Isolationshaft. Vor ihrer Entlassung aus dem Lager in die Verbannung. Aber auch das sei normal gewesen. Schließlich wollte man verhindern, daß sie frische Informationen aus der Lagerzone nach außen mitnähme.

Die Lagerbaracke, in der Tatjana Welikanowa und ihre fünf politischen Mitgefangenen lebten, bestand aus einer Werkstatt und einem Schlafraum.

Für die Frauen das wichtigste im Lager, so hat es Irina Ratuschinskaja in ihrem Buch über die gemeinsame Haftzeit geschrieben, war, »ihren Stolz und ihre Würde« zu bewahren.

»Auch wenn wir in einer Baracke zusammengepfercht leben, wie Bettler gekleidet sind und Durchsuchungen und gewaltsame Ausschreitungen über uns ergehen lassen müssen – wir sind Menschen. Uns werden sie nicht kleinkriegen. Bei uns ist es nicht üblich, verhöhnende oder sinnlose Forderungen der Verwaltung zu erfüllen, weil wir uns nicht von unserer inneren Freiheit lossagen werden. Wir leben zwar hinter Stacheldraht, und man hat uns alles genommen, uns von Freunden und Verwandten isoliert, aber solange wir uns verweigern, werden wir frei sein... Arbeiten? Jawohl, vorausgesetzt, wir sind nicht krank oder streiken. Handschuhe für Arbeiter nähen ist eine saubere und anständige Sache. Die Norm erfüllen? Das hängt davon ab, in welchen körperlichen Zustand ihr uns bringt. Reicht die Kraft – bitte schön, wenn nicht, findet euch mit weniger ab. Gefangenenkleidung tragen? Andere haben wir nicht, und irgend etwas müssen wir anziehen. Aber für euch die verbotene Zone säubern – nein, das lehnen wir ab: Für uns ist weder der direkte noch indirekte Bau von Gefängnissen und Lagern annehmbar. Fürs Gefängnis arbeiten wir nicht, das ist eure Angelegenheit... Natürlich wird das bestraft, wir wissen es. Aber so verlieren wir unsere menschliche Würde nicht und verwandeln uns nicht in dressierte Tiere... Wenn der Hund die Hand leckt, zwingt man ihn, auch die Stiefel zu lecken. Aber wir sind keine Hunde, und ihr seid für uns keine Autorität. Nehmt das gefälligst zur Kenntnis. Und redet uns gefälligst höflich mit ›Sie‹ an, sonst antworten wir nicht, und ihr könnt euch unseretwegen heiser schreien. Mit euren politischen Schulungen, Vorträgen und sonstiger Propaganda verschont uns, sonst verlassen wir einfach das Haus, ignorieren euer Gerede. Nein, ihr Besten, hier werdet ihr keine Selbstbestätigung finden! Ihr seid ja nicht einmal fähig, unserem Blick standzuhalten.«

Unter den Frauen im Lager war Tatjana Welikanowa die unbestrittene Autorität.

»Ihre Geduld gegenüber den Schwächen und Fehlern anderer Menschen«, so beschreibt es Irina Ratuschinskaja, »war grenzenlos... Außerdem war sie eine wandelnde Enzyklopädie in Fragen der Menschenrechtsbewegung und deren Traditionen. Oft, sehr oft, dachte ich nach ihrer Abreise voller Dankbarkeit an diese hochherzige, selbstlose Frau, die durch die edle Tradition von Würde und Sorge Maßstäbe in der Lagerzone setzte.«

Verständlich, daß von einem der wachhabenden Offiziere des Lagers der Spruch überliefert ist: »Lieber mit zweihundert Kriminellen umgehen als mit eurem kleinen Haufen...«

Doch von all dem erwähnt Tatjana Welikanowa auf ihrer Bettkante kein Wort. Scheinbar ohne Gemütsregung berichtet sie lediglich von den Regularien der Lagerordnung: zweimal im Monat ein Brief, einmal im Jahr Besuch von Angehörigen. Pro Tag als Norm 66 Paar Handschuhe, fünfmal Kontrolle durch die Wärterinnen. Immerhin, sowjetische Tageszeitungen durften sie abonnieren und zuweilen in einem Nebenraum einen alten Fernseher einschalten.

Als Gorbatschow 1985 an die Macht kam und Andrej Sacharow aus der Verbannung nach Moskau zurückkehren durfte, schien es auch Tatjana Welikanowa, daß nun »eine große Sache« beginne. Ein Prozeß, von dem niemand wußte, wohin er führen, der aber nicht ohne Wirkung bleiben würde.

»Dabei war es für mich ziemlich unwichtig, ob nun alle Politgefangenen freigelassen werden oder nicht. Entscheidend war, daß es nun Pressefreiheit gab, daß die Menschen erfuhren, wer die Dissidenten wirklich sind, was Demokratie bedeutet.«

Sie selbst lehnt es ab, begnadigt zu werden. Zweimal reist der Oberstaatsanwalt des Gebietes an und schlägt ihr vor, ein Papier zu unterschreiben, in dem sie ihre »Taten« bereuen und sich verpflichten sollte, in Zukunft die Gesetze der Sowjetunion zu beachten. Doch Tatjana Welikanowa erklärt dem fassungslosen Beamten, sie habe nie gegen die Gesetze verstoßen und schon gar nichts zu bereuen. Sie bestehe darauf, rehabilitiert zu werden oder ihre Strafe bis zum letzten Tag abzusitzen.

Ob sie rückblickend diese neun Jahre im Gefängnis, im Lager, in der Verbannung nicht als verlorene Jahre ansehe, frage ich.

»Wo denken Sie hin? Das war das einzige, womit ich vor mir selbst bestehen konnte. Ich wußte, was ich tat, und ich mußte es tun. Über die Konsequenzen war ich mir immer im klaren. Es war meine innere Überzeugung, ich habe gelebt, wie ich wollte. Es war die einzige Möglichkeit, sich als freier Mensch zu fühlen.«

Die größte Angst hatte sie in all den Jahren davor, daß sie der Westen freikaufen könnte und sie ausreisen müßte. Ihr Platz war hier. Die Vorstellung, in einem anderen Land leben zu müssen, sei viel unerträglicher gewesen als jede Haft oder Verbannung.

Und dann wird sie hart: »Ich habe nie die Leute verstanden, die ausgereist sind. Jeder einzelne wird hier gebraucht. Jeder, der weggefahren ist, hat uns geschwächt.«

Warum sie sich denn heute nicht mehr mit Politik beschäftige, sich außer in der Gruppe »Memorial«, die sich um ehemalige Häftlinge kümmert, nirgendwo mehr aktiv engagiert?

Tatjana Welikanowa drückt ihre Zigarette aus, zündet sich die nächste an. »Ich habe mich nie mit Politik befaßt. Die Mächtigen hielten das, was wir taten, für Politik, machten uns zu politischen Gefangenen. Uns ging es aber nur um Freiheit des Geistes, des Wortes, um Menschenrechte.«

Jetzt gehe es um »richtige Politik«. Um Wahlen, Parteien, Kampagnen. Das alles sei nicht ihre Sache, dazu tauge sie nicht.

»Ich wäre eine schlechte Politikerin. Meine Aufgabe ist heute eine andere – Kinder zu erziehen, damit eine wirklich neue Generation heranwächst.«

Das fordere alle Zeit, alle Kraft von ihr. Sicher, einige ihrer Freunde würden sich nun in verschiedenen Parteien engagieren, seien Berater Jelzins und anderer wichtiger »Figuren«. Doch sie habe alle Angebote, dort mitzumachen, abgelehnt. Man könne sich immer nur auf eine Sache konzentrieren.

»Und für uns sind jetzt die Kinder das wichtigste. Das ist unser einziges Kapital, unsere Hoffnung.«

Und wenn sich die Situation ändern würde, der Reformprozeß im Land gestoppt oder sogar rückgängig gemacht würde?

»Ich bin Optimist. Ich glaube, daß wir eine Zukunft haben, daß es besser werden wird. Sicher, vorher wird alles erst einmal noch schlimmer, viel schlimmer. Das Land wird noch zehn Jahre oder mehr zittern. Der Prozeß ist unendlich schwierig, und die Leute sind nicht darauf vorbereitet. Erst unter Gorbatschow hat man damit angefangen, die Menschen zu verändern: Durch Informationen, durch Psychologie. Ganze Generationen sind bei uns verdorben worden. Ihnen ist nur beigebracht worden, zu bummeln, zu klauen... Durch die Marktwirtschaft bekommen sie nun eine neue Perspektive. Sie wird das Bewußtsein der Menschen verändern und eine Rückkehr zu moralischen Prinzipien in Gang setzen, eine Rückkehr zur Achtung der Gesetze.«

Und die Gefahr eines gewaltsamen Umsturzes, einer Rückkehr des Terrors?

»Dies Land ist heute nicht mehr mit Terror zu regieren. Nach der Revolution, 1917, gab es Leute, die an den Sozialismus geglaubt haben, überzeugte Kommunisten, Idealisten. Heute gibt es keine Mythen mehr, die wirksam werden könnten. Und die alten Kommunisten sterben aus.«

Und wenn sie sich irrt und es doch einen Umsturz gibt?

Tatjana Welikanowa lächelt. »Dann tue ich das gleiche wie früher.«

Noch einmal Gefängnis, Lager, Verbannung?

»Natürlich. Aber seien Sie nicht so pessimistisch. Die Veränderungen in den Köpfen der Menschen macht niemand mehr rückgängig.«

Demnächst soll Tatjana Welikanowa von der Stadt Moskau eine besondere Entschädigung bekommen: das Recht, eine Einzimmerwohnung zu mieten. Ganz für sich allein.

Junge Manager

»Wir konkurrieren nicht mit der Russischen oder der Moskauer Börse. Unsere Konkurrenten sind London und New York.«

Wäre es nicht Walerij Newerow, der solche Sprüche klopft – man könnte ihn für einen Größenwahnsinnigen halten. Doch der 35jährige Doktor der Physik, dessen Hobby klassische Philosophie ist, steht mit beiden Beinen auf dem Boden der Realität. Er hat eine Karriere wie aus dem Lehrbuch des Kapitalismus hinter sich. Mit dem Unterschied, daß er nicht als Tellerwäscher angefangen hat, sondern als Student des Moskauer Metallurgischen Instituts: ein Tüftler, der schon während des Studiums einige seiner Erfindungen patentieren ließ, ohne daraus aber besonderen finanziellen Nutzen ziehen zu können – die Zeiten der Sowjetmacht waren nicht danach.

Zu seinen ersten Ideen gehörte die Ausrüstung von Hubschraubern mit Lasergeräten zum Aufspüren defekter Stellen in den Pipelines, die Erdöl und Erdgas von Sibirien Richtung Westen transportieren. Als Dozent verdiente Newerow danach an der westsibirischen Universität von Tjumen sein karges akademisches Brot, bis er 1986 mit einigen Kollegen eine kleine »Kooperative« gründete. Sie widmete sich dem Handel mit Spezialgeräten zur Erdölförderung und mit Konsumgütern, an denen bis heute in den Weiten Sibiriens schmerzlicher Mangel herrscht. Das Startkapital hatte Newerow bei Freunden und Verwandten mühselig zusammengekratzt: mickrige 9000 Rubel. Das waren damals etwa 3000 D-Mark.

Seine große Stunde kam im August 1990, als die staatlichen Erdölkombinate Sibiriens durch Regierungserlaß das Recht bekamen, zehn Prozent der geförderten Ölmenge in eigener Regie und auf eigene Rechnung zu verkaufen. Newerow kaufte den Arbeitern einiger großer Kombinate dieses Recht ab. Er bot nicht nur einen höheren Preis als den handelsüblichen, sondern versprach auch die Belieferung mit Lebensmitteln und defizitären Konsumgütern. Ein Versprechen, das er, auf welche Weise auch immer, einlöste.

Die Firma, die er zu diesem Zweck gründete, nannte er »Hermes«. Heute ist »Hermes« ein Zusammenschluß von mehr als 30 unabhängigen Aktiengesellschaften, ein Mischkonzern, der in vielen russischen Städten Börsen und Handelshäuser unterhält. In der russischen Hauptstadt die »Tjumen-Moskauer-Erdölbörse«, die – dem Umsatz nach – größte Börse Rußlands überhaupt. In Kaliningrad und St. Petersburg Warenbörsen, in Rostow am Don die »Sibirisch-Ukrainische Börse«, in der Erdöl gegen Weizen gehandelt wird.

Der Konzern ist beteiligt an Erdöl- und Erdgasgesellschaften in Sibirien, an Unternehmen, die medizinisch-technisches Gerät herstellen, an Handelshäusern, die Holz aus Rußland verkaufen und Computer aus dem Westen importieren; er beschäftigt sich auch mit reinen Wertpapiergeschäften und hat unlängst im südsibirischen Barnaul ein Versicherungsunternehmen gegründet. Im Jahr 1991 setzte der Konzern mehr als 50 Millionen Rubel um. Die Zahl der Aktionäre – natürliche wie juristische Personen – beträgt inzwischen mehr als 200000. Unter ihnen befinden sich auch die größten regionalen Erdölkombinate Sibiriens. Der Nominalwert der Aktien beträgt 1000 Rubel pro Stück. Auf dem Markt werden sie zur Zeit für 100000 Rubel gehandelt.

1991, so meldete die russische Zeitschrift »Geschäftsleute«, spendete Walerij Newerow fünf Millionen Rubel für den Wiederaufbau der Moskauer Erlöserkirche. Nicht etwa, wie das im Westen üblich sei, aus Firmenvermögen, sondern aus der Privatschatulle. Dennoch zeigte sich die Kirche erkenntlich. Patriarch Alexij, der die Schenkungsurkunde persönlich entgegengenommen hatte, segnete das »Busines« des jungen Unternehmers.

Der Moskauer Sitz von Hermes befindet sich im Gebäude des ehemaligen All-Unions-Instituts für Plastikerzeugnisse, einem vergleichsweise modernen Neubau aus Glas und Beton. Vor der Tür parken mehrere westliche Autos mit Moskauer Nummernschildern. An der gläsernen Eingangstür klebt ein handgemalter Zettel: »Verkauf von Kontrakten für Hermes-Öl im Haus der Hermes-Bank: dienstags und donnerstags von 10 bis 17 Uhr.«

Das »Haus der Hermes-Bank« entpuppt sich als das vierte Stockwerk des ehemaligen Plastik-Instituts. Ein Raum von der Größe eines Klassenzimmers, in dem die Öl-Kontrakte verkauft werden. An der einen Wand sind drei einfache Tische aufgebaut, hinter denen jeweils eine Frau sitzt. Auf einem der Tische steht ein Bildschirmgerät. Die anderen Tische sind übersät mit Stapeln von Papieren und Akten. An der Wand sehen wir einen großen Safe, auf einem der Tische eine Stahlkassette, offenbar für Kleingeld. An der Wand gegenüber reihen sich vier Klappsessel aneinander, die aus einem Kino oder Theater stammen. Sie sind am Boden festgeschraubt. Auf einem niedrigen Tischchen davor ist ein Exemplar des dreiseitigen »Öl-Kontrakts« sowie der Geschäftsbedingungen von Hermes ausgelegt. Unter einer Plastikfolie, die an den Ecken mit Reißzwecken befestigt ist. In der Mitte des Raums stehen drei freundliche junge Männer in Anzug, Schlips und Kragen, denen anzumerken ist, daß diese Art von Kleidung bis vor kurzem noch nicht zu ihrem Alltag gehörte. Es sind in Schnellkursen ausgebildete »Jungmanager«, Angestellte von Hermes, die sich zuvorkommend um jeden einzelnen Kunden kümmern.

Die Kontrakte, die an den Schaltern verkauft werden, lauten jeweils auf eine Tonne Öl. Preis: 3000 Rubel. Auch Dollar werden genommen, 30 Dollar pro Kontrakt, ein Drittel des Weltmarktpreises. Nach Einzahlung von 95 Prozent der Kaufsumme kann der Käufer über den Kontrakt verfügen. Er kann ihn auf dem freien Markt weiterverkaufen, er kann ihn zu Sonderkonditionen gegen Hermes-Wertpapiere eintauschen oder mit 25 Prozent Rabatt über Hermes Konsumgüter beziehen. Sollte er sich die Tonne Öl allerdings ins Haus liefern lassen wollen, so stößt dies auf Schwierigkeiten. Die Transportkosten, so einer der Jungmanager, würden das Geschäft für beide Seiten unrentabel machen. Und wer in Moskau habe im übrigen schon einen Keller?

Nach Ablauf eines halben Jahres verpflichtet sich Hermes, den Kontrakt zum Marktpreis zurückzukaufen. Er wird dann, so versichern die jungen Männer, mindestens bei 9000 Rubel liegen. Also eine ideale Versicherung gegen die Inflation. Einziges Risiko: wenn die Erdölarbeiter in Sibirien streiken.

»Dann geht nichts mehr. Denn Öl aus dem Ausland können wir nicht bezahlen.«

Im Kleingedruckten hat sich Hermes gegen alle Risiken, auch die, welche die politische Situation des Landes betreffen, abgesichert. Da ist nicht nur der übliche Passus, der den Vertrag im Falle von »höherer Gewalt« und »Naturkatastrophen« unwirksam werden läßt, sondern es wird auch ausdrücklich festgehalten: »Dieser Kontrakt wird ungültig bei einer Änderung der Gesetzgebung oder einer Änderung der Regierungspolitik.« Das heißt im Klartext also: bei einem eventuellen Staatsstreich, einem Verbot der Privatwirtschaft, einer Zerschlagung oder Enteignung der inzwischen entstandenen Konzerne und Aktiengesellschaften.

Schon in den ersten Tagen, so wird uns berichtet, seien für drei Millionen Rubel Kontrakte verkauft worden. An diesem Vormittag ist der Andrang bei Hermes nicht überwältigend. Nur zwei oder drei Kunden halten sich in der Schalterhalle auf. Es sind meist Männer mittleren Alters, besser gekleidet als der Moskauer Durchschnitt. Einige scheinen schon Erfahrung mit derartigen Geschäften zu haben; sie vergleichen die Kontrakte mit anderen Verträgen, die sie in der Aktentasche mitgebracht haben, und stellen den Jungmanagern nur kurze, knappe Fragen.

Unter denen, die sich ausführlich alles erklären lassen, ist ein Hundezüchter. Er verdiene mit seinem »Unternehmen« gutes Geld, aber dies werde, so sagt er, bei dem rasenden Tempo der Inflation von Tag zu Tag weniger wert. Warum nicht mal ein paar Tonnen Öl kaufen? Es sei doch ein gutes Gefühl, Ölbesitzer zu sein. Und mehr verlieren als durch die Inflation könne er bei diesem Geschäft auch nicht. Von Hermes habe er in der Zeitung gelesen, dies solle ein solides Unternehmen sein – obwohl, wie er einräumt, man das heutzutage bei keiner Firma genau wisse. Weder bei einer privaten noch bei einer staatlichen. Aber schließlich könne er sein Geld ja nicht an die Hunde verfüttern.

Gegen Mittag betritt ein altes Mütterchen den Raum. An ihrem grauen Kopftuch und dem verwitterten Gesicht kann man erkennen, daß die Frau vom Land kommt. Sie stützt sich auf einen Stock und trägt in der anderen Hand ein kleines, abgewetztes Köfferchen. Unsicher blickt sie sich um, doch sofort eilt einer der Jungmanager auf sie zu, geleitet sie zu einem der Klappsessel und setzt sich neben sie. Das Mütterchen kramt aus der Manteltasche seine Brille hervor und studiert aufmerksam die auf dem Tisch mit Reißzwecken festgemachten Papiere. Mit dem Finger fährt es Zeile um Zeile nach, immer wieder stockt es und bittet den Jungmanager um Erklärungen. Dessen Geduld scheint unerschöpflich. Nach etwa einer Dreiviertelstunde ist alles geklärt. Das Mütterchen tritt an den Schalter, hinter dem der Safe steht, öffnet den Koffer und holt ein Bündel Geldscheine hervor. Die Angestellte hinter dem Schalter zählt die Scheine und füllt ein paar Papiere aus, die das Mütterchen bedächtig unterschreibt. Von diesem Augenblick an ist es stolze Besitzerin einiger Tonnen Erdöl.

Auf unsere Frage, ob es indiskret wäre, zu fragen, woher sie das viele Geld habe, lächelt die Frau.

»Laß gut sein, junger Mann. Ich hab's eben.«

Zwei Stockwerke tiefer empfängt uns Wladimir Morischenkow, der »Erste Vizepräsident« von Hermes, wie er sich offiziell nennt. Er residiert in einem kahlen Büro, dessen Einrichtung lediglich aus einem Schreibtisch und einer roten Plüschcouch besteht. Auf dem Schreibtisch befindet sich ein aufgeklappter Laptop, daneben ein Jahreskalender von Pan Am.

Würde man Wladimir Morischenkow außerhalb seines Büros antreffen, käme niemand auf die Idee, ihn für den »Vizepräsidenten« eines, auch nach westlicher Währung, millionenschweren Konzerns zu halten. Der 33jährige, schlaksige junge Mann lümmelt, die Beine lässig übereinandergeschlagen, neben dem Besucher auf der Couch. Die Frage, ob er etwas dagegen hätte, wenn ich meinen Kassettenrecorder einschaltete, beantwortet er mit einem knappen: »Okay, okay!«

Wladimir Morischenkow, so stellt sich heraus, ist Techniker, Absolvent der berühmten Moskauer Technischen Universität, des Baumann-Instituts. Mit einer Arbeit über die elektronischen Kommunikationssysteme der Sputniks hat er promoviert und anschließend noch einige Semester Informatik studiert. Mit Handel habe er nie etwas zu tun gehabt, und auch heute betrachte er sich nicht als Händler, sondern als Techniker. Das einzige, was ihn interessiere, sei, wie man Geld am schnellsten umsetzt, und das sei schließlich eine technische Frage. Er habe auch nie danach gestrebt, persönlich Ersparnisse oder ähnliches anzuhäufen, obwohl er, das müsse er zugeben, inzwischen vielfacher Aktionär sei, Besitzer von Hermes-Aktien natürlich; aber das habe sich sozusagen zwangsläufig ergeben. Und etwas dagegen, reich zu werden, habe er auch nicht.

Und gutes Geld würde der Konzern wirklich machen. Er boome geradezu. Wenn es mal mit dem Öl nicht so gut liefe, handele man eben mit Holz. Und wenn es mit Holz Probleme gebe, verlege man den Schwerpunkt auf Weizen. Oder auf medizinisches Gerät oder wer weiß was. Diversifikation sei das entscheidende. Das würde jeder Manager im Westen im ersten Kurs lernen. Bei Hermes hätten sie es inzwischen ebenfalls begriffen. Deshalb hätten sie auch den ersten transnationalen Erdölkonzern in der ehemaligen Sowjetunion gegründet. Mit Firmen aus Rußland, Baschkirien und Tatarstan. Wenn es in einer Republik mal Schwierigkeiten gebe, könne man diese durch die anderen kompensieren. Hermes mache seine Geschäfte, abgesehen vom Import der Computer, ausschließlich auf dem inländischen Markt. Solange der Rubel nicht konvertierbar sei, wären alle Auslandsgeschäfte viel zu kompliziert und unsicher. Auch mit den ausländischen Krediten gebe es immer wieder Probleme. Mal würden sie zur Verfügung gestellt, dann wieder gestoppt.

Ein Problem sei aber, wohin mit den vielen Rubeln, die man verdiene. Da sei immer wieder von neuem die Phantasie gefordert. Im Augenblick zum Beispiel litten manche Erdölkombinate in Sibirien unter Bargeldmangel, weil die russische Nationalbank mit dem Drucken von Rubelscheinen nicht mehr nachkomme. Also habe sich Hermes angeboten, die Löhne für die Arbeiter in Tjumen selbst zu zahlen. Gegen gewisse Rechte natürlich, die die Kombinatsleitung an Hermes abtrete. Eine »heimliche Art der Privatisierung der Erdölvorkommen« nennt es Wladimir Morischenkow und lächelt dabei spitzbübisch.

Welche Rolle denn die Regierung bei ihren Geschäften spiele, frage ich und biete an, den Kassettenrecorder auszuschalten.

Doch Wladimir Morischenkow macht nur eine wegwerfende Handbewegung. »Eine negative. Meistens jedenfalls.«

Das Hauptproblem der Regierung, so Morischenkow, sei, daß es dort keine guten Leute mehr gebe. Jedenfalls nicht im Apparat, auf den es im Alltagsgeschäft ja ankomme. Fast alle, die dort etwas taugten, seien von der Privatindustrie weggekauft worden. Und das mache doppelten Sinn.

Erstens seien die Leute einfach gut, und zweitens hätten sie immer noch ihre alten Beziehungen und Seilschaften und wüßten am besten, wo man mit wem kungeln könne. Im Staats- und Regierungsapparat blieben eigentlich nur die Unfähigen und ein paar Ältere, für die der Zug in die Privatwirtschaft einfach abgefahren sei. Bei den niedrigen Gehältern, die im Staatsdienst gezahlt würden, sei es im übrigen auch ganz verständlich, daß fast jeder dort bestechlich sei; ja, sogar von sich aus Bestechungsgelder fordere, bevor er überhaupt einen Handschlag mache. Selbst wenn er, Wladimir Morischenkow, ein Patriot wäre, und das sei er mit Sicherheit, würde er nicht wieder in den Staatsdienst zurückgehen.

»Ich verstehe nicht, warum sich der Staat so wenig um seine Kader kümmert.« Mit den Regierungsbeamten ein Gespräch zu führen sei für die Leute aus der Privatwirtschaft wie ein Dialog zwischen Blinden und Taubstummen. »Es hat keinen Sinn.« Wie er, Morischenkow, überhaupt große Zweifel an der Ernsthaftigkeit des Regierungskurses in Sachen Marktwirtschaft habe. Noch immer gebe es kein Privateigentum an Grund und Boden, noch immer kein Gesetz, das es erlaube, bankrotte Staatsbetriebe zu schließen. Bislang seien überhaupt nur sieben Prozent der staatlichen Betriebe privatisiert worden. »Ein Witz!«

Ob er denn ein Konzept hätte, mit dessen Hilfe das Land aus seiner wirtschaftlichen Krise herauskommen könnte?

Er habe ein Konzept, aber dies sei »viel zu schrecklich«, um es öffentlich zu verkünden. Schließlich müsse er auf seine Firma Rücksicht nehmen. Nur soviel könne er sagen: »Es muß ein Konzept sein, bei dem nur die Leistung zählt. Jedes Ergebnis ist das Ergebnis von Arbeit.« Wenn irgendwo schlecht gearbeitet würde, wären entweder die Arbeiter schlecht oder die Vorgesetzten, oder alle zusammen. Und da könne es nur *eine* Konsequenz geben. Welche, könne ich mir schon denken.

Ich kann es mir denken.

Ob es denn nicht aber auch ein Netz sozialer Sicherungen geben müsse?

»Natürlich«, meint Wladimir Morischenkow, »aber nicht so eines wie in Schweden. Sie sehen ja, wohin das geführt hat. Vielleicht so etwas wie in Amerika. Aber das Grundprinzip muß sein: Entscheidend ist die Leistung. Der Staat kann sich nicht um alles kümmern. Wir haben im Russischen ein Sprichwort: ›Jeder ist seines Glückes Schmied.‹«

Das haben wir in Deutschland auch, sage ich und stelle meinen Kassettenrecorder ab. Die verabredete Stunde ist um. In der Tür wartet der nächste Besucher...

Galina Starowojtowa, Politikerin

Der Zutritt zu Rußlands neuem Machtzentrum ist unkompliziert. Ein Telefonanruf hat genügt, uns mit Boris Jelzins wichtigster Beraterin zu verabreden: Galina Starowojtowa, Kampfgefährtin, politische Vertraute des Präsidenten. Sie ist Abgeordnete des Obersten Sowjets Rußlands und des Volksdeputiertenkongresses und gilt als radikale Verfechterin demokratischer Reformen. Der erste Beruf, den sie erlernt hat, war Mechanikerin für Raketenantriebe. Später studierte sie Ethnologie und war Dozentin an der Moskauer Universität.

In die Politik ist sie durch Andrej Sacharow gekommen. Er hatte die engagierte junge Frau nach seiner Rückkehr aus der Verbannung im Jahre 1986 kennengelernt. Wie er hatte sie sich besonders für die ethnischen Minderheiten in der Sowjetunion eingesetzt, für Menschenrechte und nationale Selbstbestimmung. Gemeinsam hatten sie unter Lebensgefahr die von Armeniern und Aserbaidschanern umkämpfte Enklave Berg-Karabach besucht, um Möglichkeiten für einen politischen Kompromiß zu erkunden. Gemeinsam gehörten sie der Interregionalen Gruppe des Obersten Sowjets der UdSSR an, die die treibende Kraft der demokratischen Reformen war und als deren Führungspersönlichkeit sich Boris Jelzin profilierte.

Nach dem Tode Andrej Sacharows wurde sie eine der engsten Mitarbeiterinnen Jelzins. Heute ist sie seine offizielle Beraterin für Nationalitätenfragen. Während des Putsches im August 1991 harrte sie im Kreis der Freunde um Boris Jelzin im von Panzern umstellten Weißen Haus aus. In der Hoffnung, mit ihm zu siegen, und auch – wie sie sagt – bereit, mit ihm zu sterben. »Eine durchaus realistische Möglichkeit.«

Der Eingang zum Weißen Haus wird von einem einzigen Milizionär bewacht. Ein Blick in die Liste der angemeldeten Besucher, ein Blick in unseren Presseausweis, und schon dürfen wir passieren. Keine telefonische Rückfrage, kein Warten auf einen

Aufpasser, der uns durch das Gebäude geleitet, keine umständliche Kontrolle unseres Geräts. Nicht einmal einen Besucherschein müssen wir ausfüllen. Es geht fast gemütlich zu.

Links in der riesigen, aber sonst leeren Eingangshalle aus weißem Marmor hat sich ein Zeitungsstand eingerichtet; das Angebot ist russisch und englisch. Diverse Tages-, Wochen- und Monatszeitungen der verschiedensten politischen Richtungen, aber auch ein Band russischer Märchen, eine Kinderbibel und bunte Journale mit Titeln wie »Rock World« und »Bodybuilding«.

Das Arbeitszimmer von Galina Starowojtowa liegt im 5. Stock. Man tritt direkt vom Flur ein, kein Vorzimmer, keine Garderobe, keine Sekretärin. Frau Starowojtowa begrüßt uns knapp und ohne jede Umschweife. Sie müsse uns leider erst einmal allein lassen, denn der Präsident wolle sie in irgendeiner Angelegenheit dringend sprechen. Wir sollen es uns schon einmal bequem machen.

Wir haben Zeit, uns genauer umzusehen. Die Einrichtung stammt offenbar noch aus der Breschnewzeit. Ein riesiger Schreibtisch aus massivem braunem Holz, darauf eine dicke grüne Filzmatte, davor ein ebenso massiver, brauner Konferenztisch; auch auf ihm eine dicke grüne Filzmatte. An der Wand zu beiden Seiten der Tür zwei braune Schränke, die die ganze Höhe des Raumes einnehmen, zwei rote Plüschsessel und ein niedriges Tischchen, an dem früher wohl der unvermeidliche Protokollführer saß. An der Fensterseite ebenfalls ein niedriges Tischchen, auf dem zwei alte Schreibmaschinen mit kyrillischen Buchstaben stehen. Marke »Olympia«. Aus dem Fenster fällt der Blick auf das Geviert des asphaltierten Innenhofes. Die Wände, die ihn umgeben, erinnern an Gefängnismauern. »Sozialistische Architektur«, bemerkt Sergej, unser Toningenieur, lakonisch.

Die einzigen Insignien der Macht: sechs Telefone auf einem Pult neben dem Schreibtisch. Die Wand hinter dem Schreibtisch ist kahl. Ein einsamer Nagel markiert die Stelle, an der früher wohl das Bild des jeweiligen Parteichefs hing. Breschnew, Andropow, und wie sie alle hießen.

Auf dem Schreibtisch selbst herrscht liebenswerte Unordnung: Stapel von handgeschriebenen Notizzetteln, Akten, die halbgeöffnete Handtasche der Starowojtowa, ihre Brille, die sie in der Eile offenbar vergessen hat, ein Exemplar der Zeitschrift »Problems of Eastern Europe«, in russischer Sprache, herausgegeben in Washington. Mitten im Gewühl ein kleines weiß-blau-rotes Fähnchen, die Trikolore Rußlands. Auf der rechten Seite des Schreibtisches eine winzige Büste Andrej Sacharows aus grauem Granit. Daneben, nicht etwa in einer Vase, sondern hingelegt wie an ein Grab, drei frische weiße Nelken. An die Schreibtischlampe gelehnt ein Foto von Elie Wiesel, wie Andrej Sacharow Friedensnobelpreisträger.

Die Chance, ein russisches Regierungstelefon auszuprobieren, lassen wir uns nicht entgehen. Ins Moskauer Büro der ARD komme ich problemlos durch. Doch der Versuch, den WDR in Köln direkt anzuwählen, scheitert kläglich.

»Setzen Sie sich bitte mit der Telefonistin in Verbindung«, tönt es aus dem Hörer. Auf russisch, vom Band.

Galina Starowojtowa ist etwa 45 Jahre alt, klein, korpulent. Sie trägt ein blaues Kostüm, dazu eine schlichte Granatkette und runde Ohrclips aus Perlmutt. Die scharf geschnittene Nase und der schmale, dunkel geschminkte Mund verleihen den sonst eher weichen Gesichtszügen einen energischen Ausdruck. Die kurzen, blond gefärbten Haare stehen widerborstig in die Höhe.

Sie spricht in atemberaubendem Tempo. Selbst Russen, so hat man mich gewarnt, haben manchmal Schwierigkeiten, ihr zu folgen. Bevor ich eine Frage bis zum Ende ausgesprochen habe, signalisieren ihre kleinen blitzenden Augen, daß sie verstanden hat und ungeduldig darauf wartet, lossprudeln zu können. Dabei antwortet sie mit einer Präzision und Ehrlichkeit, die für Politiker in Ost und West gleichermaßen ungewöhnlich sind.

Die Tatsache, daß es noch keine erkennbare Konzeption zur Entwicklung Rußlands als Staat gibt und keine Klarheit darüber, welches die politischen und gesellschaftlichen Fundamente sind, auf denen dieser Staat aufbauen soll, verursacht ihre große Sorge.

»Alles das, was jetzt modisch ist, dieses Interesse für die Insignien russischer Macht, die Monarchie, die Zarenfamilie, die orthodoxe Kirche, darf nicht vergessen machen, daß es auch eine Geschichte der russischen Gesellschaft gibt. Ein russischer Staat muß sich auf der Basis der Kultur der russischen Gesellschaft gründen. Es darf z.B. nicht sein, daß die orthodoxe Religion wieder zur Staatsreligion Rußlands wird. Was sollen dann die Moslems, die Buddhisten, die Katholiken, die Juden bei uns?«

Das Problem, vor dem Rußland steht, sagt Galina Starowojtowa – nachdem ich vergeblich versucht habe, zu einer weiteren Frage anzusetzen –, ist viel grundsätzlicher.

»Die Konsolidierung Rußlands war ein sehr langer Prozeß. Und es hat viele Unterbrechungen auf dem Weg zur Entstehung einer russischen Nation gegeben. Im 17. Jahrhundert, nach dem Tod Iwans des Schrecklichen, die Zeit der Wirren, im 18. Jahrhundert eine ähnliche Periode und im 20. Jahrhundert die Ausrottung, den Genozid des russischen Volkes und seiner besten Vertreter durch das totalitäre Regime des Bolschewismus. Rußland, das immer ein Imperium war, hat im 20. Jahrhundert seine Eigenständigkeit als Staat verloren. Es ist mit allen seinen Organen in dem aufgegangen, was sich Sowjetunion nannte. Es verlor seine Regierung, seine Parteien, seine gesellschaftlichen Organisationen. All dies hat aufgehört, als russische Institutionen zu existieren. Selbst die russische Akademie der Wissenschaften wurde liquidiert.«

Heute sei es ein sehr schmerzhafter Prozeß, Rußland wieder als Staat zu konstituieren. Für Rußland ist dies viel schwieriger als für die kleineren Nationen der ehemaligen Sowjetunion, wie etwa Moldawien, Estland oder Armenien. Denn Rußland ist nach wie vor ein Vielvölkerstaat, und für ihn eine nationale Konzeption zu erarbeiten ist weit komplizierter als für die Republiken, in denen nur ein oder zwei Nationalitäten leben.

»Auf der einen Seite«, so setzt Galina Starowojtowa, noch immer von keiner Frage unterbrochen, ihren Diskurs fort, »hat sich das neue, demokratische Rußland abgewandt von der Idee eines Imperiums, der Idee des großen Bruders, der andere Länder beherrscht. Auf der anderen Seite ist Rußland selbst ein Vielvölkerstaat und in seiner Einheitlichkeit bedroht durch die Nationen, die innerhalb seiner Grenzen leben. Aber es kann nicht angehen, daß wir außerhalb Rußlands das Selbstbestimmungsrecht der Völker anerkennen, innerhalb Rußlands aber nicht.«

»Der Grundkonflikt in Rußland«, so Galina Starowojtowa, jedes Wort mit einer energischen Geste unterstreichend, »tobt heute zwischen den nationalistischen Kräften, die ein einheitliches, unteilbares Groß-Rußland wollen, und den Demokraten und Liberalen, die sich für das Selbstbestimmungsrecht der Völker auch innerhalb Rußlands einsetzen – unter bestimmten Bedingungen natürlich, die durch internationales Recht geregelt werden müßten, das es in diesem Punkt, leider, noch nicht gibt. Es muß ein flexibles System der Beziehungen sein, auf dessen Basis man als Föderation zusammenleben kann. Der Kampf zwischen diesen beiden Richtungen ist noch nicht entschieden. Selbst in der Umgebung Präsident Jelzins gibt es Vertreter der einen wie der anderen Richtung. Und das verhindert die Lösung der konkreten nationalen Probleme, vor denen wir heute stehen.«

Sie macht eine kleine Pause, und endlich habe ich die Möglichkeit, eine Frage loszuwerden. »Und was empfehlen Sie dem Präsidenten?«

»Ich empfehle dem Präsidenten, mit jedem einzelnen Volk, dem sich die Frage der Unabhängigkeit stellt, gesonderte Gespräche zu führen. Und in diesen Gesprächen herauszufinden, was genau sich das jeweilige Volk und seine Repräsentanten unter ihrer Souveränität vorstellen. Denn es ist ein Irrtum, zu glauben, Souveränität sei eine von vornherein festgelegte Größe, unteilbar. Man kann sich durchaus verschiedene Grade der Souveränität vorstellen. Das heißt, man muß zunächst einmal über den Begriff Souveränität sprechen, über die Terminologie. Darüber, in welchem Umfang die einzelne Republik Rechte für sich fordert. Das Gebiet der Tschetschenen zum Beispiel liegt als Enklave auf russischem Gebiet. Alle Land- und Luftwege dorthin führen über russisches Gebiet. Also muß geregelt werden, in welcher Form sie genutzt werden. Die Regeln der wirtschaftlichen Zusammenarbeit müssen festgelegt werden. Tschetschenien produziert z.B. 90 Prozent eines bestimmten Öls für die russischen Flugzeuge. Ein Stopp der Öllieferungen könnte die gesamte russische Luftflotte lahmlegen. Andererseits bezieht Tschetschenien sein Brot aus Rußland – also muß man sich arrangieren, Regeln finden. Letztlich hängen wir alle voneinander ab. Und mit großspurigen Deklarationen lösen wir keines der konkreten, alltäglichen Probleme. Daß die einzelnen Nationen, wenn sie wollen, politisch völlig souverän sein können, versteht sich von selbst.«

Nun macht Galina Starowojtowa eine etwas längere Pause. Gelegenheit für mich, eine nächste Frage anzubringen.

»Ist meine Beobachtung richtig, daß in letzter Zeit der Nationalismus in Rußland deutlich stärker wird?«

»Selbstverständlich. Er wächst in geradezu erschreckendem Tempo. Und ich persönlich finde, daß die Staatsmacht nicht entschieden genug darauf reagiert. Nicht die Staatsanwaltschaft, nicht die Gerichte – auch der Präsident hat noch nichts Entschiedenes dagegen gesagt. Und es reicht nicht, nur über die starken nationalistischen Strömungen zu sprechen. Man muß auch über den faschistischen, nazistischen Flügel dieser Bewegung reden.«

»Worin sehen Sie die Gründe für das Erstarken des russischen Nationalismus, der sogar faschistischen Tendenzen?«

»Dafür gibt es viele Gründe. Die objektiven Ursachen des Faschismus sind die gleichen wie seinerzeit in Deutschland nach dem Ersten Weltkrieg und dem Versailler Vertrag: Das Gefühl des Beleidigtseins eines großen Volkes, das Gefühl, bestraft zu sein, territoriale Grenzen verloren zu haben... Dazu die ökonomische Krise, die Entideologisierung, der Verlust der alten Werte bei gleichzeitigem Fehlen neuer. Das sind die objektiven Gründe des Nazismus. Hinzu kommt, daß bei der Mehrheit der russischen Bevölkerung noch immer Züge totalitären Denkens anzutreffen sind, totalitären Bewußtseins. Die Menschen ändern sich nicht so schnell. Totalitarismus gebiert Nazismus. Oder Bolschewismus. Was letztlich das gleiche ist, sie sind Brüder.«

»Bei vielen«, so die Starowojtowa weiter, »tritt jetzt an die Stelle der verlorenen kommunistischen Ideale die nationalistische Idee. Sie hat die kommunistische Ideologie abgelöst, ohne daß sich die Strukturen des Bewußtseins verändert haben. Und das alles, zusammen mit der ökonomischen Krise, dem Fehlen demokratischer Traditionen und der Tatsache, daß außerhalb der Grenzen Rußlands, in anderen Staaten der Sowjetunion, im

Baltikum zum Beispiel, die Russen heute als nationale Minderheit unterdrückt werden – das alles führt zu einem Erstarken des russischen Nationalismus, faschistischer und nazistischer Tendenzen in unserem Land.«

»Und was könnte man Ihrer Meinung nach dagegen tun?«

»Es muß ein ganzes Bündel von Maßnahmen sein. Aufklärung, aber auch Anwendung staatlicher Gewalt gegen das offene Auftreten der faschistischen Kräfte. Und natürlich eine Verbesserung der ökonomischen Situation.«

Die heutige wirtschaftliche Krise Rußlands, so Galina Starowojtowa, könne nicht Präsident Jelzin angelastet werden. Sie sei das Ergebnis von 70 Jahren kommunistischer Mißwirtschaft, die alle ökonomischen Strukturen des Landes zerstört habe. Inklusive des Bauerntums, der historischen Wurzeln Rußlands. Dies lasse sich nicht von einem Tag auf den anderen reparieren. Dafür brauche man langen Atem und gute Nerven. Und natürlich die Bereitschaft des Volkes, die Ärmel aufzukrempeln, zu arbeiten.

»Welche Perspektive sehen Sie denn für Ihr Land? Gibt es überhaupt eine?«

»Natürlich gibt es eine Perspektive. Aber alles hängt davon ab, welche Kräfte sich durchsetzen werden. Ich schließe auch eine negative Entwicklung nicht aus, selbst nicht die allerschlimmste – einen nazistisch-nationalistischen Umsturz in Rußland; daß die alten kommunistischen Strukturen, die Führer des militärisch-industriellen Komplexes und die neuen Nationalisten unter braunen Emblemen sich zu einem starken Block zusammenschließen, die Reformen torpedieren und die Macht übernehmen. Dann werde ich mit Ihnen schon nicht mehr so zusammensitzen können und reden wie jetzt.«

Galina Starowojtowa verstummt und blickt mich lange an. Dann sagt sie seufzend:

»Im besten Fall werde ich im Gefängnis sitzen. Im etwas schlimmeren, wie es bei uns heißt, auf der Flucht erschossen werden. Sie werden mit uns jedenfalls nicht so viele Umstände machen wie die liberale Regierung Jelzin mit den Putschisten vom August 1991. Eine derart humane Behandlung haben wir nicht zu erwarten. Das ist die pessimistische Prognose.

Es gibt aber auch eine optimistische. Sie haben sicher den Handel gesehen, der sich auf den Straßen Moskaus entwickelt. Das ist nicht nur ein ökonomisches Phänomen, sondern auch der Hinweis, daß sich in der Psyche der Menschen etwas zu ändern beginnt. Geld ist sowohl ein psychologischer Faktor als auch ein politischer. Wenn die Leute verstehen, daß jeder von ihnen auch ein – zumindest kleiner – Businessman sein kann und er deshalb nicht gleich wegen Spekulantentum ins Gefängnis gesteckt wird, dann wird er auch keine große Lust verspüren, zurückzukehren zu der alten sozialistischen Planwirtschaft. Die Kräfte der Marktwirtschaft ziehen immer mehr Menschen in ihren Bann. Die Ideologie spielt eine immer geringere Rolle. Das ist das eine.

Das andere ist die Tatsache, daß die Menschen schon einen Geschmack von der Freiheit bekommen haben; ein wenig zu begreifen beginnen, was Demokratie ist. Und nicht mehr bereit sind, sich erneut in die Sklaverei führen zu lassen. Was sie beim Putsch 1991 auch gezeigt haben. Diese beiden Faktoren, Geld und Freiheit, hängen unmittelbar zusammen. Und sie sind die Basis der Hoffnung, daß Rußland wiederaufersteht.«

»Und Sie ganz persönlich, welcher Prognose neigen Sie zu, der pessimistischen oder der optimistischen?«

Die Antwort Galina Starowojtowas kommt in Sekundenschnelle:

»Der optimistischen Prognose. Ihr gebe ich ein ganz klein wenig mehr Chancen. 51 Prozent.«

Wir bedanken uns für das Gespräch, überreichen Frau Starowojtowa als kleines Präsent eine Schachtel Pralinen. Die Marke hatten wir zufällig gewählt. »Mon Chérie.«

Lew Kopelew: »Zeigt nicht meine Tränen!«

Als wir uns das letztemal in Moskau trafen, haben wir lange auf dem Friedhof von Peredelkino am Grab Boris Pasternaks gesessen.

»Dieser Friedhof ist für mich ein Stück Heimat, einer unvergänglichen Heimat«, sagte Lew Kopelew. Es war im Sommer 1990.

Fast zehn Jahre lang hatte Lew Kopelew seine Heimat nicht besuchen dürfen. Saß in seiner mit Büchern und Bildern vollgestopften Wohnung in der Nähe des Beethovenparks in Köln und arbeitete. Hielt Vorträge, unterrichtete Studenten, schrieb ein Buch nach dem anderen. Immer über das gleiche Thema – Russen und Deutsche, Deutsche und Russen. An der Universität Wuppertal leitet er ein gewaltiges Forschungsprojekt. »West-östliche Spiegelungen« hat er es genannt. Russen und Rußland aus deutscher Sicht, Deutsche und Deutschland aus russischer Sicht, von den Anfängen bis zum 20. Jahrhundert. Es beschreibt die fast tausendjährige Geschichte deutsch-russischer Fremdenbilder.

»Das gegenseitige Kennenlernen«, so das Motto, das Lew Kopelew diesem Projekt vorangestellt hat, »gehört zur humanistischen und kulturellen Menschwerdung.« Es ist das Motto seines Lebens.

Seit er 1980 mit seiner Frau Raissa Orlowa während eines Besuchs bei Heinrich Böll in Köln von Leonid Breschnew ausgebürgert worden ist, lebt er als Emigrant wider Willen in Deutschland. In einem Land, dessen Kultur und Geschichte ihm von Kindheit vertraut sind, dessen Sprache er beherrscht wie kaum einer, der hier geboren ist. Überhäuft mit Preisen, Auszeichnungen und Ehrungen aller Art, hat er jeden Tag aufs neue den Kampf für die Menschenrechte, gegen Vorurteile und Klischees, gegen Intoleranz, die Verfolgung und Unterdrückung

Andersdenkender aufgenommen, die »Waffen des Wortes«, wie er es nennt, nie ruhen lassen. Er hat sich eingesetzt für Oppositionelle, für prominente wie unbekannte Dissidenten im Ostblock und in anderen Teilen der Welt. Und immer wieder Namen genannt, Öffentlichkeit hergestellt, appelliert, mobilisiert. Aber auch im stillen hat er gewirkt. Tröstende, aufmunternde Briefe geschrieben, Pakete und Päckchen bis ins ferne sibirische Magadan geschickt. Ausgebürgerten und Flüchtlingen Unterkunft gewährt, sie begleitet bei ihren ersten Schritten durch den Dschungel deutscher Behörden.

»Wem muß man helfen?« – das waren die Worte, die ich in diesen Jahren am häufigsten hörte, wenn ich Lew und Raja besuchte.

Und es gab noch ein anderes Wort, um das all unsere Gespräche kreisten: das russische Wort »rodina«. Meist wird es übersetzt mit »Heimat«, doch es ist letztlich unübersetzbar. Es kann nur, wie Lew meint, erklärt werden: Das Land, wo man geboren ist.

Für Kopelew wurde auch Deutschland zur Heimat – zur Wahlheimat.

»Deutschland war für mich seit der Kindheit zur Heimat meiner Träume, meines geistigen Strebens geworden. Jetzt fand ich hier Zuflucht und Arbeitsstätte, die Möglichkeit, frei zu sprechen und zu schreiben. Rossija – moja rodina, Rußland ist meine Heimat; Deutschland ist meine Wahlheimat. Und darin ist kein Widerspruch, sondern eine kontrapunktisch harmonische Einheit.«

Drei Tage ist er nun, im Sommer 1990 – zehn Jahre nach seiner Ausbürgerung –, durch Moskau gestapft. Schweren Schrittes, in der Hand einen groben Knotenstock. 78 Jahre ist er inzwischen, und der bis auf die Brust reichende weiße Bart verleiht ihm das Aussehen eines alttestamentarischen Propheten. In seinem Denken jedoch ist er jünger als manch Dreißigjähriger: interessiert, engagiert, streitbar.

Mitten auf dem Roten Platz bekommt er mit einer alten Freundin, die er mehr als zehn Jahre nicht gesehen hat, einen Riesenkrach. Die alte Dame, Professorin für lateinamerikanische

Literatur, ist auch schon 75, aber nicht weniger temperamentvoll als er. Sie kennen sich seit ihrer Jugend. Seit ihrer Jugend haben sie gestritten – über Politik und das Schicksal Rußlands. Auch heute geht es darum.

Vera Nikolajewna ist eine glühende Anhängerin Boris Jelzins und versucht Lew davon zu überzeugen, daß nur mit diesem Mann Rußland eine Zukunft habe. Doch Lew, dessen massige Gestalt die meisten Umstehenden überragt, erklärt laut und weithin vernehmbar: »Jelzin ist eine aufgeblasene Null.«

Seine Freundin blickt ihn schräg von unten an und fragt mit blitzenden Augen: »Und was, mein Lieber, hältst du von Michail Gorbatschow?«

Lew bläst die Backen auf, stößt mit dem Knotenstock auf das Kopfsteinpflaster des Roten Platzes, daß es knallt: »Der ist wenigstens eine Persönlichkeit und hat eine historische Rolle erfüllt. Keine Seifenblase wie dein Jelzin. Wenn der an die Macht kommt, dann Gnade uns Gott.« Dabei reckt er das Kinn in die Höhe, daß der weiße Bart fast waagerecht in der Luft steht.

Der Anblick des Kreml ruft in Lew Erinnerungen wach. »Die Erde beginnt am Kreml, haben wir als Kinder gesungen. Aber das waren keine Träume von Weltherrschaft gewesen, wie ›diese Herren drüben im Westen‹ nachträglich behauptet haben. Daß wir der Welt jedoch ein neues Wort sagen, daß von uns, von der Revolution, vom Sozialismus, eine neue Hoffnung ausgeht, das haben wir geglaubt. Wir haben geglaubt, daß der Kreml die große Hoffnungsstätte für die ganze Welt ist. So, wie er es 1812 war, wie es Lew Tolstoj in ›Krieg und Frieden‹ beschrieben hat: der Kreml – ein Fanal, ein Sinnbild der Hoffnung inmitten des von Napoleon besetzten, brennenden Moskau. Ein Sinnbild der menschlichen Hoffnung und Freiheit – auch für Deutschland.«

Und was, so frage ich Lew, bedeutet der Kreml heute für dich?

»Ein Denkmal einer schrecklichen nationalen Tragödie. Eine Stätte verratener Ideale. Ein Symbol verlorener Illusionen, zerstörter auch...«

Am Nachmittag ist Lew Kopelew mit Jurij Ljubimow verabredet, dem Gründer des inzwischen legendären Taganka-Theaters. In der Breschnew-Zeit war es das Symbol des intellektuellen Widerstandes in der Sowjetunion gewesen. Für eine Inszenierung Ljubimows hatte Lew in den sechziger Jahren Bertolt Brechts »Galilei« übersetzt.

Wie Kopelew mußte auch Ljubimow das Land verlassen und wurde erst 1989 von Michail Gorbatschow als Direktor des Theaters nach Moskau zurückgeholt. Ljubimow und Kopelew haben sich fast zehn Jahre nicht gesehen. Als sie sich im Foyer des Theaters begegnen, fallen sie sich in die Arme. Schauen sich lange in die Augen, umarmen sich noch einmal.

»Moskau bedrückt mich«, sagt Lew nach einem langen Moment des Schweigens.

»Mich auch«, sagt Ljubimow, »schrecklich.«

Im Arbeitszimmer Ljubimows ist noch alles so, wie er es 1982 verlassen hat. An den Wänden die Namenszüge all der Freunde und Kollegen, die ihn hier besucht haben. Heinrich Böll und Andrej Sacharow, Arthur Miller und Helene Weigel...

Jurij Ljubimow hat seinen ersten Wohnsitz inzwischen in Israel, hat neben dem sowjetischen Paß, den ihm Gorbatschow zurückgegeben hat, auch einen israelischen. Und er trägt sich mit dem Gedanken, seine Arbeit in Moskau wieder aufzugeben, diesmal freiwillig.

Hat er keine Hoffnung mehr?

»Nein«, sagt Jurij Ljubimow, »Hoffnung habe ich nicht mehr. Bei uns herrscht nach wie vor der Parteiapparat, herrschen die Behörden, die aufgeblähte Bürokratie. Die verschlingen Milliarden, aber für die Kultur geben sie nicht mal ein Prozent des Staatshaushalts aus. Zu Puschkins Zeiten waren es 13 Prozent.«

»Aber es gibt doch keine Zensur mehr«, sage ich. »Ist das nicht für alle Künstler, für alle Theaterleute eine unendliche Erleichterung?«

»Das Problem«, sagt Jurij Ljubimow und schüttelt seine graue Löwenmähne, »ist nicht die offizielle Zensur. Viel wichtiger ist die innere Zensur. 70 Jahre lang haben die Menschen gelogen und sind stets und ständig belogen worden. Ihr in Deutschland müßt es doch wissen, wohin in nur zehn Jahren Hitler geführt hat. Aber hier in Rußland dauerte es 70 Jahre, ist man 70 Jahre mit dem Volk noch viel schlimmer umgegangen. 60 Millionen der eigenen Bürger sind ausgelöscht worden. Die Blüte des Volkes haben sie umgebracht. Diejenigen, die das Land bestellten, die Bauern, und diejenigen, die gläubig waren. Physisch haben sie sie ausgerottet. Und nicht nur die Menschen haben sie umgebracht. Alle Kirchen, die gesamte Kultur haben sie zerstört. Die nationalen Schätze nach allen Seiten verschleudert. Die gesamte Kultur verfällt, alles zerfällt. Die Bibliotheken zerfallen, die Museen. Das war ihre ganze Politik: zerstören, erniedrigen. Und auf diesen Trümmern stehen wir jetzt.«

Ljubimow hat vor kurzem die Probenarbeit zu Nikolaj Erdmanns »Der Selbstmörder« beendet. Eine bitterböse Satire über die Revolution und ihre Folgen, geschrieben im Jahre 1928. Der zentrale Satz des Stückes lautet: »Ich habe euren Marx gelesen. Er gefällt mir nicht. Ich möchte Mensch sein.«

In Ljubimows Inszenierung erklingt zum Schluß ein russisches Revolutionslied. Doch statt des Refrains »Proletarier aller Länder, vereinigt euch«, singen die Schauspieler: »Proletarier aller Länder, verzeiht uns...«

Lew zieht es nach dem Besuch bei Jurij Ljubimow nach Peredelkino, einen kleinen Vorort westlich von Moskau. Er möchte den Friedhof besuchen, auf dem viele seiner Freunde begraben sind. An einem idyllischen Hang unter Birken und Kiefern. Einst war es ein einfacher Dorffriedhof, heute ist es ein Ehrenfriedhof.

Hier liegen alte Bolschewiken und junge Afghanistankämpfer, Bauern aus der benachbarten Kolchose und Funktionäre aus dem nahen Moskau; vor allem aber Dichter und Schriftsteller, die in Peredelkino ihre Datschen hatten. Fast auf den Tag 30 Jahre ist es her, daß Lew und seine Freunde auf diesem Friedhof Boris Pasternak das letzte Geleit gegeben haben. Sein Grab ist, wie Lew sagt, Wallfahrtsstätte, Gedenkstätte und Sinnbild zugleich. Sinnbild einer Epoche der russischen Dichtung, der russischen Kultur.

»Pasternak hat ja alles erlebt«, so Lew, »und er hat alles festgehalten in seiner Lyrik, in seiner Epik, in seinen Essays: das alte Rußland, die Revolution, den Bürgerkrieg, die sowjetischen Jahre. Er war Zeitzeuge, aber ein poetischer Zeitzeuge, kein politischer Kämpfer... Für uns«, Lew macht eine lange Pause, als wolle er jedes Wort noch einmal genau abwägen, »für uns war er der Ausdruck der reinen Poesie und des reinen Gewissens, eines reinen Gewissens, unabhängig von ideologischen, politischen und weltanschaulichen Veränderungen.«

Aber warum hat er dann, so frage ich Lew, seine Stimme nicht lauter erhoben gegen das Unrecht in seinem Land, nicht öffentlich protestiert? Spätestens seit der Verleihung des Nobelpreises für »Dr. Schiwago« im Jahre 1958 war er doch ein weltberühmter Mann, den seine Berühmtheit sicher auch schützte?

Als habe er nur auf diese Frage gewartet, poltert Lew los: »Er hat immer gegen das Unrecht gehandelt und gegen das Unrecht gelebt. Und die Stimme zu erheben, was heißt das? Wer hat denn damals seine Stimme erhoben, unter Stalin und danach? Wem konnte es einfallen, die Stimme zu erheben? Ja, wir haben geredet, wir haben Menschen geholfen. Wir sprachen unter uns, nicht von der Tribüne herab, von keiner Tribüne. Niemandem von uns ist es damals eingefallen, von der Tribüne zu sprechen. Warum sollte Pasternak anders sein als wir alle? Es war unsere Schuld. Und als Schuld habe ich es später auch empfunden.

Erst Jahre danach, beim Einmarsch unserer Truppen in Prag 1968, haben wir begonnen, unsere Stimme öffentlich zu erheben, versucht zu protestieren. Aber vorher, nein. Diese Vorwürfe, die ihm jetzt manche machen, sind genauso dumm, wenn nicht gemein, wie die Vorwürfe, die heute Christa Wolf gemacht werden. Daß ein Dichter sich nicht als politischer Dissident vordergründig laut und sichtbar macht. Goethe hat auch nicht protestiert gegen die Heilige Allianz. Puschkin hat auch nicht protestiert, als seine Freunde gehängt und verbannt wurden. Das sind Dichter.«

Lew verstummt, stützt sich mit beiden Händen auf den Knotenstock, senkt den Kopf. In dieser Haltung verharrt er eine Weile, schweigend. Dann weist er mit einem Blick auf das in Stein gemeißelte Porträt Pasternaks am unteren Rand des Grabes.

»Schade, daß man in Deutschland so wenig von ihm weiß. Er hat Goethe übersetzt und Rilke, Schiller und Kleist. Er hat Gedichte in Deutsch und in Russisch geschrieben. Wie kein anderer verkörpert er die russische Geistesgeschichte, die russische Kulturgeschichte; diese tief verwurzelte und schicksalsträchtige geistige Verbindung zwischen Deutschland und Rußland, von Deutschen und Russen. Diese geistige Verwandtschaft, die Marina Zwetajewa, die große russische Lyrikerin und Freundin Pasternaks, im Kriegsjahr 1914, als sich die ganze russische Presse vor Deutschenhaß überschlug, ein Poem mit dem Titel ›Deutschland‹ schreiben ließ, ein Bekenntnis zu Deutschland.

> Wie könnt' ich so kalten Verstandes sein:
> Auge um Auge, Zahn um Zahn.
> Deutschland ist meine Liebe,
> Deutschland ist mein Wahn.

Ein Bekenntnis zu Deutschland mitten im Weltkrieg. Und über Pasternak schrieb sie: ›Mit Boris verbindet uns unsere gemeinsame deutsche Kindheit – o Tannenbaum, o Tannenbaum.‹«

Lew macht eine Pause, als rezitiere er in Gedanken weiter.

»Auch Pasternak hat mitten im Krieg ein Bekenntnis zu Deutschland abgelegt. Ein Jahr nach der Zwetajewa, 1915 oder 1916, schrieb er sein Poem ›Marburg‹. Ein Bekenntnis zu Marburg, zum Deutschland Luthers und der Brüder Grimm. Als russischer Intellektueller, als russischer Dichter, mitten im Krieg gegen Deutschland...«

»Auf der anderen Seite hat Pasternak ja besonders die deutschen Nachdichtungen seiner Lyrik gelobt. Wie hat er erklärt, daß ausgerechnet den Deutschen die besten Übersetzungen aus dem Russischen gelingen?«

»Ja«, sagt Lew, »genau das habe ich von ihm gehört. Dort drüben vor seinem Haus. Es war kurz vor seiner tödlichen Erkrankung, eines unserer letzten Gespräche. Die Erklärung, die er gegeben hat, war sehr einfach: Die Deutschen dichten uns am besten nach, weil sie uns besser verstehen als alle anderen im Westen. In diesem Jahrhundert hat sich in der Welt soviel Sünde und Verbrechen angehäuft, und unsere beiden Völker tragen den größten Teil dieser Last. So hat er es verstanden.«

Am nächsten Tag schlendern wir mit Lew über den Arbat. Das bunte Gewühl fasziniert ihn, vor allem die vielen jungen Menschen, die hinter ihren kleinen Klapptischen Schmuck, Souvenirs und anderen Krimskrams anbieten. Besonderen Spaß hat er an den Gorbatschow-Puppen, in deren Bauch sich die früheren Sowjetführer, immer kleiner werdend, verbergen. Das, so meint er, sei doch das sichtbarste Symbol der Befreiung. Zu seiner Zeit hätte auf so etwas die Todesstrafe gestanden, heute hat niemand mehr Angst.

»Das ist doch gut so, das zeigt doch, daß sich etwas verändert hat. Auch daß die Menschen so frei reden können, ist gut. Selbst wenn sie Dummheiten reden, Gemeinheiten; sie reden wenigstens ...«

Die Preise allerdings bringen Lew in Rage.

»1500 Rubel für so eine Puppe – und mein Freund, ein Ingenieur, der mehr als ein halbes Jahrhundert geschuftet hat, bekommt als Rente 150 Rubel im Monat. Das sind die Kontraste, die keiner verkraften kann.«

In einem der neueröffneten Straßencafés auf dem Arbat lassen wir noch einmal die Eindrücke der vergangenen drei Tage an uns vorbeiziehen.

Ich frage Lew: »Vor zehn Jahren mußtest du die Stadt verlassen, bist ausgebürgert worden. Was hat sich für dich heute äußerlich am meisten verändert?«

Lew schaut umher. »Viel mehr Wagen auf der Straße. Viel schlechtere Straßen, besonders die Nebenstraßen. Verschlissen die Häuser. Und viel weniger lächelnde oder lachende Menschen. Sieh mal die Menschen. Sieh mal die ernsten Gesichter; ernste, besorgte, traurige. Ich weiß nicht, irgendwie finster. Die Menschen sind besser gekleidet, ja. Die Menge hier ist kaum von westlichem Straßenvolk zu unterscheiden. Deutlich sichtbare Spuren der Öffnung nach dem Westen: diese Video-Geschäfte – da ist so eine Art Sex-Bar, die mir keine Freude macht, einem kaum Freude machen kann. Das sind die äußeren Merkmale. Und dazu die schrecklichen Kontraste. Luxusläden, die Ausstellungen von sehr teurer Bijouterie, angeblicher Kunst, Kitsch-Kunst, und daneben die fast leeren Lebensmittelläden.«

Lew macht eine Pause, trinkt einen Schluck von dem dicken türkischen Kaffee, atmet tief aus.

»Und dennoch, es ist meine Stadt, an der ich leide. Es ist meine Stadt – ich kann mich nicht von hier wegdenken, verstehst du? Es sind viele vertraute Stellen, Häuser. Auch hier, in dieser Straße, wo wir jetzt sind. Menschen, Gräber. Ich gehe wie durch einen Friedhof. Wir waren ja schon auf drei Friedhöfen inzwischen, buchstäblich. In jeder Straße geistern Erinnerungen. Es ist meine Stadt, an der man verzweifeln kann.«

»Könntest du hier noch mal leben?«

»Sterben könnte ich hier. – Da, sieh dir die Menschen an. Kein Lächeln! Junge Mädchen, viel besser angezogen als früher. Aber kein Lächeln.

Das ist meine Stadt. Ich kann nicht aufhören, sie zu lieben. Aber es ist schrecklich, was mit ihr geschieht. Ich sehne mich zurück nach Köln, weißt du. Köln ist auch meine Stadt. Da kann ich auch arbeiten, auch für Moskau arbeiten.«

Lew verstummt, fährt sich über die Augen. Wir lassen die Kamera laufen. Vielleicht sagt er noch etwas. Aber Lew schweigt. Über seine rechte Backe rollt eine Träne. Nach einer Weile schaut er uns an, lächelt.

»Aber zeigt nicht, wie ich weine.«

Wir versprechen es. Dagegen, daß wir diesen Satz zum Titel des Films machen, hat er nichts.

Zwei Jahre nach diesem Gespräch auf dem Arbat sitzen wir mit Lew wieder in seiner Kölner Wohnung. Es ist Sommer 1992. Viel ist inzwischen geschehen. Michail Gorbatschow ist zurückgetreten, die Sowjetunion zerfallen, Boris Jelzin ist Präsident Rußlands geworden. Die wirtschaftlichen und gesellschaftlichen Strukturen des Landes sind zerrüttet, die politischen Kräfteverhältnisse unübersichtlich. Dennoch bleibt Rußland eine Großmacht – schon aufgrund der gewaltigen Ausdehnung seines Territoriums, der Zahl seiner Menschen und des Reichtums seiner Bodenschätze. Sein Schicksal wird auch das künftige Schicksal Europas entscheidend mitbestimmen.

Lew Kopelew war während der dramatischen Tage des Putsches im August 1991 in Moskau. Zu Besuch bei seinen Töchtern und Enkelkindern.

»Vom ersten Tag des Putsches an«, erinnert sich Lew, und dabei leuchten seine Augen, »habe ich eine große Freude empfunden. Natürlich auch das Gefühl von Angst und Sorge, aber überwogen hat die Freude. Ich habe ein neues Moskau gesehen; oder anders gesagt, mein altes Moskau in neuer Form. Ich sah Menschen mit Fahnen, der weiß-blau-roten Trikolore Rußlands, ukrainische Fahnen, den Fahnen der baltischen Republiken... Trotz der Panzer, die überall in der Innenstadt postiert waren, formierten sich größere und kleinere Züge, die durch die Straßen marschierten und riefen: ›Freiheit‹, ›Jelzin‹, ›Svoboda‹, ›Jelzin‹.

Und dann stand ich vor dem Weißen Haus. Du erinnerst dich, als wir uns das letztemal, vor zwei Jahren, in Moskau trafen. Da habe ich zu dir gesagt, mein Moskau ist eine Stadt ohne Lächeln. Aber an diesem Abend des 19. August 1991 sah ich ein Lachen, das mehr war als nur ein Lächeln. Ein lachendes Moskau. Viele junge Menschen waren es vor allem, aber natürlich auch ältere. Sie bauten Barrikaden und machten dabei Witze: ›Vorsichtig, treten Sie nicht drauf, das soll unsere Barrikade werden.‹ Sie hatten Angst, aber sie bauten weiter. Und am zweiten Tag ergriff mich Begeisterung. Ich merkte, wie ich plötzlich mit den anderen ›Hurra!‹ schrie. Jelzin sprach und auch Rostropowitsch, das hatte etwas Anfeuerndes. Und so war es bis zum 21. August. Es waren Tage des Glücks – so muß ich sie heute nennen.«

»Worauf hast du damals gehofft, Lew?«

»Ich habe gedacht, nun beginnt das große Wunder, auf das ich immer gehofft, immer gewartet habe. Die Genesung Rußlands. Nun wird ihm die Freiheit geschenkt. Portion für Portion hat sie sich das Volk selbst von der Regierung geholt, die Freiheit. Sehr bald aber schon kam die Enttäuschung. Es begann, als Gorbatschow nach dem Putsch von der Krim zurückkam. Das flegelhafte, dumme Benehmen Jelzins ihm gegenüber. Und dann diese endlosen Sitzungen, fruchtlosen Debatten. Schon nach kurzer Zeit war der Enthusiasmus verflogen. Der Berg hatte gekreißt und hat eine Maus geboren. Dieser Berg, eine wahre Volksrevolution, hat eine Maus hervorgebracht. Vielleicht etwas Größeres, eine Ratte... Und dann folgte Enttäuschung auf Enttäuschung.

Was mich am meisten bedrückt, sind die Zerstörungen im Inneren der Menschen, verstehst du? Ja, es ist schlimm mit Wurst und Käse, mit Milch und mit Brot, mit Zucker. Dieses schreckliche Schlangestehen und diese Preise. Jeden Tag bekomme ich Briefe aus Moskau, Sankt Petersburg und vielen anderen Städten. Die Menschen können sich einfach nicht daran gewöhnen, daß nun alles so teuer wird. Aber das alles wird sich schon irgendwie richten...

Viel schlimmer ist die Zerstörung der Seelen. Das ist eine Krise, die nicht über Tage und auch nicht in einigen Jahren zu überwinden ist. Nach dem Enthusiasmus der Anti-Putschbewegung kommt nun die Verzweiflung – eine stille Verzweiflung. Man erwartet nichts mehr von der Politik. Viele sehnen sich zurück in die Stagnationszeit. Sie glauben keiner Regierung mehr. Sie glauben weder Gorbatschow noch Jelzin, weder Gajdar noch irgend jemand sonst. Das ist schlimm, denn da entsteht ein Vakuum, das sehr gefährlich werden kann.

Vielleicht war es auch etwas naiv zu glauben, daß ein Land, das über so viele Jahrzehnte so zerstört worden ist, über Nacht genesen kann. Nein, ich habe nicht daran geglaubt. Die Zerstörung der Wirtschaft, die Zerstörung aller sozialen Strukturen... Da braucht man Zeit, viel Zeit für die Genesung, für die Sanierung. Was den Menschen heute fehlt, sind Perspektiven, das Bewußtsein von Perspektiven in meßbaren, überschaubaren Zeiträumen. Daß sie etwas haben, worauf sie hoffen können, damit sie wissen, daß sie es in einem Zeitraum von vielleicht fünf, vielleicht zehn Jahren erreichen können.

Was mich heute am meisten erschreckt und bedrückt, ist das absolute Mißtrauen, daß die Menschen an nichts mehr glauben, nicht einmal mehr ihren Freunden. Die Resignation, die um sich greift, ein Gefühl, wir sind nicht für die Freiheit geboren. Ich weiß nicht, wieviel Menschen dort wieder mit Stalin-Bildern herumlaufen. Es ist auch nicht wichtig, wieviel es sind. Es können Hunderte sein oder Tausende, aber sie machen viel Lärm, erregen viel Aufsehen. Du weißt ja, wie es mit den Quantitäten in der Politik bestellt ist, in Rußland und ebenso in Deutschland. Die Skinheads und die Republikaner sind ja auch zahlenmäßig nicht bedeutend. Dennoch – sie waren schon immer gefährlich.«

»Hat denn dieses Land, Rußland, in deinen Augen, Lew, überhaupt eine Zukunft?«

»Eine Zukunft? Selbstverständlich! Man muß in historischen Begriffen denken. Rußland hat schon Schlimmeres erlebt. Es hat schreckliche Perioden in seiner Geschichte gehabt, schlimmere als manche westlichen Länder. 250 Jahre Mongolenherrschaft, die Zeit der Wirren nach Iwan dem Schrecklichen, die Zeit der Petrinischen Reformen, als die männliche Bevölkerung Rußlands sich um ein Drittel verringerte. Der Einfall Napoleons, die schrecklichen Aderlässe in den Napoleonischen Kriegen. Und dann die zwei Weltkriege, dazwischen die Revolution und der Bürgerkrieg. Die Kollektivierung, die Hungersnot an der Wolga, in der Ukraine... Und immer wieder hat dieses Land sich erholt. Immer wieder. Ich glaube daran, daß Rußland eine Zukunft hat.

Aber wir müssen unterscheiden zwischen Staat bzw. Staatsideologie einerseits und der Kultur und dem Geist einer Nation auf der anderen Seite. Wir müssen uns vor Augen halten, daß staatspolitische und ideologische Traditionen etwas ganz anderes sind als das geistige Leben, das Kulturleben der Nation. Manchmal können sie übereinstimmen, so wie bei Goethe, der Minister war und ein Dichter blieb. Aber es gab nur wenige glückliche Zufälle. In Rußland waren sich der Staat und der Geist der nationalen Kultur immer fremd, ebenso wie in anderen Ländern. Schiller hat ja festgestellt, daß die ›Größe der Deutschen nie auf dem Haupt seiner Fürsten ruht‹. Und Goethe schrieb über Deutschland: ›Wo das Gelehrte beginnt, hört das Politische auf.‹ Das gleiche gilt für Rußland. Für mich ist heute besonders schrecklich der Verfall der Kultur, des kulturellen Lebens. Die Jahrzehnte der totalitären Herrschaft waren zugleich auch Jahrzehnte einer ideologischen Herrschaft. Einer Herrschaft, die beanspruchte, in alle Gebiete des geistigen Lebens einzudringen und sie zu kontrollieren. Nun, da sie plötzlich zerfallen ist, entsteht ein Vakuum. Die neue, angeblich demokratische Regierung

– ich kann sie nicht als demokratisch betrachten, obwohl sie sich demokratisch nennt – ist bislang nicht in der Lage, dieses Vakuum auszufüllen. Alle Bibliotheken, alle Theater, alles, was mit den Begriffen Bildung und Kultur zusammenhängt, wurde früher vom Staat, von der Ideologie kontrolliert und zensiert. Nun sollen sie frei sein, ganz auf sich selbst gestellt. Das aber können sie nicht bewältigen, sie verkommen. Sie haben weder eine materielle Basis noch eine geistige Orientierung. Die Bibliotheken verkommen, die Museen werden zerstört, die Verlage. Das ist das gefährlichste heute, daß die Kultur zugrunde geht.«

»Dennoch, deine Hoffnung auf die Zukunft Rußlands gründet sich vor allem auf die Kultur?«

»Auf die Kultur, auf die geistigen Traditionen. Eine andere Basis gibt es nicht.«

»Aber ist das allein, so wichtig es auch ist, schon ausreichend? Ist das russische Volk, was ja im Westen oft bezweifelt wird, überhaupt demokratiefähig?«

»Alle Völker sind demokratiefähig. Auch das russische Volk ist demokratiefähig. Du weißt, auch im Westen wurde bezweifelt, ob das deutsche Volk demokratiefähig sei. In der Weimarer Republik gab es dieses geflügelte Wort: England ist eine Republik mit einem König, und Deutschland ist eine Monarchie ohne einen Kaiser. Und als Hitler kam, da hieß es: So ist es eben, das deutsche Wesen. Das wurde über die Deutschen gesagt. Über uns heißt es: Die Russen haben nie in einer Demokratie gelebt. Das stimmt nicht. Sie haben durchaus demokratische Traditionen. Wenn wir zurückblicken in die Geschichte, auf die großen russischen Stadtrepubliken des Mittelalters, wie Nowgorod und Pskow, da gab es starke demokratische Strukturen. Auch die Kosaken, die Saporoger und die Donkosaken etwa, hatten bis zum Ende des 18. Jahrhunderts ihre Republiken. Es gab durchaus demokratische Traditionen in Rußland. Aber 1917 gab es keine richtige Demokratie, weil das, was sich damals demokratisch nannte, nichts anderes war als eine Kahlschlagperiode der Anarchie. Zwischen Februar und Oktober 1917 gab es keine Demokratie in Rußland, sondern Anarchie. Und auch das, was wir jetzt haben, ist, um Gottes willen, keine Demokratie, sondern ein Chaos. Die alten Strukturen, die alte Nomenklatura haben ihre Aushängeschilder gewechselt, und sie versuchen, weiterhin das zu kontrollieren, was sie auch früher kontrolliert haben.«

»Ist meine Beobachtung richtig, daß man in Rußland in letzter Zeit immer öfter den Ruf nach einem starken Mann vernimmt?«

»Ja, das ist richtig. Man hört ihn, und das ist sehr gefährlich.«

»Im Westen hört man auch häufig, daß die Russen ein Volk sind, das einfach die Knute braucht?«

»Das kannst du auch im Osten hören; den Ruf nach einer starken Faust, der Knute. Immer mehr schreien danach, und das ist sogar verständlich, leider. Es gibt eben noch viele, die Vergleiche anstellen können: Früher, da gab es nicht diese Kriminalität, nicht diesen Verfall der Wirtschaft, nicht den Zerfall der Union. Solche Tendenzen siehst du ja nicht nur bei den Russen, auch bei vielen anderen Völkern, die jetzt ihre Freiheit und Unabhängigkeit erhalten haben. Denk doch nur an unser geliebtes Georgien! Ein altes Kulturvolk, mit alten Traditionen der Liberalität. Kaum haben sie ihre Freiheit erhalten, sind unabhängig von Moskau geworden, entwickeln sie sich zu einem kleinen imperialistischen Staat. Unterdrücken die kleinen Völkerschaften in ihrem Land.«

»Aber ist nicht auch die ganze Geschichte Rußlands in starkem Maße geprägt von imperialem Denken?«

»Nein, nicht geprägt, obwohl es ein imperiales Denken und Verhalten seit Peter dem Großen immer wieder gegeben hat. Unter Peter dem Großen wurde Rußland zum Imperium, zu einer europäischen Macht. Als die russischen Armeen in Deutschland einmarschierten, als Peter der Große dem Kurfürsten Friedrich Wilhelm Stettin schenkte und August von Sachsen wieder auf den polnischen Thron half, von dem ihn die Schweden vertrieben hatten – ja, da war Rußland eindeutig eine europäische imperiale Macht. Und nach den Siegen über Napoleon um so mehr. Aber es war nicht das Volk, das so gedacht und gefühlt hat. Es waren die Herrschenden, eine ziemlich dünne Schicht der Herrschenden, die von einer ebenfalls dünnen Schicht gebildeter Beamter, Kaufleute ideologisch unterstützt wurde. Die Bolschewiken haben dieses imperiale Denken geerbt. Der Bolschewismus war keine westliche Importware. Den Bolschewismus nach Rußland haben nicht Freimaurer und Juden aus Deutschland gebracht. Nein, Bolschewismus ist eine der Strömungen russischer Geschichte.«

»Wie groß ist denn heute die Gefahr einer Rückkehr zum imperialen Denken?«

»Ich glaube, diese Gefahr besteht nicht, in Rußland nicht. Ich glaube, die Menschen dort, zumindest der größte Teil von ihnen, hat begriffen, daß heute kein Imperium, kein ›Gloria-Viktoria‹, die Gefahr eines totalen Zusammenbruchs, eines Weltuntergangs abwenden kann. Afghanistan war dafür eine Lehre. Und die letzte Lehre war der Zerfall des Ostblocks. Bittere und hoffentlich heilsame Lehren. Aber natürlich gibt es auch Fanatiker. Menschen, die als einzigen Ausweg aus der täglichen Not eine starke herrschende Partei, eine starke politische Gewalt wünschen. Die einen autoritären und auch totalitären Staat in Rußland wieder aufbauen möchten. Das ist sehr gefährlich, denn ein autoritärer Staat gebiert militanten Chauvinismus. Das, was sich heute an der Grenze Moldawiens und der Ukraine abspielt und im Kaukasus, in Mittelasien, kann nur angst machen. Da werden über Nacht irrationale wilde Gewalten wach, die ein friedliches Volk, friedliche Menschen in eine Meute blutlechzender Rächer verwandeln. Dabei müßten doch alle begriffen haben, daß es keine Sieger geben kann, sondern nur neue Opfer.«

»Lew, ich habe beobachtet, daß aus deiner Familie in den letzten Jahren immer mehr Menschen, vor allem junge, in den Westen ausgereist sind. Warum?«

»Ja, das tut mir weh. Wenn ich in ihrem Alter wäre, wäre ich nicht gegangen. Und wenn ich so jung wäre wie sie, würde ich wieder zurückgehen. Denn dort werden sie gebraucht. Immerhin, einen Trost habe ich: Der älteste meiner Enkel, der bisher in Amerika lebte, ist jetzt zurückgegangen, als Leiter des ersten Greenpeace-Büros in Moskau. Und ich hoffe, daß er nicht der einzige bleiben wird.«

»Lew, eine letzte Frage: Wenn du heute an Rußland denkst – welches ist deine größte Sorge, welches deine größte Hoffnung?«

»Meine größte Sorge ist der moralisch-kulturelle Verfall. Daß das Land jetzt mit Pornos und Krimis und astrologischem Mist überflutet wird, daß manche guten Bücher nicht mehr erscheinen, weil kein Papier da ist, daß Theater zumachen, daß Museen und Bibliotheken zugrunde gehen. Der kulturelle Verfall, das ist für mich die größte Sorge. Natürlich sehe ich auch die großen politischen und militärischen Gefahren. Aber ich glaube, daß die internationalen politischen Strukturen heute so stabil sind, daß es so viele Kontroll- und Sicherheitsmechanismen gibt, die UNO, die KSZE und andere Organisationen, die verhindern, daß es zu einer globalen Katastrophe, einem neuen Weltkrieg kommt. Viel schlimmer sind die Gefahren globaler ökologischer Katastrophen.

Meine größte Hoffnung ist die Jugend, sind die Kumpels, die ich auf den Barrikaden vor dem Weißen Haus in Moskau sah. Natürlich gibt es nirgendwo *die* Jugend als einen Monolith ebensowenig wie *das* Volk. Auch die russische Jugend und das russische Volk sind nicht einheitlich. Es sind ebenso Mosaiken wie die deutsche Jugend, das deutsche Volk. Aber ich hoffe auf die sanfte Gewalt der Vernunft.

Ich hoffe auf die Jugend und auf die Vernunft der Menschen.«

Nachwort

Fast 70 Jahre hatte Ruhe geherrscht im Land. Eine Friedhofsruhe, eine trügerische Ruhe. Seit dem Sieg der Bolschewisten bei der sogenannten Oktoberrevolution im Jahr 1917, die in Wahrheit ein Putsch war, und seit der endgültigen Vernichtung des alten zaristischen Regimes im darauffolgenden Bürgerkrieg wurde das Riesenreich Sowjetunion mit eiserner Hand zusammen- und stillgehalten. Lenin, Stalin und seine Nachfolger regierten das Land wie einst die Zaren, unangefochten dank des Terrors der Geheimpolizei und der Bajonette der Roten Armee. Millionen tatsächlicher und vermeintlicher Gegner fielen ihrem Regime zum Opfer, verschwanden in den Erschießungskellern der Gefängnisse und den unendlichen Weiten des GULAG. Die intellektuelle Elite wurde vernichtet, jeder Ansatz zur Opposition im Keim erstickt. Demokratische Strukturen und nationale Selbstbestimmung wurden nicht einmal in Ansätzen geduldet. Menschenrechte galten als propagandistische Instrumente des Klassenfeindes zur Destabilisierung des eigenen Systems. Die Hypotheken dieser Vergangenheit lasten bis heute schmerzlich auf dem Land und seinen Menschen.

Der Zerfall des Imperiums Sowjetunion bedeutet nicht nur das Ende, sondern zugleich den Beginn einer neuen historischen Epoche – der Wiedergeburt Rußlands. Gemessen an der gewaltigen Ausdehnung seines Territoriums, der Zahl seiner Menschen und dem Reichtum seiner Natur ist Rußland eine Großmacht. Sein Schicksal hat unmittelbaren Einfluß auf das Schicksal ganz Europas, vor allem aber auf das Schicksal der anderen osteuropäischen Länder und Deutschlands. Doch welche Zukunft hat Rußland?

Nach dem von Michail Gorbatschow unfreiwillig eingeleiteten und von Boris Jelzin bewußt herbeigeführten Zusammenbruch der Sowjetunion sind – wie zu erwarten – an den Rändern des einstigen Riesenreiches blutige Konflikte ausgebrochen. Im Kaukasus, in weiten Teilen Mittelasiens und in Moldavien herrscht

Bürgerkrieg. Die Beziehungen Rußlands zur Ukraine sind – nicht zuletzt wegen der Schwarzmeerflotte – gespannt. Und im Verhältnis Rußlands zu den unabhängig gewordenen Staaten des Baltikums herrschen alles andere als gutnachbarschaftliche Beziehungen.

Der Reformprozeß in Rußland selbst kommt nur langsam voran. Wirtschaftskrise, Inflation, sozialer und gesellschaftlicher Zerfall bestimmen den Alltag der überwiegenden Mehrheit der Bevölkerung. Und neue politische und ökonomische Strukturen werden erst in Ansätzen sichtbar. Die Beharrungskraft des alten Systems ist noch längst nicht überwunden, die Narben, die sieben Jahrzehnte Sowjetherrschaft dem Land und seinen Menschen schlugen, verheilen nur langsam.

Die blutige Niederschlagung des Putsches vom Oktober 1993 haben Boris Jelzin und den Reformkräften eine Atempause verschafft. Sie machte den Weg frei zur endgültigen Auflösung des noch aus der Sowjetzeit stammenden und von reformfeindlichen Kommunisten und Nationalisten beherrschten Kongresses der Volksdeputierten. Sie schuf die Voraussetzung für die Verabschiedung einer neuen demokratischen Verfassung sowie die Beseitigung der entscheidenden Hürden auf dem Weg zur Marktwirtschaft. Ob diese Chancen genutzt werden, wird erst die Zukunft erweisen. Und ob der Weg Rußlands wirklich zu Demokratie und Marktwirtschaft nach westlichem Muster führt, ist alles andere als gewiß. Die Übertragbarkeit ausländischer Muster und Modelle auf Rußland ist zweifelhaft. Der Westen muß sich vielmehr mit dem Gedanken anfreunden, daß Rußland einen eigenen Weg gehen wird – eigene historische Erfahrungen, geographische Gegebenheiten und psychologische Befindlichkeiten berücksichtigen muß. Was Rußland heute vor allem braucht, ist politische Stabilität. Sie ist die Voraussetzung für wirtschaftliches Wachstum und soziales und gesellschaftliches Engagement der Menschen. Demokratisches Bewußtsein kann nicht von oben befohlen werden, sondern muß von unten wachsen – ein langsamer und mühevoller Prozeß.

Auch wenn die Entwicklung in den Köpfen der Menschen, wie die einstige Dissidentin Tatjana Welikanowa an einer Stelle dieses

Buches sagt, nicht mehr rückgängig gemacht werden kann – die Zahl und Kraft derer, die sich nach der alten Ordnung zurücksehnen, darf nicht unterschätzt werden. Die Mehrheit der Bevölkerung, die – wie sich zeigte – den Putschversuch vom Oktober 1993 eher teilnahmslos verfolgt hat, scheint der Versprechen von Reformen und einer besseren Zukunft eher müde geworden. Sie ist vollauf mit der Organisation des täglichen Überlebenskampfes beschäftigt, zu mehr reichen weder die physischen noch psychischen Kräfte. Und doch gibt es, gerade unter den jungen Menschen in Rußland viele, die ihre ganze Energie und Phantasie für die Gestaltung einer neuen, besseren Zukunft einsetzen. Von ihnen allen ist in diesem Buch die Rede. Von den einstigen Kolchosarbeitern, die sich nun als freie Bauern versuchen, den jungen Unternehmern, die ihr Heil einzig in einer konsequenten Marktwirtschaft sehen, von den Aktivisten der früheren Menschenrechtsbewegung, die ihre ganze Kraft der Erziehung einer neuen Generation widmen, von den Intellektuellen, die zutiefst davon überzeugt sind, daß Rußland nicht untergehen kann, solange es seine alte Kultur bewahrt. Aber auch die – wie sie Dostojewski einst nannte – Erniedrigten und Beleidigten kommen zu Wort: die Straßenkinder in St. Petersburg, die schon heute wissen, daß ihr Weg ins Gefängnis führen wird, die Rentner, die sich nach einem arbeits- und entbehrungsreichen Leben nur noch von Tee und trockenem Brot ernähren können, die Wissenschaftler und Ingenieure, Techniker und Arbeiter, deren Institute und Fabriken geschlossen werden, weil sie unter den Bedingungen der neuen Ordnung nicht mehr konkurrenzfähig sind.

Rußland – ein Volk und ein Kontinent auf der Suche nach seiner Zukunft. Wie auch immer die Entwicklung weitergehen wird – sie kann uns nicht gleichgültig lassen. Denn ohne stabile politische, wirtschaftliche und gesellschaftliche Verhältnisse in Rußland wird es auch im übrigen Europa und vor allem in Deutschland auf Dauer keine Stabilität geben. Die Zukunft Rußlands ist aufs engste mit unserer Zukunft verbunden. Das vorliegende Buch gibt Aufschluß über die Befindlichkeit der Menschen in Rußland zu Beginn einer neuen historischen Epoche.

Klaus Bednarz, Oktober 1993